Annette Kobak, Tochter eines tschechischen Vaters und einer englischen Mutter, wurde in London geboren. Sie studierte Französisch, Deutsch und Norwegisch am Girton College in Cambridge. Nach ihrem Studium arbeitete sie als Journalistin. Sie schreibt unter anderem für *Cosmopolitan* und *The Times Educational Supplement*.
Annette Kobak hat zwei Kinder und lebt in *Gloucestershire* in England.

Die Federzeichnungen im Text stammen von Isabelle Eberhardt.
Sie sind ihren Tagebüchern *Mes Journaliers* entnommen.

Dieses Buch wurde auf chlor- und säurefreiem Papier gedruckt.

Vollständige Taschenbuchausgabe November 1992
Droemersche Verlagsanstalt Th. Knaur Nachf., München
© 1990 für die deutschsprachige Ausgabe
Paul Neff Verlag KG, Wien
© 1988 Annette Kobak
Titel der Originalausgabe »Isabelle. The Life of Isabelle Eberhardt«
Aus dem Englischen übersetzt von Lore Straßl
Umschlaggestaltung Adolf Bachmann, Reischach
Umschlagfoto Ebenhög/Silvestris, Kastl
Druck und Bindung brodard & taupin
Printed in France   5   4   3   2   1
ISBN 3-426-03238-4

# ANNETTE KOBAK

# WIE TREIBENDER SAND

### Das berauschende Leben der Isabelle Eberhardt

*Für Guy und Amy
in Liebe*

# INHALT

## DRITTER TEIL: SÜDEN

# DANK DER AUTORIN

Wie bei jeder Biographie blieben eigene Erlebnisse und Erkenntnisse nicht ohne Einfluß auf Isabelles Geschichte, während ich dieses Buch schrieb. Dazu gehört die Entdeckung wichtiger Quellenmaterials und die Begegnung mit einer Reihe von Personen, die zu geschätzten Freunden wurden: vor allem Elizabeth Claridge. Sie brachte mich auf die Idee, über Isabelle Eberhardt zu schreiben, und ihr möchte ich an dieser Stelle am herzlichsten danken. Mit ihrem überragenden einschlägigen Wissen und ihrer Großzügigkeit war sie in den vergangenen Jahren die eigentliche Triebkraft hinter den Bemühungen, Näheres über das Leben von Frauen zu erfahren, die Reisen und Abenteuer liebten.

Danken möchte ich auch Cecily Mackworth in Paris für ihre wertvolle Hilfe — jeder künftige Biograph schuldet ihr Dank für ihre wegweisende Arbeit *The Destiny of Isabelle Eberhardt* — sowie M. Becherif von der algerischen Botschaft für seine Hinweise (vor allem auf das Isabelle-Eberhardt-Archiv in Aix-en-Provence). Mein Dank gilt ferner Simone Rezzoug von der Universität Algier für ihren fachmännischen Rat. Sie war es, die mich auf eine nicht katalogisierte Militärakte über Isabelle hinwies. Abdulhamid Zoubir von der Universität Algier für sein Interesse und seine Unterstützung. MM. Jean-François Maurel und Jean-Etienne Genequand, den leitenden Archivaren des Archivs d'Outre-Mer von Aix bzw. des Archivs d'Etat in Genf, für ihre unermüdlichen Nachforschungen. Dem hilfsbereiten Personal der Société Historique de l'Armée de Terre in Paris. Oleg Kuzmenko von der Universität Kiew für den aufschlußreichen Briefwechsel. Alissa und Gala Feigin für die hervorragenden Übersetzungen aus dem Russischen, die sie für mich machten; Tim Fox in Paris für seine Gastfreundschaft und Ermutigung; Jane und Jim Whitell in Algier, Fay und dem leider inzwischen verstorbenen Michael Curtin in Genf. Und Marjorie Malina in Paris für ihre Gastfreundschaft.

Ebenfalls danken möchte ich Michael Church, Susan Hagan, Kate Kavanagh und Lisa Jardine für ihre Kommentare zu meinem Manuskript in den verschiedenen Stadien seiner Entstehung und Rana Kabbani für ein paar letzte wertvolle Erkenntnisse.

*Auf mein Wort, auf mein Wort, wir Russen sind ein trunkenes Volk. Trunkenheit irgendwelcher Art brauchen wir: Um in Gram aufzubegehren oder in Rührseligkeit unterzugehen; um reglos wie ein Klotz zu liegen oder Feuer ans Haus zu legen. Was kann ein nüchterner Mensch schon tun, würde ich gern wissen? Sich völlig von seinesgleichen abzusondern ist unmöglich. Um in der Wüste zu leben, muß man ein Heiliger sein.*

JOSEPH CONRAD
*Mit den Augen des Westens*

# I. TEIL

## NORDEN

*Njedanow wurde unter keinem glücklichen Stern geboren,*
*und das Leben war nicht leicht für ihn.*

IWAN TURGENJEW

# 1.

## DER ANARCHIST

*Die Moral der Zukunft wird den Menschen nichts vorschreiben. Sie wird es absolut ablehnen, das Individuum nach abstrakten Vorstellungen zu formen, genauso, wie sie es ablehnen wird, ihm durch Religion, Gesetze oder Regierung Ketten anzulegen. Sie wird dem Individuum volle und vollkommene Freiheit gewähren. Sie wird eine simple Anerkennung der Fakten werden, eine Wissenschaft.*

*Was diese Wissenschaft dem Menschen sagen wird, ist folgendes: Wenn du keine Kraft in dir spürst, wenn deine Energie nur für ein farbloses, monotones Leben ausreicht, ein Leben ohne tiefgehende Erfahrungen, ohne große Freuden, aber auch ohne großes Leid, nun, dann halte dich an die einfachen Prinzipien der egalitären Moral. Wenn alles gesagt und getan ist, wirst du mit deinen mittelmäßigen Kräften in egalitären Beziehungen das größtmögliche Glück finden.*

*Doch wenn du die Kraft der Jugend in dir spürst, wenn du leben willst, wenn du die gesamte Skala des Lebens in seiner überströmenden Fülle genießen möchtest — dann sei stark, sei groß, sei energisch bei allem, was du tust.*

*Es liegt nur an dir.*

PETER KROPOTKIN, *Anarchistische Moral*

Am 2. Dezember 1872 traf eine kleine, dunkeläugige Russin mit ihren vier kleinen Kindern und deren Hauslehrer auf dem neu erbauten Bahnhof von Genf ein. Sie war eine hübsche Frau, jedenfalls nach ihrer Lebensgeschichte zu schließen, auch wenn in ihrem Reisepaß nur ein vorstehendes Kinn, ein breiter Mund und eine gewölbte Stirn aufgeführt waren.

Sie neigte zu »nervösen Zuständen« und gehörte sowohl

15

durch Geburt wie Heirat dem niederen russischen Adel an. Ihr Begleiter, der Hauslehrer, war athletisch gebaut, schwarzbärtig, leicht aufbrausend und ein Anarchist. Mme. de Moerders ältlicher Gemahl, den sie vor eineinhalb Jahren in Rußland zurückgelassen hatte, war General und enger Ratgeber von Zar Alexander II. Dieser Umstand ließ es merkwürdig erscheinen, daß sie in Gesellschaft eines Anarchisten reiste, der der Vernichtung von Autokratie und allem, was damit zusammenhing, verschworen war.

Der Grund für ihre Reise nach Genf war Mme. de Moerders Gesundheitszustand: Sie hatte sie wegen des milderen Klimas unternommen. Sein Grund war, sie zu begleiten und die älteren Kinder zu unterrichten. Doch hinter diesem Vorwand verbarg sich ein anderes Motiv, das der Wahrheit näherkam: der berauschende, apokalyptische Idealismus, den Mme. de Moerder heimlich mit ihm teilte. Dieser Idealismus hatte sie und viele Russen, auch andere Adelige wie Kropotkin, veranlaßt, dem zaristischen Regime den Rücken zu kehren. Sie waren auch ein Liebespaar. Doch das Bewußtsein einer gemeinsamen greifbareren Schuld hinderte sie daran, diese Tatsache einzugestehen, obgleich sie den Rest ihres Lebens, ein Vierteljahrhundert, miteinander verbrachten. Vom Augenblick der Abreise aus Rußland an hatte das Paar sein Geheimnis selbst Nahestehenden gegenüber mit einem Gespinst aus Lügen bewahrt und sich damit die eigene hohe Meinung von sich selbst erhalten.

Sie waren im Zug von Montreux hierhergekommen, entlang des Nordufers des Lac Léman, des Genfer Sees. Immer wieder hatten Lichtungen ihnen einen Blick auf die glitzernde Fläche dieses Sees gestattet, der schon seit Calvins Zeit ein Magnet für Menschen mit unkonventioneller Lebensweise und unkonventionellen Ideen war. Die Berge boten Schutz, der See ein Bild der Freiheit, die geographische Lage rasch erreichbare Grenzen und die Politik seit 1815 Neutralität. Etwas an diesem riesigen Binnengewässer hatte einige der radikalsten und aufwühlendsten Ideen des westlichen Menschen wachgerufen, vor allem über das Wesen von Freiheit und Zwang. Hier verfaßte Saint-Simon, der Vater des französischen Sozialismus, seine *Lettres d'un habitant de Genève*, Voltaire schrieb *Candide* oder *Die beste Welt*. Rousseau verbrachte seine Kindheit dort, und Mary

Shelley schuf ihren edlen Wilden in *Frankenstein*. In einem Château am See schrieb die im Exil lebende Madame de Staël ihre Romane über die »mißverstandene Frau«, und Byron, in freiwilligem Exil, über die Paradoxe der Freiheit und Gefangenschaft in seiner Dichtung *Der Gefangene von Chillon*. Später hatten die russischen Revolutionäre Herzen, Kropotkin und der »Einmannsturmtrupp« Bakunin an den friedlichen Ufern des Sees auf ihre unterschiedliche Weise den Sturz der bourgeoisen Gesellschaft geplant. Und nur sieben Monate vor Mme. de Moerders Ankunft, im Frühjahr 1871, war eine neue Welle von Revolutionären herangerollt, Sozialisten, Anarchisten, ein paar Marxisten, die vor den Nachwehen der blutigen Pariser Kommune flohen. In nicht ferner Zukunft würde Lenin, der ein Jahr vor der Kommune auf die Welt kam, hier leben und in einer stillen Genfer Bibliothek daran arbeiten, »Europa in Brand zu stecken«. Revolutionen, die hier so häufig ausgebrütet wurden, fanden hier jedoch nie statt. Über all die aufrührerischen Pläne hinweg tickte die Schweizer Tradition des Uhren- und Geldmachens unberührt weiter.

Mme. de Moerder kam am 23. September 1838 in Moskau als Nathalie Charlotte Dorothee Eberhardt zur Welt. Den Namen Charlotte erhielt sie nach der Gemahlin des zu der Zeit regierenden Zaren Nikolaus I. Die Eberhardts stammten von einer der alten preußischen Adelsfamilien ab, die seit der Zeit Katharinas der Großen am Zarenhof einige der höchsten Beamten stellten. Schon früh war Nathalies Vater gestorben oder hatte sich von ihrer Mutter getrennt. Ihre Mutter hatte innerhalb etwa desselben gesellschaftlichen Standes wieder geheiratet, und zwar einen Baron Nikolaus Korff, einen aus drei Generationen von Baronen Korff in Rußland, die von einer alten baltischen Familie abstammten. In den späten fünfziger Jahren gehörten sowohl ein Korff als auch ein Eberhardt dem Hof des neuen Zaren Alexander II. an. Sie waren Teil der jungen Schicht, von der man hoffte, sie würde Rußland in die moderne Zeit führen. Zweifellos hatte Nathalie durch diese Beziehungen zum Hof ihren künftigen Gemahl kennengelernt, der ein Ratgeber des Zaren war.

Senator-General Pawel Karlowitsch de Moerder stammte aus ähnlichen Verhältnissen. Er wurde 1795 in einem dem Zarenhof nahestehenden russischen Zweig eines deutschen Adelsgeschlechts geboren. Pawel und sein älterer Bruder Karl führten die Familientradition fort. Karl wurde kaiserlicher Adjutant sowie Hauslehrer des jungen Alexander. Auch seine fünf Kinder dienten schließlich dem Zaren auf die eine oder andere Weise, vom General bis zur Hofdame. Pawel selbst wurde sowohl General als auch Senator, eine sehr seltene Doppelstellung. Seine erste Frau, Nadeschda Alexewna, starb 1857. Sie hinterließ ihm zwei Töchter, Olga und Elisabeta. Nathalie heiratete er erst geraume Zeit nach Nadeschdas Tod. Mit ihr hatte er rasch hintereinander drei Kinder: Nicolas 1864, Nathalie 1866 und Wladimir 1868.

In den sechziger Jahren des 19. Jahrhunderts, als Mme. de Moerder ihre Kinder bekam, befand sich Rußland im radikalsten Wandel seiner Geschichte, der vom Ruf nach persönlicher und politischer Emanzipation geprägt war. In ihrer priviligierten Position erlebte Mme. de Moerder die Verschärfung der Gegensätze im Land und die zunehmende Härte, mit der der Hof durchzugreifen versuchte. Zar Alexander hatte als erster Romanow die Notwendigkeit von Reformen in seinem monolithischen Reich erkannt. Im Vergleich mit dem westlichen Europa war es beängstigend zurückgeblieben. Dort hatte Marx bereits sieben Jahre vor Alexanders Amtsantritt das *Kommunistische Manifest* veröffentlicht. Darwin, Spencer und J. S. Mill revolutionierten die Wissenschaften sowie sozialistische und philosophische Vorstellungen. Für Rußlands System der Leibeigenschaft gab es keine Entschuldigung. Die Niederlage im Krimkrieg durch unfähige Führung hatte sowohl dem Selbstbewußtsein Rußlands wie seinen Finanzen geschadet. Doch Alexanders Reformversuche, einschließlich der verspäteten und halbherzigen Freigabe der Leibeigenen 1861, gaben den Unzufriedenen nur mehr Möglichkeiten, sich zu artikulieren und zu organisieren, als sie je in den Jahrhunderten despotischer Autokratie gehabt hatten. Eine neue, rein russische Klasse bildete sich: die Intelligenzija. Hinter ihr stand keine Tradition des allmählichen Wandels. Sie begann extreme Lösungen für die Probleme des Landes zu ersinnen und zur totalen Revolution aufzuwiegeln.

Eine der Reformen des Zaren hatte völlig unerwartete Auswirkungen: Aus den von ihm besonders geförderten wissenschaftlichen Fakultäten der Hochschulen kamen die Extremisten, die auf seine Vernichtung aus waren. Dabei hatte er gehofft, diese Universitäten brächten ihm die Männer und Frauen, die ihm helfen würden, ein neues Rußland aufzubauen. Erst sprach man von diesen Extremisten nur als der »negativen Strömung«. Doch 1861 benutzte Turgenjew in seinem Roman *Väter und Söhne* eine simplere Bezeichnung für sie: Nihilisten. Er beschrieb sie als Personen, die kein Prinzip anerkannten, »wie unverzichtbar es auch erscheinen mochte«. Sie stellten, nach seinen Worten, die traditionelle Ordnung auf den Kopf. Dazu gehörte, daß die Männer sich das Haar wachsen ließen und die Frauen ihres abschnitten. Familie und übliche Moral wurden verächtlich abgelehnt. Dabei gingen sie so weit, daß sie — wie Dostojewski klagte — Ehebruch als eine heilige Pflicht begingen, fast aus Prinzip, wenn sie nicht allein schon gegen die Vorstellung von Prinzipien gewesen wären, die sie als Knechtung durch die verhaßte Tradition erachteten. In *Väter und Söhne* sagt der ältliche Onkel des Romanhelden betrübt: »Ohne Prinzipien, die man, wie du sagst, blind hinnimmt, kann man sich nicht einen Zoll weit bewegen noch einen einzigen Atemzug tun ... Wir werden sehen, wie du es schaffst, in einem Nichts, einem Vakuum zu existieren.« Zufällig bediente sich auch Graf Bismarck nach drei Jahren als Gesandter am Zarenhof des Wortes »Nichts« für das politische Klima im Land. *La Russie, c'est le néant*, ließ er in seinen Ring gravieren.

Die Nihilisten hatten keine klare Weltanschauung. Was sie verband, war die Ablehnung der existierenden Wirklichkeit. Sie gingen bald in der revolutionären Anarchistenbewegung unter, die sich zur selben Zeit entwickelt hatte und deren Vorstellungen von individueller Freiheit auf die der Stoiker zurückzuführen waren. Zu einem Flügel der russischen Anarchisten der 1860er Jahre gehörte Tolstoi, der mit langem Haar und Bauernkittel umherlief, Kirche, Staat, Gesetz und Eigentumsrechte angriff und bereits vor dem Manifest des Zaren über die Aufhebung der Leibeigenschaft die Leibeigenen auf seinem eigenen Besitz freigegeben hatte. Im anderen Flügel war der hitzköpfige Michail Bakunin, der seit 1848 im Exil in Europa lebte. Er predigte, »die Leidenschaft für Vernichtung ist eine kreative

Leidenschaft«. Er wollte das Feuer »göttlicher Unzufrieden-heit« schüren, wo immer er einen Funken sah. Im Gegensatz zum tief moralistischen tolstoischen »Anarchismus« enthielt sein Anarchismus kaum Pläne für die Zukunft. Zumindest gin-gen sie nicht weiter, als jegliche Art existierender gesellschaft-licher Ordnung niederzureißen, und zwar mit einem feurigen »après nous le déluge«, einer bewußt herbeigeführten morali-schen Apokalypse. Die einzige neue Art von Gesellschaft, die er sich vorstellte, war eine, in der niemand »einer Sanktionie-rung seiner Handlungsweise bedarf, außer der seines eigenen Gewissens und Verstandes; in der allein der eigene Wille das Handeln bestimmt; in der jeder sein Tun nur sich selbst gegen-über verantworten muß«.

Die Autokratie fand diese Ideen sehr beunruhigend, doch erst als ein Revolutionär 1866 ein Attentat auf Alexander II. versuchte, machte der Zar ein abruptes Ende mit seinen Refor-men. Er begann den langen Vergeltungsprozeß der Konterrevo-lution, auch »Weißer Terror« genannt. Von diesem Moment an wurde jeder auch nur im entferntesten Subversive, dazu zähl-te der größte Teil der Intelligenzija, unerbittlich gejagt — vom langen Arm der Dritten Abteilung sogar jene, die in ruhigere Gefilde Europas flohen.

Vielleicht regte sich in Mme. de Moerder bei diesen Verände-rungen ein Hauch von latentem Idealismus. Vielleicht empfand sie zunehmende Unzufriedenheit, weil sie durch ihre Heirat so an die alte Ordnung gekettet war. Ihrer Meinung nach hatte sie eine abenteuerliche, unabhängige Seite, die bisher völlig in der Tatsache untergegangen war, daß sie Nachwuchs für den Za-renhof heranziehen mußte. Da ihr mütterliche Gefühle völlig fremd waren, fühlte sie sich mit jeder weiteren Geburt noch mehr ausgebeutet. Doch ihr Charakter war zuwenig entwickelt und ihre Eitelkeit zu sehr von ihrer gesellschaftlichen Position abhängig, als daß sie sich offen zu ihrer Einstellung bekannt hätte. Sie zog sich statt dessen immer häufiger und länger auf den Familienlandsitz in Pawlowsk außerhalb von Moskau zu-rück. Dort ließ sie ihrem Drang nach Unabhängigkeit auf dem Rücken der Pferde freien Lauf, während die Pflichten des

Generals seine Anwesenheit am Hof in St. Petersburg verlangten.

Mit Alexander Nikolajewitsch Trofimowski, der um 1870 als Hauslehrer engagiert wurde, kamen die neuen Ideen des vergangenen Jahrzehnts plötzlich ins Haus. Mme. de Moerders Unzufriedenheit fand durch ihn die rechten Worte und fügte sich in sein intellektuelles Bild von der allgemeinen Unzufriedenheit der Massen. Nun mußte sie nicht länger Zuschauerin, sondern konnte Teil des Zeitgeists sein.

Mit seinen eins dreiundsiebzig war Trofimowski nicht sehr groß, aber trotzdem um zwanzig Zentimeter größer als sie. Er war vierundvierzig, also kein junger Mann mehr, immerhin dreiunddreißig Jahre jünger als ihr Gemahl. Trofimowski wurde am 15. August 1826 geboren. Er war armenischer Abstammung. Seine Frau Akilin Polgorow hatte er in seiner Vaterstadt Cherson am Schwarzen Meer im Juni 1854 geheiratet. Sie gebar ihm drei Söhne. Die einzigen ihm wohlgesinnten Genfer Nachbarn beschrieben ihn in späteren Jahren: »Er hatte ein ehrfurchtgebietendes Gesicht, ein echtes Tolstoi-Gesicht«, mit hoher Stirn, kräftiger Nase, buschigem Bart, wie sowohl Priester als auch Nihilisten ihn zu jener Zeit gern trugen, und blaue Augen. Seine ironische, manchmal sogar bissige Art war die des enttäuschten Träumers, dem es schwerfiel, das Leben hinzunehmen, wie es war. Ein Mann, der Trost in wohlgemeinten, aber übersteigerten Hoffnungen für die ganze Menschheit suchte. Er war belesen, versiert in den Klassikern, und beherrschte Französisch, Deutsch, Italienisch, Arabisch und Hebräisch so gut wie Russisch. Er sprach mit Mme. de Moerder über die großen Philosophien der Vergangenheit und über die neuen Ideen, die aus Europa kamen. Das Leben mußte nicht von der Wiege bis zur Bahre einen vorgeschriebenen Weg nehmen, der von der Pflichterfüllung für Vaterland und Familie geprägt war. Man konnte wählen. Sie konnte wählen. In dem neuen Utopia waren Frauen den Männern gleichgestellt, hatten eine gleiche Bestimmung und dieselbe Verantwortung für ihr Leben. Wie George Sand gesagt hatte, war die Ehe »die barbarischste Institution des Menschen«. Und das waren offenbar keine müßigen Worte: Trofimowski selbst hatte nach seiner Einstellung gehandelt und seine Familie in Cherson zurückgelassen. Mme. de

Moerder erschien ihre Stellung von Tag zu Tag falscher, ihre Ehe mit einer Stütze des Staates mehr und mehr als feiger Kompromiß.

Doch Trofimowski hatte auch noch eine dunklere Seite und war nicht ganz so, wie er zu sein schien. Zehn Jahre später deckte ein Bericht der Genfer Polizei auf, daß er, ehe er Hauslehrer bei den de Moerders wurde, ein »ziemlich rastloses Leben führte. Er war orthodoxer Priester gewesen, Anwalt, Gutsverwalter und hat in seinem Vaterland einen sehr schlechten Eindruck hinterlassen.« Kannte der General seinen Lebenslauf? Wußte er, daß er Anarchist war? Es ist anzunehmen, daß Trofimowski ihm eine andere Fassung seines Lebenslaufs gab. Zweifellos betonte er sein umfassendes Wissen, vielleicht auch seine Beziehungen. Man sprach davon, daß er Tolstoi persönlich kannte und sogar Gogol. Jedenfalls sollte er später wie Gogol einer Paranoia verfallen. Seine andere Stärke in den Augen des Generals war sein spezielles Interesse für Botanik und Naturkunde. Der General hatte dreißig Jahre zuvor selbst ein Traktat geschrieben und unter dem Titel *Der Instinkt der Tiere, oder Briefe zweier Freunde über Naturgeschichte und einige Phänomena der Natur* veröffentlicht. Möglicherweise hatte sich der General auch von der Tatsache blenden lassen, daß Trofimowski orthodoxer Priester gewesen war, da die Kirche dem Staat so rückgratlos ergeben war. Aus diesem Grund hatte Trofimowski sie jedoch verlassen und lehnte sie nun, wie viele der Intelligenzija es längst taten, als Opium für das Volk ab. Wahrscheinlich war er ohnehin nur aus ideologischen Gründen dazu gegangen, mitgerissen von einer Modewelle von Slawophilismus, die Rettung in der Rückkehr zu alten russischen Werten sah statt in einer übersteigerten Hinwendung zum Westen, zu der ganz St. Petersburg neigte.

Was nun die Motive anging, aus denen Trofimowski eine Stellung in einem zaristischen Haus annahm, so machen die Umstände deutlich, daß es nicht ohne Hintergedanken geschah. Wir wissen nichts Sicheres über seine anarchistischen Beziehungen in Rußland, da er sie geheimhielt und es keine Unterlagen darüber gibt. Gerüchten nach hätte er seiner anarchistischen Einstellung wegen 1871 das Land auf jeden Fall verlassen müssen, da ihm die Deportation nach Sibirien oder

Schlimmeres drohte. Nach seiner Ankunft in der Schweiz gibt es jedenfalls Hinweise auf eine direkte Verbindung mit dem Anarchisten Bakunin. Sein Name erscheint auf einer Liste von fünfundzwanzig Bakunisten, die sich in Zürich trafen. Es wird auch erwähnt, daß er Bakunins Druckerei finanziell unterstützte. Der alternde Bakunin war zu dieser Zeit dem extremen Anarchisten Sergei Gennadijewitsch Netschajew völlig verfallen. Netschajews *Revolutionärer Katechismus*, 1869 verfaßt und verbreitet, doch erst im Juli 1871 in russischer Sprache veröffentlicht, beeinflußte Lenin mehr als andere Schriften, einschließlich jener von Marx. Netschajew drückte darin unmißverständlich aus: »Unsere Aufgabe ist die schreckliche, totale, universale und gnadenlose Vernichtung.« Er erteilte auch Ratschläge über die »Pflichten des Revolutionärs sich selbst gegenüber«. Dazu gehörte jegliche Art von Irreführung: »Der Revolutionär darf und muß in manchen Fällen innerhalb der Gesellschaft leben und vortäuschen, völlig anders zu sein, als er in Wirklichkeit ist. Der Revolutionär muß überall Einlaß finden: in die oberen und mittleren Klassen, in die Wirtschaft, die Kirchen, die Paläste der Adeligen, in die Domänen der Bürokratie, der Literatur und des Militärs, sogar in die Dritte Abteilung und in das Winterpalais des Zaren.« War es möglich, daß der Bakunin nahestehende Trofimowski wie ein Trojanisches Pferd in eine Bastion der Aristokratie, der Bürokratie und des Militärs eingedrungen war, rein politisch motiviert, um »vorzutäuschen, völlig anders zu sein, als er in Wirklichkeit war«? Die Langzeitauswirkungen zeigen, daß seine Ankunft das heile Gefüge der Familie de Moerder zerrüttete. Doch was immer seine ursprünglichen Absichten waren, irgendwann unterlag das Dogma der Leidenschaft — genau wie es Turgenjews Basarow in *Väter und Söhne* erlebte. Auf höchst bourgeoise Weise verliebte sich der Hauslehrer in die Gattin seines Arbeitgebers.

Im März 1871 verließ Mme. de Moerder mit ihren Kindern Rußland unter dem Vorwand, ihrer angegriffenen Gesundheit sei ein milderes Klima zuträglicher. Vielleicht wurde Trofimowski beauftragt, sie zu begleiten. Möglicherweise schloß er sich ihr auch erst unterwegs an. Zunächst führte ihre Reise nach Istanbul, von dort nach Neapel und dann nach Montreux, wo

Mme. de Moerder, neun Monate nachdem sie Rußland verlassen hatte, ihr viertes Kind zur Welt brachte. Es erhielt den Namen Augustin Pawlowitsch de Moerder, als wäre es wirklich der Sohn des Generals. Der General kam finanziell für die weiteren Reisen der vergrößerten Familie auf. Offenbar war er gründlich hintergangen worden.

# 2.

## EINE UNGELEGENE GEBURT

In Genf mieteten Trofimowski und Mme. de Moerder zwei
Wohnungen. Beide nur einen Katzensprung vom Bahnhof entfernt, doch in entgegengesetzten Richtungen. Die erste, eine
sehr elegante, lag im zweiten Stock eines Hauses in der Rue
Mont Blanc 8, jener breiten Straße, die vom Bahnhof zum See
führt. Die vorderen Zimmer blickten auf den Genfer See und
die hinteren auf einen Platz, der nach Pariser Art von Bäumen
beschattet war. Die andere Wohnung war weniger vornehm.
Sie war in einem Logierhaus, dem Maison Fendt, in der Rue
des Grottes, einer schmalen Straße, die hinter dem Bahnhof
steil durch ein Labyrinth kleiner heruntergekommener Häuser,
Läden und Cafés führte. Mme. de Moerder und Trofimowski
beantragten eine Aufenthaltsgenehmigung. Sie beabsichtigten
zweifellos, längere Zeit zu bleiben. Sie gaben jeweils beide
Adressen an und vermieden damit bezeichnenderweise, sich
festzulegen, wer wo wohnte.

Vier Monate nach ihrer Ankunft geschah etwas, das ihr
Versteckspiel beenden konnte: Am 23. April 1873 starb General de Moerder im Alter von siebenundachtzig Jahren an einem Schlaganfall. Sein Tod kam ihnen sehr gelegen, denn
Mme. de Moerder und ihre Kinder erbten sein Vermögen. Allerdings unter der Bedingung, daß der größte Teil des Kapitals in Rußland blieb. Es sollte treuhänderisch verwaltet werden, bis die Erben in ihr Vaterland zurückkehrten. Die junge
Nathalie behauptete später, Trofimowski habe ihr die Neuigkeit »ohne jedes Mitgefühl« eröffnet. Er sagte ohne Um-
schweife: »Dein Vater ist tot.« Um gegen Trofimowski fair
zu sein, muß gesagt werden, daß er Sentimentalität verab-
scheute. Er glich in dieser Hinsicht Turgenjews Nihilisten Basarow in *Väter und Söhne*. Seine Schroffheit war vermutlich
beabsichtigt. Bezeichnend war es jedenfalls für die neue Ord-

nung, daß Trofimowski und nicht ihre Mutter die Kinder unterrichtete.

Obwohl nun das Haupthindernis für ihre Liaison aus dem Weg war, gab das Paar sein Verhältnis immer noch nicht zu, weder innerhalb noch außerhalb der Familie. Dabei hatte es die Wohnung in der Rue de Mont Blanc offenbar aufgegeben, und alle wohnten in der Rue des Grottes. Trofimowski war immer noch verheiratet. Seine Frau wollte sich nicht scheiden lassen, um das Familienerbrecht nicht zu verlieren. Doch obgleich sich ein Anarchist wie Trofimowski zweifellos nicht um gesellschaftliche Konventionen kümmerte, spielte er nach außen weiterhin die Rolle des Haúslehrers. Tatsächlich aber war er bereits das Familienoberhaupt. Er wurde der gesetzliche Vormund der Kinder und übernahm die Führung des Haushalts, was Mme. de Moerder nie gelernt hatte und wofür ihr die Kraft fehlte. Vermutlich war ein Grund, weshalb sie ihre Beziehung weiterhin verheimlichten, finanzieller Art: Mme. de Moerders Vermögen, das so gut wie ihre einzige Einkommensquelle war. Ein zweiter war zweifellos, daß die de-Moerder-Kinder Trofimowski nicht mochten. Doch gab es noch einen dritten, der erst fünfzehn Jahre später ans Licht treten sollte.

Bis zum Tod des Generals waren die Kinder von dieser *ménage*, die den Schein der Ehrbarkeit so gründlich wahrte, nicht sehr berührt worden. Zweifellos hatten sie angenommen, sie würden das angenehme Leben im Haus ihres Vaters wiederaufnehmen, an das sie sich erinnerten. Doch jetzt, da der General tot und ihre Mutter eine hilflose und häufig kranke Frau war, sahen sie sich plötzlich der Gnade eines Mannes ausgeliefert, dem sie zutiefst mißtrauten. Ein bitterer Groll erwachte in ihnen gegen Trofimowski, dem sie die Schuld an der drastischen Veränderung in ihrem Leben gaben. Die beiden Ältesten — Nicolas, jetzt neun, und Nathalie, sieben — erinnerten sich am besten an ihren Vater. Während sie heranwuchsen, begannen sie sich nach und nach ein Bild von den Geschehnissen zu machen, über die sich sowohl ihre Mutter wie auch ihr Lehrer in Schweigen hüllten. Dieses Bild prägte sich den Kindern tief und mit märchenartigen Vorstellungen ein. Das böse Lehrerungeheuer hatte ihre Mutter aus dem Schloß entführt und sie alle sowie das Geld ihres Vaters mitgenommen. Nun mußten sie fern ihres eigenen Königreichs leben. Wie in allen Kindermärchen würden sie das Ungeheuer töten, in ihr verlorenes Paradies zurückkehren und wieder glücklich sein.

Nichts ist über die Familie während der drei Jahre nach dem Tod des Generals bekannt. Sie war ein anonymer Teil der großen Gemeinde von Exilrussen in Genf, und das wäre sie vielleicht auch geblieben. Doch gerade ihre Gemeinde wurde durch ein besonderes Maß an Verschwörung und Geheimtätigkeit bekannt.

Netschajew war im August 1872 von der russischen Geheimpolizei in einem kleinen Café in Zürich verhaftet worden und saß nun in der Peter-und-Paul-Festung in St. Petersburg in Haft. Doch er hatte der Stadt bereits seinen Stempel aufgedrückt. Er hatte sich auf fingierte Verschwörungen spezialisiert und damit die paranoide Stimmung noch angeheizt. Viele Exilrussen, unter ihnen Bakunin, genossen das Drum und Dran einer Verschwörung — die falschen Namen, das Versteckspiel, die gefälschten Ausweise, den lauernden Verrat. Selbst die Polizei hatte eine eigene fingierte anarchistische Zeitung ins Leben gerufen, um Revolutionäre ins Netz zu locken. Ironischerweise hieß diese Zeitung *Prawda* — die Wahrheit. Der revolutionäre Schreiber, der sich damit hätte brüsten können, schon im ersten Drittel des Jahrhunderts den Anstoß zur Revolution gegeben zu haben, fand die Atmosphäre klaustrophobisch. »Genf ist unmöglich, oder zumindest fast unmöglich, dank dieser Wichtigtuer und Intriganten.« Conrad beschrieb diese Stimmung zu einem etwas späteren Zeitpunkt in *Mit den Augen des Westens*. Er erlebte unmittelbar, wie es war, von dieser Atmosphäre »morbider Theatralik« umgeben zu sein, als die die Menschen des Westens sie empfanden.

*»Der Schatten der Autokratie war bereits auf den Boulevard des Philosophes in der freien, unabhängigen und demokratischen Stadt Genf gefallen, wo ein Viertel ›la petite Russie‹ genannt wird. Wo immer sich zwei Russen treffen, ist der Schatten der Autokratie gegenwärtig. Er beeinflußt ihre Gedanken, ihre Ansichten, ihre intimsten Gefühle, ihr Privatleben, ihre Äußerungen — und liegt über dem Geheimnis ihres Schweigens.«*

1876 starb Bakunin, ausgebrannt. Inzwischen bekämpften die Anarchistengruppen nicht mehr nur die Autokratie, sondern auch einander. Er sorgte dafür, daß es so weiterging, indem er vor seinem Tod ein Dokument unterzeichnete, das den inhaftierten Netschajew als den zukünftigen Führer der Bewegung anerkannte.

Ein unerwartetes Ereignis im Jahr von Bakunins Tod verhinderte, daß Mme. de Moerder und Trofimowski in die Anonymität der meisten Exilrussen zurücksanken: Mme. de Moerder wurde im Alter von achtunddreißig noch einmal schwanger, und es gab keinen legitimen Vater für das Kind.

Die bevorstehende Geburt ließ im Haushalt mehr Verlegenheit als freudige Erwartung aufkommen. Als die Niederkunft näher rückte, reiste Trofimowski nach London, wahrscheinlich um in Mme. de Moerders Namen über die Freigabe eines Teils ihres Kapitals zu verhandeln. Nathalie wurde in ein Stift in Évian gesteckt und Nicolas Zieheltern anvertraut.

Um sechs Uhr früh am 17. Februar 1877 gebar Mme. de Moerder in der Villa Fendt eine Tochter. In ihrer Geburtsurkunde steht: Isabelle Wilhelmine Marie Eberhardt, uneheliche Tochter (Fille naturelle, die gefälligere französische Bezeichnung) von Nathalie Charlotte Dorothee Eberhardt. »Du nom de mon père«, wie Mme. Moerder später in ihrem Testament schrieb. Dieser Familienname gab Isabelle nur eine Halbidentität, da lediglich die mütterliche Seite legitim war. Mit charakteristischer Inkonsequenz und aus einer nie ganz erloschenen Eitelkeit heraus, was ihre Verbindung zum Zarenhof betraf, gab Mme. de Moerder ihrer Tochter als mittlere Namen die der gegenwärtigen Zarin, »Wilhelmine Marie«. Das ist offensichtlich, obwohl es nie erwähnt wurde. Statt dessen weckten Isabelles Namen die interessante, aber absolut unwahrscheinliche Theorie, ihr Vater sei der zweiundzwanzigjährige homosexuelle Arthur Rimbaud.

Als Nicolas und Nathalie in das Maison Fendt zurückkehrten, stellten sie fest, daß unangekündigt ein »schwächliches« Baby eingetroffen war. Die beiden, jetzt dreizehn und elf, empfanden die neue Schwester als Schande, als eine weitere unerträgliche Regelwidrigkeit in der Familie. Sein Dasein bestätigte wahrscheinlich, wenn eine Bestätigung überhaupt noch nötig war, ihren Verdacht gegen Trofimowski. Auch diese letzte Geburt weckte keine mütterlichen Gefühle in Mme. de Moerder. Nathalie behauptete später, daß sie das Kindermädchen spielen mußte und auch die einzige war, die sich um die häusliche Erziehung kümmerte. Als Trofimowski zurückkam, verzog er das Baby, fügte sie verärgert hinzu.

# 3.

## VILLA NEUVE

Trofimowski war bereits einundfünfzig, als Isabelle auf die Welt kam. Ihre Geburt und Bakunins Tod im Jahr zuvor ließen seine Begeisterung für die apokalyptischen Ideale seiner früheren Jahre schwinden. Es schien ihm, daß die einander in den Haaren liegenden revolutionären Fraktionen von seinen Hoffnungen auf eine bessere menschliche Gesellschaft weiter denn je entfernt waren. Und er beschloß wie Candide, seinen eigenen Garten zu kultivieren.

Als Isabelle zweieinhalb Jahre alt war, zog die Familie von der Stadt aufs Land, in die Gegend von Meyrin, etwa fünf Kilometer westlich von Genf, Richtung Lyon. Am 15. Oktober 1879 kaufte Trofimowski die Villa Tropicale in Les Avenchets. Er gab seinen Beruf als »Hauslehrer« an und bezahlte 9239 Francs und 80 Centimes für den Besitz. Er erstand ihn in seinem Namen, doch mit Mme. de Moerders Geld. Augenscheinlich war es gelungen, Kapital aus ihrem Vermögen flüssigzumachen. Zweifellos mehr als ehemaliger Anwalt denn als Anarchist sicherte er sich durch eine Klausel im Vertrag gegen jeglichen Anspruch seiner Frau auf den Besitz ab. Die Tatsache, daß er der Besitzer war und nicht Mme. de Moerder, schützte vermutlich auch vor Ansprüchen durch die Familie des Generals in Rußland. Obendrein stärkte es seine Position als Haushaltsvorstand.

Das Landhaus, das Trofimowski in »Villa Neuve« umtaufte, war groß und weiträumig. Es stand inmitten eines überwucherten Grundstücks von achtzehntausend Quadratmetern hinter dichtem Nadelgehölz verborgen. Fliederbüsche wuchsen hier in Massen, und es gab einen großen, mit Algen überzogenen Teich, den die Einheimischen eine Generation später seiner Form und seiner Besitzer wegen das Kaspische Meer nannten. Was Trofimowski an der Villa vor allem gereizt hatte, waren die großen Treibhäuser, denen der Besitz den ursprünglichen, unpassenden Namen verdankt hatte. Die junge Nathalie erzählte später den Nachbarn, daß Trofimowski das Geld ihrer Mutter für die extravagante Ausstattung seiner Treibhäuser vergeudete. Er zog dort seltene Orchideen und Kakteen. Seine exotischen Blüten schufen ihm rasch einen gewissen Ruf unter den einheimischen Botanikern. Doch die Treibhäuser, ein Spielplatz für Trofimowskis fanatischen Perfektionismus, blühten auf Kosten des Gartens, des Hauses und der Kinder. Im Garten probierte er hin und wieder die neuesten Züchtungen aus, für die er viel Geld bezahlte. Doch aus Mangel an Pflege gediehen sie nicht. Er hätte die Villa gern als eine autarke Kommune gesehen, ähnlich wie Fourrier sie sich vorgestellt hatte. Oder als eine Art tolstoischen Landsitz. Die Kinder sollten zum Wohl ihrer Seele den Boden bestellen, doch dazu fehlte es am erforderlichen guten Willen. Die de-Moerder-Kinder sahen in Trofimowskis Idealen lediglich eine weitere entwürdigende Ausbeutung durch den usurpatorischen ehemaligen Domestiken. Sie konnten am Gärtnern nichts Hochgesinntes sehen.

Die Villa war spartanisch eingerichtet, mit nur zwei oder drei Möbelstücken in jedem der großen Räume. Trofimowski hatte seine anarchistischen Prinzipien so weit gedehnt, Besitz zu erwerben. Er ging jedoch nicht so weit, auch an Bequemlichkeit zu denken, denn das hätte zu sehr den Anstrich von Bourgeoisie gehabt. Auch Mme. Moerder war unfähig, ein Heim zu schaffen. Das Haus vermittelte trotz seiner Größe immer das Gefühl, daß es nur eine zeitweilige Behelfsunterkunft war. In dieser Atmosphäre verbrachte Isabelle ihre Kindheit, ohne zu erfahren, wer ihr Vater war. Ihre älteren Geschwister, ihr Halbbruder Nicolas und ihre Halbschwester Nathalie, lehnten sie ab, und der »Hauslehrer« verhätschelte sie. Die meiste Zeit blieb sie sich selbst überlassen. Die Nachbarn erzählten die wundersamsten Dinge. Die kleine Isabelle »hüpfte wie ein kleines wildes Tier über die Gartenwege. Ungebändigt und ungezügelt tat sie von früh bis spät, was ihr gerade einfiel. Ihre Phantasie kannte keine Grenzen.« Andere Nachbarn erinnerten sich hauptsächlich daran, daß Isabelle, wann immer sie zufällig am Garten vorbeikamen, irgend etwas schleppte, das viel zu schwer für sie war. Trofimowski sorgte dafür, daß ihr Haar stets kurz geschnitten und daß sie wie ein Junge gekleidet war. Er erzog sie auch wie einen Jungen, nach Bakunins Diktat: Jedes Kind, gleich welchen Geschlechts, soll für ein Leben sowohl geistiger wie körperlicher Arbeit erzogen werden, damit alle gleichermaßen zu ganzen Menschen werden. Da Trofimowski den Institutionen mißtraute, in denen er die »Lügen der Zivilisation« sah, weigerte er sich, die Kinder die Schule besuchen zu lassen, und erteilte ihnen selbst unregelmäßigen Unterricht. Augustin und Isabelle waren aufgeweckte Schüler und hatten mit instinktivem kindlichem Gespür bald einen Spitznamen für ihn: »Vava«, der ihnen gestattete, das Wort »Papa« zu vermeiden. Nicolas und Nathalie dagegen widersetzten sich seinen Theorien und Wünschen ebensosehr wie ihm selbst, und Nathalie weigerte sich unerbittlich, ihr Haar kurz zu tragen. Mehr Erfolg hatte er bei Wladimir, der ein unsicheres, kränkliches Kind war, zu jung, um sich an seinen Vater zu erinnern. Es gelang ihm, den Jungen dazu zu bringen, sich mit der gleichen Besessenheit mit den Kakteen zu beschäftigen wie er selbst.

Vor allem aus Angst, seine Zöglinge könnten etwas von der engstirnigen Mentalität der hiesigen Bürger annehmen, aber auch aus einer zunehmenden Paranoia heraus, gestattete er den Kindern nicht, das Grundstück zu verlassen. Dies steigerte verständlicherweise die Spannungen im Haushalt.

Isabelle war eine ausgezeichnete Reiterin, was darauf schließen läßt, daß sie in jungen Jahren reiten lernte und möglicherweise ein eigenes Pferd hatte. Andere Tiere, wie Hunde, Gänse und Enten, gab es jedenfalls, alle mit »so ausgeprägten Gesichtern«, wie ein Besucher Isabelle einmal schrieb. Er fügte hinzu: »Ich glaube, daß Tiere von ihrer Umgebung geprägt werden. Ihre spiegeln die Intelligenz um sie herum wider.« In ihrer Pubertät zeichnete und malte Isabelle und hing Tagträumen nach. Sie hatte viel Zeit zum Träumen, vor allem von der Welt jenseits der Gartentür. In ihren Tagebüchern schrieb sie später: »Ich war schon als ganz junges Mädchen eine Nomadin in meinen Wunschträumen. Ich blickte auf die verlockende weiße Straße, die unter einer strahlenderen Sonne, wie mir schien, in das herrliche Unbekannte führte.« Sie erinnert sich an »das Erwachen meines Verstandes, während ich die melancholischen Sonnenuntergänge hinter der hohen, düsteren Silhouette des Jura bewunderte und das große Rätsel meiner Zukunft zu begreifen suchte«. Ebenso erinnert sie sich an ihre »besessene Neugier auf das, was jenseits liegen mochte. Sie war es, die meine Phantasie in jener Zeit beflügelte. Nachts lehnte ich mich viele Stunden über das Fensterbrett in meinem Zimmer und blickte hinaus. Ich beobachtete den weiten Himmel, die zackigen, meist schneeigen Umrisse des Jura und den breiten verschwommenen schwarzen Streifen der Bäume, über den eine alte Pappel auf dem nahen Bauernhof hinausragte.« Isabelles innere Ruhe wurde in jenen Wachträumen geboren, während sie die Welt beobachtete, die so unerreichbar war. Es ist nur scheinbar ein Widerspruch, daß gleichzeitig ihr Drang erwachte, herauszufinden, was jenseits lag — jenseits des Gartens, jenseits der Berge, und jenseits all dessen, was dort sein mußte.

Trofimowski und Mme. de Moerder begannen inzwischen der schlimmsten Seite der Emigrantenmentalität zu erliegen. Nichts hatte für sie mehr jene Bedeutung wie die turbulente Umwälzung, die hinter ihnen lag. Den Blick nach rückwärts gerichtet, ergaben sie sich einer lähmenden Passivität. Sie waren nicht bereit, Verbindung zu ihrer neuen Umwelt zu suchen, sondern lebten in der immer mehr entschwindenden Wirklichkeit, die sie zurückgelassen hatten. Die einzigen Besucher, die je in die Villa kamen, waren Emigranten wie sie, hauptsächlich Russen, manchmal Türken, die sinnierend mit ihnen um den Samowar saßen, mit dem Herzen bei den fernen Ereignissen in ihrem Vaterland. Fast sehnsüchtig blickte Isabelle später in einer Kurzgeschichte (»Doktorat«) auf die Atmosphäre dieser kleinen Zusammenkünfte zurück: »Das Glück dieser Fanatiker, die ihr Sein in einem Traum des Absoluten verbringen!« 1881, als Isabelle vier war, wurde das Winterpalais mit einer Mine in die Luft gejagt und Alexander II. während einer Spazierfahrt durch die schneeigen Straßen von St. Petersburg durch die Bombe eines Attentäters schwer verwundet. Er starb kurz darauf, ohne das Bewußtsein wiedererlangt zu haben. Das Angriffssignal kam von einer zierlichen blonden Frau, die wie Mme. de Moerder aus privilegierten Verhältnissen kam. 1882 starb Netschajew, der dem Zaren einmal einen Brief mit seinem eigenen Blut geschrieben hatte, in der Peter-und-Paul-Festung. 1887, als Isabelle zehn war, wurde Lenins Bruder hingerichtet, der den neuen Zaren zu ermorden versucht hatte. Diese berauschenden, gefährlichen, fernen Ereignisse waren für Trofimowski und Mme. de Moerder näher und wirklicher als die Welt direkt vor ihrer Tür.

# 4.

## GIFT I

Die Unfreiheit in der Villa führte bei allen Kindern zu einem Drang auszubrechen, der sich bei jedem Kind anders äußerte. Der erste, der das Haus verließ, war Nicolas. 1885, als er einundzwanzig war (und Isabelle acht) besuchte er für kurze Zeit Botanikvorlesungen als Gasthörer an der Universität von Genf. Dann verließ er eines Tages das Haus und ging zur Fremdenlegion. Er gab Namen und Identität auf und wurde Nr. 8817 in der 2. Kompanie des 1. Regiments der Legion in Sidi-Bel-Abbès. Er desertierte in Singapur, als sein französisches Schiff nach Tonking, dem heutigen Vietnam, auslief, und kehrte nach Rußland zurück. Das war vermutlich von vornherein seine Absicht gewesen, denn er hatte bereits seit einigen Jahren mit Angehörigen der dortigen Familie de Moerder korrespondiert. Er wurde als Sohn und Erbe des Generals aufgenommen und erhielt unter Zar Alexander III. einen Regierungsposten im Außenministerium. Der neue Zar war noch autokratischer als sein Vorgänger, unterband noch wirkungsvoller jede Opposition und verfügte über eine noch schlagkräftigere Polizei.

Während seiner kurzen Universitätszeit hatte Nicolas den jungen Studenten Alexandre Perez-Moreyra kennengelernt, dem er seine Geschichte vom Ungeheuer in der Villa erzählte. Perez war empört über solche Verhältnisse und hatte Verständnis für den Freiheitsdrang des Jungen. Sein Haus im Eaux-Vives-Viertel von Genf wurde zur ersten Zuflucht für jedes de-Moerder-Kind, das aus der Villa floh. Nachdem Nicolas fort war, flüchtete Wladimir zweimal zu Perez, in der halbherzigen und unausgegorenen Absicht, dem Beispiel seines Bruders zu folgen. Trofimowski, der seltsamerweise in Wladimir vernarrt war, überredete ihn vermutlich zurückzukehren. Vom Beispiel seiner älteren Brüder angespornt, suchte auch der fünfzehnjährige Augustin Zuflucht bei Perez-Moreyra. Doch er wurde mit Hilfe der Polizei unter Trofimowskis Fittiche zurückgebracht.

Isabelle beobachtete dies alles aus ihrer geschützten Position als Jüngste und als einziges der Kinder, das dem Namen nach kein de Moerder war, und sie spürte die wachsenden Spannungen in der häuslichen Atmosphäre. Eines Tages erfolgte die dramatischste Flucht, die das Leben in der Villa über ein Jahr lang überschattete.

Auch Nathalie — die einem späteren Polizeibericht nach »zu Sinnlichkeit neigte« — lernte Perez-Moreyra im Laufe des Jahres 1886 kennen, und die beiden verliebten sich ineinander. Sie war nicht weniger versessen darauf, die Villa zu verlassen, als Nicolas es gewesen war. Im Sommer 1887 bat Perez Mme. de Moerder um Nathalies Hand. Auf Anweisung von Trofimowski, der nicht gut auf Perez zu sprechen war, lehnte Mme. de Moerder seinen Antrag ab. Deshalb verließ Nathalie in der Nacht vom 23. November 1887, nachdem sie einundzwanzig geworden war, heimlich das Haus, um zu Perez zu ziehen. Die Putzfrau der Villa behauptete, Mme. de Moerder habe von der bevorstehenden Flucht gewußt und Verständnis für ihre Tochter gehabt. Aus schriftlichen Unterlagen geht dagegen hervor, daß Mme. de Moerder Trofimowski in allem nach dem Mund redete.

Nathalie schüttete Perez ihr Herz aus und beklagte sich bitter über Trofimowskis ungerechtes Regiment. Perez war schon über die Berichte ihrer Brüder entsetzt gewesen, doch was er nun hörte, schürte sein kämpferisches Wesen zur Weißglut. Trofimowski, behauptete Nathalie, sei nicht nur der Vater von Isabelle, sondern auch von Augustin, auch wenn er es nicht zugab. Er hatte sie gedemütigt, sagte sie, ihr das Essen entzogen und sie gezwungen, Zola zu lesen — was sie besonders abscheulich fand, da Zolas Werke zu jener Zeit von vielen als »obszön« angesehen wurden. Aber sie brachte auch noch zwei neue, erschreckende Beschuldigungen zur Sprache: daß Trofimowski die Vergiftung ihres Vaters in Rußland geplant hatte und daß sie — im Wortlaut des Polizeiberichts — »täglich unsittlichen und obszönen Anträgen M. Trofimowskis ausgesetzt gewesen sei, der sie zwingen wollte, seine Geliebte zu werden, und sogar einmal versucht habe, ihr in ihrem Schlafzimmer die Kleider vom Leib zu reißen«. Weihnachten 1887 schwor Perez Wladimir, daß er »den Schurken eines Tages mit elf Wetterly-Kugeln durchlöchern« werde. Nathalie und Perez heirateten am 7. April 1888. Da Nathalie bereits einundzwanzig war, brauchte sie Mme. de Moerders Einwilligung nicht mehr. Von da an bombardierte Perez die Familie mit beschuldigenden Postkarten. Am 20. April schrieb er an Mme. de Moerder: »M. Trofimowski trat als Dienstbote in den Haushalt des Senator-Generals ein . . . Der Schurke nutzte dies aus, indem er ihn bestahl und sich mit Ihnen davonmachte. Seither lebt er von dem Geld, das er seinem Herrn entwendete, doch Ihre Anwesenheit schützt ihn vor der gerechten Strafe.« Auf einer anderen Karte schrieb er am 15. Mai — er adressierte sie an Nicolas, obwohl er wußte, daß der bereits seit drei Jahren in Rußland weilte —: »Ich habe soeben erfahren, daß die Geschichte mit dem Schlaganfall erfunden wurde, um die Wahrheit zu vertuschen. Ich weiß nun, was geschehen ist, ich weiß, wie der General wirklich starb. Es sind zwar alle Beweise verschwunden, und der Mann, den dieser Schuft zu der Greueltat dingte, wurde nach Sibirien verbannt, aber ich werde die Sache trotzdem ans Licht bringen und für eine Verhaftung sorgen.« An Mme. de Moerder schrieb er: »Es ist nun ein Kampf bis aufs Messer zwischen dem Feigling und mir. Ich werde nicht aufgeben bis zum bitteren Ende, egal, was es kostet, selbst wenn ich das Land verlassen muß. Sagen Sie ihm, er soll behalten, was er gestohlen hat, und es mit ins Grab nehmen, wenn seine letzte Stunde schlägt — die *jetzt* gekommen ist.«

Nun schrieb Trofimowski beunruhigt an die Polizei. Er führte die Einzelheiten der Drohungen auf und ersuchte um Schutz. Allerdings hatte sich im vergangenen Dezember bereits ein Genfer Philatelist, dem Augustin Geld schuldete, an die Polizei gewandt und um eine vertrauliche Untersuchung der familiären Situation gebeten. Existierte eine Mme. de Moerder überhaupt? Welche Rechte hatte der sogenannte Hauslehrer über die Kinder? Waren sie politische Flüchtlinge, wie viele glaubten? War der Vormund bereits polizeibekannt, wie man ihm sagte? Das führte nun dazu, daß die Polizei Trofimowskis Anzeige skeptisch zur Kenntnis nahm und abzuwarten beschloß, bis Aussagen beider Seiten vorlagen. Ihre Tatenlosigkeit verstärkte Trofimowskis Gefühl der Panik, das am 26. Mai plötzlich hinreichend gerechtfertigt schien.

Trofimowski, der eine Vorladung erhalten hatte, seinen Fall vor dem Schiedsgericht vorzutragen, stach sich beim Niedersetzen am Bein an einer Nadel. Die Nadel, sagte er vor der Polizei aus, sei »mit einem Stück Leder und Teer an der Bank befestigt gewesen«. Als er nach Hause zurückkam, erfuhr er, daß Mme. de Moerder etwa zum selben Zeitpunkt, da er sich an der Nadel stach, ein anonymes Telegramm erhalten hatte. Es lautete: TOT BEI ANKUNFT. JEDE HILFE ZU SPÄT. In seiner eleganten, ein wenig zittrigen Handschrift verfaßte Trofimowski einen langen Brief an die Polizei, in dem er wiederholt und eindringlich die Drohungen zitierte, die die Familie erhalten hatte. Er setzte alles daran, die Polizei davon zu überzeugen, daß es für ihn um Leben und Tod ging:

»*Schlußfolgerung: Dieser feine Herr hat beschlossen, mich zu erledigen (›Ich werde nicht aufgeben bis zum bitteren Ende‹), und hat diesen, wie er glaubte, perfekten, Plan ausgeheckt, mit dem er rasch ans Ziel zu kommen dachte (›wenn seine letzte Stunde schlägt — die jetzt gekommen ist‹). Angesichts der moralischen Abgründe, die sich in der schwarzen Seele dieses Menschen aufgetan haben, kann kein Zweifel bestehen, daß die Nadel im Schiedsgericht Teil seines Planes war. Da das Telegramm meinen Tod als vollendete Tatsache hinstellt, ist es ein Beweis — psychologisch ganz klar —, daß der Verbrecher von der präparierten Nadel eine tödliche Wirkung erwartete. Ich stelle deshalb fest, daß Perez versucht hat, mich am 26. Mai mit einer vergifteten Nadel umzubringen.*«

Doch noch bevor sich die Justiz mit Trofimowskis Beschuldigungen befassen konnte, machte Perez einen weiteren Vorstoß. Am Nachmittag des 5. Juni kam er in Begleitung von sieben »Freunden« kurz nach fünf ans Tor des Anwesens, um Mme. de Moerder einen »Höflichkeitsbesuch« abzustatten, wie er es nannte. Er und ein Begleiter näherten sich dem Haus, während die anderen zurückblieben. Trofimowski trat heraus und verstellte ihnen den Weg. Er befahl ihnen aufgebracht, von seinem Grund und Boden zu verschwinden. Perez drängte sich an ihm vorbei und schrie, daß er seine Schwiegermutter sehen wolle. Normalerweise wäre außer der Familie niemand in der Villa gewesen, doch der Zufall wollte es, daß an diesem Nachmittag die Putzfrau und ein Handwerker, Antoine Clochet, anwesend waren. Mme. Mallet, die »Mme. Moerders entsetzliche Angst bemerkte«, rannte, um M. Stämpfli, einen Nachbarn, zu Hilfe zu rufen. Trofimowski schickte Wladimir und Augustin zur Polizei, dann gelang es ihm gemeinsam mit Clochet, die Stellung zu halten. Trofimowskis Worten nach schrie und gestikulierte Perez wild, während Perez aussagte, er habe sich lediglich nach dem Befinden seiner Schwiegermutter erkundigt. M. Stämpfli und die Polizei kamen, die Polizei nahm die Aussagen aller Beteiligten auf, und schließlich zogen alle ab.

Mme. de Moerder, die diese Belagerung an den Rand eines Nervenzusammenbruchs trieb, entzog sich der fortgesetzten nervlichen Belastung, indem sie in das Haus ihres Arztes, Dr. Vuillet, zog. Sie, die ihren eigenen Worten nach »krank und seit Jahren sehr geschwächt war«, wandte sich nun ebenfalls an die Polizei. Sie beklagte den »diabolischen Einfluß von Perez auf die Moral meiner Kinder«. Doch mehr noch, daß er seine Beschuldigungen mit voller Absicht auf Postkarten geschrieben hatte, so daß die Postbeamten sie lesen konnten und die ganze Nachbarschaft davon erfuhr. »Ich würde niemals so weit gehen, gerichtliche Schritte gegen Perez zu unternehmen, so schwerwiegend seine abscheulichen Verleumdungen auch sind, denn ihn läßt ein Skandal kalt, während ich mich nicht damit abfinden könnte. Er ist eine Gefahr, nicht nur für mich und meine Kinder, sondern für jedes wohlgeordnete Leben in der Gesellschaft.«

Perez fuhr noch einmal mit schwerem Geschütz auf und drohte, die Leiche des Generals als Beweis exhumieren zu lassen. Trofimowski schrieb an die Polizei und ersuchte, den »Verleumder in die Pflicht zu nehmen, Beweise für seine schreckliche Beschuldigung zu erbringen«. Aber Perez war nicht in der Lage, die Beweise herbeizuschaffen, die erforderlich gewesen wären, um ein Verfahren zu eröffnen. Er mußte die Sache deshalb vorläufig auf sich beruhen lassen. Er und Nathalie brachen nun jeden Kontakt zur Villa ab.

Am 21. August machte der siebzehnjährige Augustin einen zweiten Ausbruchsversuch. Er hinterließ einen Brief, in dem er schrieb: »Ich gehe von zu Hause fort, weil ich die Zuneigung meiner Mutter nicht mehr verdiene.« Trofimowski bat die Polizei, ihn zu suchen, und schrieb: »Dieser Abschiedsbrief beweist das ganze Ausmaß der Unreife des nichtsnutzigen Jungen.« Fehlende mütterliche Liebe war zweifellos die Hauptursache für alle diese Schwierigkeiten. Mme. Mallet sagte vor der Polizei aus, zwar sei für das leibliche Wohl der Kinder ausreichend gesorgt, aber »Mme. de Moerder liebt ihre Kinder nicht. Sie empfinden daher keine Zuneigung für sie. Das ist unter den Umständen, unter denen sie aufwuchsen, verständlich.«

Perez schilderte einer interessiert zuhörenden Nachbarin, Françoise Guillermet, Einzelheiten über das Leben in der Villa. Jahre später, als sie Redakteurin der *Gazette de Lausanne* war, schrieb sie einen scharfen Artikel über Isabelles Kindheit für die Pariser Zeitschrift *Les Marges*. Trofimowski, behauptete sie, habe zu Nathalie gesagt: »Wenn du dieses Haus verläßt, werde ich dir nicht einmal einen Knochen zuwerfen, selbst wenn du winselnd wie ein Hund zurückkommst.« Sie hatte weder Trofimowski noch Isabelle je kennengelernt, doch das hielt sie nicht davon ab, ihre Meinung kategorisch zu vertreten: »Er war ein abscheulicher Mann, dieser ehemalige russische Priester, aber er war auch eine faszinierende Persönlichkeit. Wenn man ihn sah, konnte man verstehen, wie er das bedauernswerte Geschöpf in seinen Bann gezogen hatte, daß sie seinetwegen ihren Gemahl, ihre Kinder und ihre gesellschaftliche Stellung aufgab.« Mlle. Guillermet schien selbst ein wenig in den Bann ihrer Vorstellung von diesem faszinierenden Tyrannen geraten zu sein.


Die elfeinhalbjährige Isabelle war nun mehr oder weniger mit Trofimowski allein in der Villa. Nicolas und Nathalie waren fort, ihre Mutter erholte sich im Haus ihres Arztes, Augustin befand sich vorübergehend außer Haus, und der zwanzigjährige Wladimir, den Isabelle in ihren Schriften nur ein einziges

Mal erwähnte, und da als »der unglückliche Wolodja«, war eine blasse, schwächliche Erscheinung. Sie selbst ist in keinem der Berichte aus jener Zeit genannt, noch erwähnte sie je selbst die Ereignisse, aber sie erlebte zweifellos alles unmittelbar mit. Wenn es ihr nicht bereits während Trofimowskis nächtlicher Annäherungsversuche bei Nathalie bewußt gewesen war, begriff sie es wahrscheinlich jetzt. Nun, da sie in die Pubertät kam, war sie die meiste Zeit das einzige weibliche Wesen im Haus, allein mit dem Mann, der, wie Nathalie behauptete, ihr Vater war.

# 5.

# DER ALTE TÜRKE

Im Herbst 1888 holte Trofimowski »den nichtsnutzigen Jungen«, Augustin, der wieder ausgerissen war, in die Villa zurück. Schon früh war ihm klargeworden, daß Augustins Charakterschwächen über die vielversprechende Intelligenz die Oberhand gewinnen würden. Dafür verachtete er den Jungen. Das gestand er auch Isabelle, als er erkannte, daß sie aus härterem Holz geschnitzt war. Doch Isabelle war zu der Zeit Augustins Fehlern gegenüber blind. Tatsächlich empfand sie etwas wie Heldenverehrung für ihren um fünf Jahre älteren Bruder, und für sie hatte der Exodus ihrer Halbgeschwister die eine gute Seite, daß sie nun enger mit ihm verbunden sein würde. Er war auf die beeindruckende Größe von eins achtzig herangewachsen, dazu verliehen ihm seine großen blauen Augen und eine Ausstrahlung schwärmerischen Erwachens eine besondere Anziehungskraft auf das andere Geschlecht. Selbst seine Mutter, die sonst kaum Gefühle offenbarte, war vernarrt in ihn. Isabelle fand, daß sie schon durch ihre physische Ähnlichkeit — sie hatten die gleichen hohen Wangenknochen, weit geschwungenen Brauen, feingeschnittenen Züge und die gleiche schlanke Figur — zur Seelenverwandtschaft bestimmt waren. In ihrem Tagebuch schrieb sie später: »... dieses Wesen, das mir auf unerklärliche Weise physisch gleicht, muß mir auch, dessen bin ich mir gewiß, obwohl ich nicht sagen könnte, weshalb, psychisch in vielem ähnlich sein.« Das deutet darauf hin, daß sie sich selbst mit zwanzig noch nicht bewußt eingestand, daß er nicht nur ihr Halbbruder war. Das Band, das sie zwischen ihnen spürte, wurde noch dadurch verstärkt, daß sie die Ängste der vergangenen Monate miteinander geteilt hatten, die für jeden anderen schwer zu begreifen gewesen wären. Augustin hatte zudem jetzt die Ausstrahlung eines unverstandenen Rebellen. Und Isabelle sah es mehr und mehr als ihre Aufgabe an, ihn vor sich selbst zu retten — nicht nur seinetwegen, sondern auch ihretwegen. Denn er sollte die Rolle des Wegbereiters für ihre gemeinsame Zukunft übernehmen.

Trofimowski war nun zweiundsechzig, und sein Bart und seine Brauen wurden weiß. Trotzdem setzte er seinen anarchistischen Unterricht in der Villa fort. Der frühreifen Isabelle fiel es nicht schwer, mit ihrem Bruder Schritt zu halten. Sie mochte diese Unterrichtsstunden, denn sie brachten sie Augustin näher. Beide Kinder hatten ein Sprachentalent geerbt, das in der kosmopolitischen Atmosphäre der Schweiz gut gedeihen konnte. Sie waren zweisprachig in Französisch und Russisch erzogen worden, allerdings machte Isabelle in beiden Sprachen leichte Grammatikfehler und beherrschte bald Deutsch ebenfalls fließend. Trofimowski lehrte sie auch Latein, Arabisch, Italienisch und sogar etwas Englisch. Außerdem machte er sie mit Geschichte und Literatur und den großen Zivilisationen, Rassen und Denkern vertraut, doch aus der Sicht seiner eigenen eklektischen, obgleich abgeklärter werdenden Philosophie. Wenn Isabelle auch ohne ein normales soziales Umfeld aufwuchs, so erlangte sie dafür schwärmerische, selbst fanatische Vorstellungen vom Leben durch die Autoren, die sie las: Plato, Heraklit, Rousseau, Voltaire, Tolstoi, Turgenjew, Zola und Paul Adam, dessen tief pessimistische, erbarmungslose Angriffe auf die moralische Verwerflichkeit der Gesellschaft Trofimowskis eigene Ansichten reflektierten.

Schon früh zeigte sie eine Vorliebe für Schriftsteller mit der Eigenschaft, die Tolstoi mehr als jede andere schätzte: »Herz«. Mit fünfzehn schrieb sie einen Essay, in dem sie Voltaire mit Rousseau verglich. Sie schloß mit einer apokalyptischen Stimmung und einer Sehnsucht nach der heilenden Kraft der Natur, die beide charakteristisch für sie werden sollten:

»*Mit der ganzen Kraft seines unermüdlichen Genies verteidigte Voltaire die heiligen und mißverstandenen Rechte der Menschheit und kämpfte bis zum letzten Atemzug für die endgültige Befreiung des Geistes. Deshalb glaube ich, daß sein Werk so lange bestehen wird wie die Menschheit auf unserem Globus. Doch mit dem Herzen plädierte Rousseau, der Sohn eines einfachen Genfer Uhrmachers, für die Rechte aller Geschöpfe,*

*für das Recht auf Glück, für das Recht auf Liebe. Mit der Be-*
*redtheit seiner Seele öffnete er ihre Augen für die Schönheiten*
*der Natur, der mächtigen Heilerin aller Übel. Deshalb verdient*
*es Jean-Jacques, noch von den Bewohnern überlebender Pla-*
*neten gelesen zu werden, wenn unserer längst als totes Gestirn*
*durch die Nacht zieht. Und es ist auch der Grund, weshalb für*
*mich acht Seiten des* Les confessions *mehr wert sind als das ge-*
*samte* Dictionnaire philosophique.«

Ihre Schwärmerei für »Herz« schwappte fast in Sentimentalität über, als sie Pierre Loti entdeckte und begeistert las. Lotis
leidvoller und melancholischer Eskapismus, der soviel Übereinstimmung in ihrem eigenen Wesen fand, prägte unverkennbar
ihren Stil und ihre Denkweise. Sie liebte es, wie er über Einsamkeit sprach, über Verzicht und Exil, und empfand die gleiche
Faszination für den Islam und die Moslems wie er: »Alles, was
mit dem Islam, nah oder fern, zu tun hat, zieht mich in seinen
Bann«, schrieb er. »Und die Muselmanen jedes Landes scheinen mich ihrerseits zu akzeptieren. Sie heißen mich anders als
andere willkommen, als wäre ich irgendwie einer der ihren.«
Trofimowski hatte die besten Voraussetzungen geschaffen,
daß diese Saat aufgehen konnte. Bereits mit sechzehn konnte
sie den Koran in Arabisch lesen und beherrschte die arabische
Schrift.

Lotis erster Roman, *Aziyadeh*, der 1879 erschien und in der
Türkei spielte, war zu der Zeit Isabelles Lieblingsbuch. Seine
exotische Beschreibung des »Orients«, der für die Franzosen
damals sowohl den Nahen wie Mittleren Osten als auch Nordafrika umfaßte, und seine eigene sinnliche und heroische Rolle
darin, beflügelte ihre Phantasie. *Aziyadeh* gehörte zweifellos
zu den Büchern, die sie meinte, als sie Augustin zu einem späteren Zeitpunkt schrieb von: »jenen Büchern, die in unseren
beiden, nahezu identischen Seelen die gleichen Gefühle hervor-
rufen, die gleiche Unruhe, dieselbe wehmütige Sehnsucht nach
dem Unbekannten, nach den Fernen«. Bei Spaziergängen im
Tal oberhalb von Collonges, erfüllt von l'angoisse qui plus tard
émigre dans l'amour, wie Proust es nennt, grübelten sie über
die »Fernen«: »Wir waren allein in der großen ewigen Stille: im
Angesicht des großen Berges«, und sprachen über ihre »Träu-

me, Hoffnungen und Pläne für die Zukunft«. Ihr Verlangen, in exotische Fernen zu entfliehen, entsprang einer charakteristisch russischen Schwermütigkeit, die ihnen beiden zu eigen war. »Die ganze leidvolle Philosophie unseres Lebens erstand dort unten auf den großen Straßen nach Frankreich«, erinnerte sie ihn später, »die kein Ende hatten.«

Irgendwann wurde ihre unbestimmte Sehnsucht nach der Ferne durch die Lektüre von Loti in eine ganz bestimmte Richtung gelenkt: Sie wurde für beide zum Traum von Nordafrika, vom Maghreb. Isabelle schrieb Augustin später: »dieses Land des Maghreb, das für uns beide schon immer der heilige Schwarze Stein von Mekka war«. Und in ihr Tagebuch schrieb sie von: »dieser ungewöhnlichen Faszination, die es (das Land Afrika) schon in der abgeschiedenen Villa auf mich hatte, lange ehe ich es sah«. Den Ursprung dieser Faszination beschrieb sie dem Schriftsteller Robert Randau später.

Sie besaß, erklärte sie ihm, eine innere Unabhängigkeit und fühle sich frei von gesellschaftlichen Zwängen jeglicher Art — frei von Konventionen, vorgefaßten Meinungen und Vorurteilen, die den Horizont der Bourgeoisie begrenzten. Frei von diesen Hemmschuhen, aber auch neuer Doktrinen müde, die die Existenz tiefer und simpler menschlicher Werte leugneten. Sie sehne sich danach, sagte sie, sich »frei in der Weite der Welt zu entfalten«, sich von den Reichen, den Selbstzufriedenen, den Resignierten loszusagen. Sie fühlte sich emanzipiert, meinte Randau, da sie jung war und glaubte, das Glück fände sich bei den einfachen Leuten. »Derart überzeugt, Zuflucht in der Weite der Wüste zu finden«, entdeckte sie plötzlich Loti. Sie sah nichts anderes mehr, wollte nur noch Teil einer Welt werden, die so weit wie nur möglich von den Lastern der Zivilisation entfernt war.

Diese Darstellung entstand rückblickend und ohne Einbeziehung der Schwierigkeiten in der Villa. Doch die Anziehungskraft des Maghreb mag noch einen anderen Ursprung gehabt haben, dessen sie sich nicht offen bewußt war und der mit Trofimowski und der Ambivalenz ihrer Herkunft zu tun hatte.

Trofimowskis Kenntnisse in der Sprache und Kultur des Islams waren auf seine armenische Herkunft zurückzuführen. Seine Familie gehörte vermutlich zu den Tausenden von Armeniern, die Anfang des Jahrhunderts aus dem türkischen in das russische Gebiet kamen. Arabisch war zwar nicht die Landessprache des türkischen Armeniens, aber der Islam war die Hauptreligion, und die große Mehrheit der Moslems war durch den Koran mit dem Arabischen vertraut. Der »orientalischen« Kultur und Geschichte fühlte sich Trofimowski mehr zugehörig als der europäischen. In seinem Unterricht über die Wiege der Zivilisation zwischen Euphrat und Tigris machte er Isabelle und Augustin mit Orten bekannt, die ihm geographisch aus seiner eigenen Familiengeschichte vertraut waren. Er erzählte Isabelle auch von den kaukasischen und kalmückischen Steppen zwischen Armenien und seiner Vaterstadt Cherson — öde, gebirgige Gebiete, die Heimat von Millionen nomadischen mohammedanischen Tataren, den Abkömmlingen von Dschingis-Khans Mongolenhorden. So gut beschrieb er sie, daß sich in Isabelles späteren Schriften nostalgische Beschreibungen von Steppen wiederfinden, die sie selbst nie gesehen hatte. Bezeichnenderweise fühlte sie eine unerklärliches tiefe Verbundenheit mit diesem Gebiet um das Schwarze Meer, das erst vor kurzer Zeit ein Teil Rußlands geworden war, aber in seiner langen Geschichte der orientalischen Welt angehört hatte.

Trofimowskis Interesse am Islam schien Anfang der neunziger Jahre neu erwacht zu sein. Das lag zweifellos teils daran, daß er die heranwachsende Isabelle mit dem Koran vertraut machte, teils aber auch an der Entwicklung des Islams in den achtziger Jahren — unter seinem charismatischen Führer Dschamal Ad Din Al Afghani — zu einer radikalen Kraft für den Kampf der arabischen Völker gegen die Expansionspolitik der europäischen Kolonialmächte. Die Methoden Al Afghanis, der 1883 von Ägypten nach Paris kam, mußten Trofimowski an die seiner revolutionären Tage erinnert haben: geheime Vereinigungen, Solidarität der Völker, Anschläge; und seine agnostizistische Betrachtung des Islams als Zivilisation, nicht als Religion, stimmte mit der Trofimowskis überein. Während Trofimowski in den neunziger Jahren anfing, seine Briefe mit dem mohammedanischen Gruß »Mögest du glücklich sein!« zu schließen, kam es auch oft vor, daß er mit der Faust auf den Tisch schlug und brüllte: »Dieser Bastard Jesus Christus!« Ein Satz, den kein strenggläubiger Muselman sagen würde, da auch Christus ein Prophet war. Es war jedoch ganz im Geiste Bakunins, der gegen den »tyrannischen und mörderischen Gott der Juden« wetterte.

Isabelles Interesse für den Islam wurde von Trofimowski geschürt, doch ihre augenblickliche Hinwendung zu ihm als dem heiligen Stein der Erlösung und des Entfliehens hatte tiefere Ursachen. Obwohl sie nach Nicolas' und Nathalies Behauptungen gewußt haben mußte, daß Trofimowski ihr und Augustins Vater war, scheint er selbst es ihr gegenüber nie zugegeben zu haben. Statt dessen entstand eine Lügengeschichte, die Isabelle oder ihre Eltern erfanden. Wie viele uneheliche Kinder, die das elterliche Schweigen mit ihren Phantasievorstellungen ausglichen, blieb Isabelle in ihren wenigen Hinweisen auf ihre Eltern unklar und widersprüchlich. Ihre Angaben entsprechen mehr ihren Wunschvorstellungen aus dieser Zeit. Die Geschichte jedoch, zu der sie später stand, wann immer sie nach ihrer Herkunft gefragt wurde, hat sie in einem Brief formuliert, den sie 1903 an die Zeitung *La Petite Gironde* schrieb:

*»Als Tochter eines muslimischen russischen Vaters und einer christlichen russischen Mutter wurde ich als Moslem geboren. Ich habe meine Religionszugehörigkeit nie geändert. Mein Vater starb kurz nach meiner Geburt in Genf, und meine Mutter blieb in dieser Stadt mit meinem alten Großonkel, der mich wie einen Jungen erzog.«*

Es ist sehr wahrscheinlich, daß Trofimowski und ihre Mutter Isabelles Phantasien in diese Richtung lenkten. Wenn dem so war, dann wollte sie den beiden unbedingt glauben, denn sonst hätte es bedeutet, daß sie logen und daß wahrscheinlich die anderen, schrecklicheren Beschuldigungen ebenfalls stimmten.

Eines ist jedenfalls sicher: Ihr Verstand wollte glauben, daß sie einen mohammedanischen Vater hatte, der gestorben war. Ihr Unterbewußtsein wußte es jedoch besser und setzte sich auf dramatische Weise bei späteren Krisen in ihrem Leben durch. Die »außergewöhnliche Anziehungskraft«, die der Maghreb auf sie ausübte, könnte aus der Entschlossenheit geboren worden sein, die Echtheit einer Geschichte zu beweisen, von der sie insgeheim wußte, daß sie nicht der Wahrheit entsprach. Es war nicht die Wahrheit, aber auch keine Lüge, denn wie ein Mörder, den etwas zum Ort des Verbrechens zurücktreibt, erfanden Trofimowski und Mme. de Moerder eine Geschichte, die der Wahrheit zumindest nahekam: Trofimowski war tatsächlich zu der Zeit, da sie Isabelles Vorstellungen in diese Richtung lenkten, ein »muslimischer Russe«. Der einzige Unterschied war, daß er nicht nach Isabelles Geburt starb, sondern immer noch lebte.

# 6.

## BRÜDERLICHE LIEBE

Isabelle spornte Augustin an, hart zu arbeiten, um Schriftsteller zu werden und zu reisen. Damit verfolgte sie ihre eigenen Ambitionen und suchte instinktiv eine Möglichkeit, der aussichtslosen Lage in der Villa mit Selbstachtung und ohne traumatische Erfahrungen zu entkommen. Im Gegensatz zu ihren Geschwistern wollte sie ihre Mutter lieben, ebenso Trofimowski. Es war wichtig für sie, daß sie zu den beiden aufsehen konnte.

Doch Augustins charakterliche Labilität begann, ihr Kummer zu machen. Mit neunzehn hatte er, auf Drängen Trofimowskis, der wollte, daß der Junge eine Ausbildung bekam, als Gasthörer Chemievorlesungen an der Universität belegt. Statt zu arbeiten, hatte Augustin zu trinken angefangen, sich mit Prostituierten eingelassen und mit Haschisch und Opium Bekanntschaft gemacht. Mit einundzwanzig war er den Drogen und dem Alkohol verfallen und beging kleinere Betrügereien, um die Laster finanzieren zu können. Manchmal stahl er sogar Geld aus der Villa. Noch half ihm sein Charme: Mme. de Moerder und Isabelle vertuschten alles. Sie wußten nicht, wie tief er bereits gesunken war, und hielten sein Aufbegehren für die philosophische Rebellion de: Unverstandenen. Dmitri, der Held aus Isabelles späterem Roman *Trimardeur*, hat viel von Augustin.

*»Dmitri Orschanoff besaß die seltene Fähigkeit, es zu schaffen, in allem erfolgreich zu sein, was er erstrebte, fast ohne sich anzustrengen. Hätte er einen starken Willen besessen und gezieltere Wünsche, wäre diese Fähigkeit von unschätzbarem Wert gewesen. Doch in der moralischen und intellektuellen Verwirrung, in der sich Dmitri befand, wirkte sie sich katastrophal aus, denn er verzieh sich seine Fehler und nahm sich*

*immer vor, die vergeudete Zeit später aufzuholen... Bei der*
*ersten Andeutung von Kritik fühlte sich Dmitri mißverstan-*
*den und reagierte aufsässig. Er glaubte, unerwünscht zu sein,*
*und ging.«*

Immer noch bestand die Möglichkeit, daß es sich lediglich um
eine bedauerliche vorübergehende Phase handelte. 1893 lernte
Augustin den Porträtfotografen Louis David und seine Frau
Cécile in Genf kennen. Das Ehepaar verbrachte seine Zeit ab-
wechselnd in Blida in Algerien, wo es wohnte, und in Genf,
wo David ein Atelier hatte. Augustin war so beeindruckt von
dem ungewöhnlichen und erfolgreichen Leben der beiden,
daß eine neue Entschlossenheit in ihm erwachte. Auch er wollte in Algerien leben. Auch er wollte Fotograf werden. Das
Ehepaar lud ihn zu sich nach Blida ein. Die jetzt sechzehnjäh-
rige Isabelle redete ihm zu, die Einladung anzunehmen und
die erträumte Reise in den Maghreb zu machen.

Sein Besuch war ein Erfolg, und er kehrte voller Pläne nach
Genf zurück. Während der letzten Monate von 1893 und der
ersten von 1894 bombardierte er die Davids mit Briefen und
Geschenken, einschließlich Fliegenfänger und einem Schweizer Militärtaschenmesser. Er schickte sogar der Polizei von
Blida Absinth, um sie sich gewogen zu halten. Doch kaum
war er zurück, verkehrte er wieder in seinen alten Kreisen und
gab sich seinen alten Lastern hin. So kam es, daß er im Früh-
sommer durch Alkohol- und Drogenkonsum so geschwächt
war, daß er kaum noch schlafen und sich auf den Beinen halten konnte. Obgleich er längst aufgehört hatte, den Davids zu
schreiben, hatten die beiden keine Ahnung von seinen Problemen, und sie teilten ihm im Juni 1894 mit, daß sie im Juli
nach Genf kommen und sich freuen würden, ihn wiederzusehen und seine Familie kennenzulernen.

Doch Augustin verschwand, ohne jemandem zu sagen, wohin. Er tauchte in Marseille auf, wo ihn eine praktisch veran-
lagte Freundin, Madeleine Bernard, unter ihre Fittiche nahm.
Als sie ihn kennenlernte, war er »bleich und ausgezehrt wie
ein Mensch auf dem Sterbebett und bis zum Hals in Schwierigkeiten«. Sie beschloß deshalb, ihn zu einer Erholungskur in
einen »Adlerhorst« auf Korsika zu bringen. Es war ihr klar,

daß es kompromittierend wirken mußte, so mit ihm zu verreisen. Aber sie schrieb Trofimowski und Isabelle diplomatische Briefe, in denen sie ihnen berichtete, wo er war. Sie versicherte ihnen, daß ihre Absichten ehrenhaft waren. »Obwohl wir täglich beisammen sind, ist nichts zwischen uns, über das zu sprechen ich mich schämen müßte.« Er brauchte dringend Erholung, würde jedoch dann zu seiner »geliebten Familie, von der er ständig voller Zuneigung spricht« zurückkehren. »Er denkt immer an seine liebe Mutter und an Sie, seine geliebte Schwester.« Am 22. Juli schien er sich weitgehend auf dem Weg der Besserung zu befinden. »Er schläft jetzt gut, hat aufgehört, zu trinken und zu rauchen, und führt ein vernünftiges Leben. Er sagt selbst, daß er sich ganz anders fühlt und ohne Schmerzen aufstehen kann, wozu er längere Zeit nicht mehr imstande gewesen war.«

Auch Madeleines Tante, eine Mlle. Joliet, die eine Buchhandlung in Genf führte, hatte Trofimowski über die Beziehung der beiden beruhigt, was dazu führte, daß Trofimowski bei ihr Bücher zu bestellen begann. Das Gebiet, an dem er besonders interessiert war, schrieb er, sei »das geheime Leben von Priestern«.

Während Augustins Abwesenheit waren die Davids in der Villa angekommen und hatten die Familie kennengelernt. Sie machten einen Versuch, Augustin zur Heimkehr zu bewegen, indem sie ihm am 4. August schrieben: »Wir bezweifeln nicht, daß Korsika reizvoll genug ist, Sie zum Bleiben zu verlocken, doch hoffen wir, daß Sie bald zu ihrer geliebten Familie heimkehren werden.« Ein anderer Bekannter der Familie, der Apotheker Schoenlaub, stieß ins gleiche Horn:

*»Ich schreibe als Freund und flehe Sie an zurückzukommen, denn Ihre Mutter sorgt sich sehr, und ihre Gesundheit ist nicht die beste. Ich besuchte Ihre charmante Familie mehrmals. Mein teurer Freund, Sie sind ein vernünftiger und gebildeter Mann, ein Philosoph — bitte bleiben Sie Ihrem Zuhause und Ihrer Familie nicht länger fern. Es ist so betrüblich, mit ansehen zu müssen, in welcher Verfassung sich Ihre geliebte Mutter befindet. Sie ist eine gute und gütige Frau, Sie sind Ihr Lieblingssohn, und sie neigt von Natur aus zu großer Nervo-*

*sität. Seien Sie ein Mann, fassen Sie sich ein Herz, beweisen Sie, daß Sie Ihre Mutter lieben, und kommen Sie umgehend nach Hause.«*

Solches Zureden veranlaßte Augustin schließlich im Herbst, in den Schoß der Familie heimzukehren. Er verfehlte jedoch die Davids, die inzwischen nach Algerien zurückgereist waren.

Widerwillig begann Isabelle sich darüber klarzuwerden, daß sich Augustin nicht für die Rolle als ihr zweites Ich eignete, in der sie ihn gesehen hatte. Daher ergriff sie selbst die Initiative in den Dingen, in denen sie ihn gern als Wegbereiter gehabt hätte. Im März 1895, sie war jetzt achtzehn, schrieb sie den Davids und ersuchte um ihren Rat, da Augustin, ihre Mutter und sie vorhatten, nach Blida zu kommen und dort eine Weile zu bleiben. Cécile David antwortete, daß das Leben in Hotels sehr teuer und unbequem sei und sie es für besser hielte, eine Villa in der Nähe der ihren zu mieten. Wenn sie erst einmal dort waren, schrieb sie, würden sie die Lebenshaltungskosten sehr niedrig finden. Und sie betonte noch einmal, daß die Gegend sicher sei, was auch immer andere vielleicht gesagt haben mochten, und daß Ausländer freundlich aufgenommen wurden.

Dieser vielversprechende Plan wurde jedoch durch eine Wiederholung des Augustin-Problems vereitelt. Der junge Mann verschwand im April aufs neue. Wieder wurden alle Hebel in Bewegung gesetzt, um ihn aufzuspüren. Isabelle schrieb seiner derzeitigen Freundin, Hélène Long, nach Marseille und fragte, ob sie wisse, wo er sei. Isabelle erhielt umgehend einige Zeilen, die Anteilnahme verrieten: »Ich finde es so schrecklich traurig, daß er einfach fort ist und keinem von uns geschrieben hat, wo wir ihm doch nie was Böses getan haben.«

Mme. de Moerders Gesundheit verschlechterte sich vor Sorge, und Isabelle mußte ihre Pläne aufschieben, ihre Familie nach Algerien zu bringen. Bei ihrem diesjährigen Besuch in Genf, im Sommer 1895, sahen die Davids Augustin wieder nicht. Da sich zumindest zur Zeit ihr Wunsch, nach Nordafrika zu reisen, nicht erfüllen ließ, bat Isabelle die Davids, sie im Atelier in arabischem Kostüm zu fotografieren. Auf den ersten Blick sieht sie wie ein stolzer Wüstenkavalier aus. Bei näherer Betrachtung erkennt man jedoch die Täuschung: Ihr Gesicht wirkt besorgt, ihre Augen sind voll Schwermut, und ihr Kostüm ist zusammengestückelt. Unter dem Burnus trägt sie einen Mischmasch von türkischen und Spahi-Einzelstücken nach dem orientalistischen Zeitgeschmack aus Davids Kostümtruhe, dazu türkische Slipper, die sie bei der ersten heftigeren Bewegung verloren hätte. Doch die Phantasie sah die Wirklichkeit genau voraus, und die Fotografie zeigt deutlich, wie Isabelle sein wollte, lange bevor sie ihren Fuß auf afrikanischen Boden setzte. Sie ließ noch ein zweites Bild von sich machen, diesmal als Matrose. Das war eine weitere Rolle, in der sie sich gefiel. Ihre Wahl des Schiffsnamens, die *Vengeance*, war kein Zufall, denn sie sah sich und Augustin dazu bestimmt, das der Familie de Moerder angetane Unrecht zu rächen. Als sie dieses Bild einige Monate später einem Freund schickte, wies sie bedeutungsvoll auf dieses Motto hin. Und noch später, am 18. Januar 1900, schrieb sie in ihr Tagebuch: »Ich wollte jemand werden, denn nur auf diese Weise kann ich das geschworene Ziel meines Lebens erreichen: Vergeltung.«

Erst im September kehrte Augustin nach Hause zurück. Vielleicht beschlossen die Bewohner der Villa, daß ihn eine längere Seereise von Schwierigkeiten fernhalten und einen Mann aus ihm machen würde. Jedenfalls brach er am 12. Oktober auf, um zur französischen Marine zu gehen. Er verabschiedete sich aufs herzlichste von Isabelle. Daran erinnert sie sich später auf eine Weise, die den Verdacht auf Inzest aufkommen läßt. »Denkst du daran, wie wir uns an jenem Tag vor der Haustür küßten?« Und nach der gegenseitigen Beteuerung ihrer Zuneigung machte er sich auf den Weg. Doch schon bald erfolgte die Ernüchterung, und er schrieb Isabelle mutlos, daß er wieder heimkehren wollte. Isabelle war wütend, sowohl über seinen aufreizenden Mangel an Entschlossenheit wie über seine ständige Sabotage ihrer Pläne zu ihrer gemeinsamen Rettung. Verärgert antwortete sie am 23. Oktober: »Du schreibst, ›alles ist zu Ende‹. Was meinst Du mit ›alles‹? Ja, das alte Leben ist zu Ende, es ist tot und begraben und gehört der Vergangenheit an.« Sosehr sie ihn auch zurückhaben wollte, hielt sie es doch für unbedingt erforderlich, daß er wegblieb und mit der Vergangenheit brach:

*»Um Mamas willen, um meiner Liebe willen, verbiete ich Dir zurückzukommen. Gott allein, wenn es ihn gäbe, wüßte, was es mich kostet, Dir diesen Satz zu schreiben! Aber es ist meine Pflicht! Hierher zurückzukommen, um dieses abscheuliche und sinnlose Leben wiederaufzunehmen — nein, das wäre moralisch und physisch Dein Untergang. Vava möchte, daß Du zurückkommst und eine Pflanzenanzucht beginnst ... Die Ungewißheit macht Mama krank, sehr krank. Du kannst alles zum Guten wenden. Tu es!«*

Sie bestand darauf, daß er sofort zur Marine gehe.

Nur wenige Tage nach Erhalt dieses Briefes ging Augustin statt dessen zur Fremdenlegion. Isabelle erfuhr davon als erstes von Vivicorsi, einem Seemann und Freund Augustins. Sie hatte mit ihm unter dem Pseudonym Nicolas Podolinski korrespondiert. Offensichtlich, um über Augustin auf dem laufenden zu sein. Dann schickte ihr Augustin am 12. November selbst einen Brief, der es bestätigte.

*»Mein Liebes,*
*Augustin de Moerder ist Soldat Nr. 19686 in der 18. Kompanie des 1. Regiments der Fremdenlegion in Sidi-bel-Abbès, in der Nähe von Oran in Algerien. Das, mein Liebstes, ist die ganze traurige Wahrheit. Doch ich denke an Dich, an Mama und Vava. Und ich sage mir immer wieder: ›Hieme et aestate, et prope et procul, usque dum vivam et ultra‹ (Im Winter und Sommer, nah und fern, solange ich lebe und darüber hinaus).*
          *Immer Dein*
          *Augustin«*

Diese Nachricht stürzte Isabelle in Verzweiflung. Die Legion hatte noch nicht ihren späteren Hauch von Romantik und Heldentum, sondern war als der letzte Ausweg für Aussteiger, Verurteilte und Versager bekannt. Sie galt als sicherer Weg in den Tod durch Kampf, Krankheit oder Suff. Die Legion machte keinen Hehl daraus. In ihrem Rekrutierungsbüro in Marseille war ihr »Gesetz« an die Wand geschrieben: »Ihr seid Soldaten, um zu sterben, und ich schicke euch dahin, wo ihr sterben werdet.« Isabelle wußte, daß man sich für fünf Jahre zur Legion verpflichten mußte, fünf Jahre, in denen sie ihn nicht sehen würde, in denen er ihr von keiner Hilfe in ihrer eigenen mißlichen Lage sein konnte. Sie schrieb ihm einen wütenden Brief:

»Das ist ein Schlag für mich. Was hast Du nur getan?! Bist Du völlig wahnsinnig? Kapierst Du denn nicht, was Du da tust? Ich bin zutiefst verzweifelt. Hier weiß sonst noch niemand davon. Ich bringe es nicht fertig, ihnen diesen Brief zu zeigen! Was hat Dein unverständliches Benehmen zu bedeuten? Warum bist Du nicht zur Marine? Du mußt wahrhaftig den Verstand verloren haben! Hast Du denn die schrecklichen Folgen nicht bedacht, Du Unglückswurm?! Wirklich, ich weiß nicht mehr, was ich tun soll. Ich bin fertig, absolut und völlig am Ende. Für mich ist alles vorbei. Nun gut, soll es so sein! Nein, ein Leben ist nun nicht mehr möglich! Warum müßt ihr alle, die ich liebte, so wahnsinnig liebte, warum müßt ihr mich auf diese Weise umbringen?! Bereits vor dieser furchtbaren Neuigkeit war mein Leben hier auf dem Tiefpunkt angelangt wegen all der schrecklichen Dinge, die passieren. Für mich ist alles zu Ende, völlig zu Ende ... Ich verbiete Dir ausdrücklich, mir zu schreiben, ehe Du nicht Mama geschrieben hast, nur ihr. Das mußt Du tun. Und sei verdammt, wenn Du es nicht tust! Bringe sie nicht völlig um! Du bist verloren. Und indem Du Dich selbst verloren gegeben hast, hast Du auch mich verloren, ganz und gar verloren. Ich setzte meine letzte Hoffnung in Dich, und nun gibt es nichts mehr. Ich weiß nicht mehr, was ich tun oder denken soll! Nein, nein, es gibt keine Hoffnung für mich in diesem verfluchten Dasein in ewiger Finsternis. Und das einzige, das ich tun kann, um mich aus diesem nicht mehr endenden Elend zu befreien — darf ich nicht tun. Aber kann ich es noch lange ertragen?«

Augustin hat wahrscheinlich einen versöhnlichen Brief geschrieben, denn bereits vor Weihnachten wußten Mme. de Moerder und Trofimowski von seinem Los, und Isabelle war zwar noch verzweifelt, aber nicht mehr wütend. Sie suchte nach etwas, an das sie sich in ihrer Seelenqual lehnen konnte. Da sie das wachsende Bedürfnis verspürte, an etwas zu glauben, entschloß sie sich, das »alte Dienstmädchen« der Familie in die katholische Christmette zu begleiten. Der Brief, den sie Augustin kurz davor schrieb, läßt erkennen, daß sie über der Vorstellung der Existenz eines Gottes grübelte.

*»Es ist das erste Mal, mein Liebster, daß wir dieses Fest nicht zusammen feiern. Vielleicht sind wir für immer und alle Zeit getrennt! Wer weiß, ob wir uns jemals wiedersehen werden? Welches Elend, welch tiefe Trostlosigkeit und Verlassenheit. Keine Hoffnung und kein Glaube mehr. Kein Gott, zu dem wir unser namenloses Elend, die ganze furchtbare Ungerechtigkeit unseres Leides hinausschreien können. Der Himmel bleibt leer und stumm, nichts, niemand, nirgendwo. Die Einsamkeit ist absolut. Für uns zwei ist die Einsamkeit absolut, denk daran! Niemand wird je unser Leiden, unsere Sehnsüchte, unsere Enttäuschungen verstehen. Und warum müssen wir getrennt sein, so weit voneinander? ›Mein Gott‹, eine leere Phrase, eine Gewohnheit. Gott! Was ist aus unseren Hoffnungen, unseren Plänen für die Zukunft geworden?«*

Im selben Brief schreibt Isabelle von einer neuen romantischen Liebe, vergleicht sie allerdings mit ihrem Gefühl für Augustin. Sie verfaßt ein Gedicht in Arabisch:

*»Mein Leib ist im Westen / Und meine Seele ist im Orient / Mein Leib ist im Land der Ungläubigen / Und mein Herz ist in Istanbul / Und mein Herz ist in Oran! ... In Istanbul! Du weißt, weshalb ... zweifellos gelang es Dir, die Wahrheit, die quälende Wahrheit, hinter meinen Worten über diese Verbindung zu erkennen. Du mußt verstanden und geahnt haben. Aber nein, diese Liebe, diese trostlose, nie erwiderte Liebe, ist nichts verglichen mit der erhabenen Liebe, die ich für Dich empfinde.«*

Sie benutzt ein Zitat von Loti:

*»Wenn es die Ewigkeit gibt, mit welchem der beiden werde ich gehen und leben? Mit ihm, mein geliebter Bruder, oder mit*

*Dir? Oh! Mit Dir, immer mit Dir. Und wenn es die Ewigkeit gibt, müssen diese erhabenen, tiefen und unerklärbaren Lieben mit uns wiedergeboren werden. Nur sie wecken in uns dieses Erschauern vor dem Unbekannten und diese dunkle Ahnung von einem sehr ungewissen Morgen und einem Jenseits. Nur die Liebe, die zwei Arten von Liebe ... jene, die wie unsere ist, und die andere, die ich für den braunäugigen Levantiner empfand. ›Ist sie das höchste Streben der Seele zum Himmel oder ein blindes Naturgesetz?‹ Doch immer, immer in Gedanken bei Dir, nah oder fern, immer.«*

Isabelles vorübergehende Verliebtheit in den jungen Türken wird nicht wieder erwähnt. Doch so unerwidert sie gewesen sein mochte, half sie ihr, sich aus ihrer emotionalen Abhängigkeit von Augustin zu lösen.

Mme. de Moerders Gesundheit hatte durch Augustins Legionseintritt einen weiteren Schlag erlitten. Am 2. Januar 1896 schrieb der Apotheker Schoenlaub Augustin wieder und beschrieb Mme. de Moerder als eine Frau, die »in einen Abgrund blickt und in der Tiefe nach ihrem Sohn Ausschau hält«. Trofimowski beschloß, alle Möglichkeiten auszuschöpfen, um Augustin aus der Legion zu bekommen, was normalerweise sehr schwierig war. Isabelle sah es jetzt jedoch anders. Anfang 1896 hatte sie sich mit der vollendeten Tatsache abgefunden. Sie riet Augustin, zu versuchen, das Beste aus der Sache zu machen, indem er voll zu der Entscheidung stand, die er getroffen hatte. Auf keinen Fall dürfe er »intellektuell stagnieren«. Er solle, wann immer er Zeit hatte, lesen und schreiben und ein Tagebuch führen, das sie später als Material für eine Erzählung verwenden könnte. »Versuche wenigstens diesmal auf Deinen eigenen Beinen zu stehen, und laß Dich nicht unterkriegen. Deine Zukunft hängt jetzt einzig und allein von Dir selbst ab.« Sie verriet ihm, daß Trofimowski vorhatte, sich um Hilfe an das russische Konsulat zu wenden, um ihn aus der Legion freizubekommen. Sie flehte ihn an, dem zuvorzukommen, sofort an den Zaren zu schreiben, die russische Staatsbürgerschaft abzulegen und die französische zu beantragen. »Dann wirst Du für immer frei von jeder möglichen Verfolgung sein. Du wolltest diese russische Staatsbürgerschaft ohnehin schon lange aufgeben, die, wie Du ebensogut weißt wie ich, alles andere denn vorteilhaft ist. Das Schreiben an den Zaren ist ein Sine qua non. Andernfalls wird die Botschaft eingeschaltet, und sie schickt Dich zur ärztlichen Untersuchung nach Rußland. Dann bist Du verloren und wirst nie wieder herauskommen.« Zweifellos dachte sie dabei an den potentiellen Einfluß Nicolas', der seine Karriere im Außenministerium machte. Sie forderte Augustin auf, Trofimowski mitzuteilen, was er beabsichtigte. »Vor allem kein Phrasendreschen, keine Sentimentalität!«

Inzwischen hatte Trofimowski Mme. de Moerder einen Brief diktiert, den sie an Augustins Kommandeur schicken und in dem sie ihn um Augustins Freilassung aus Gründen ihres Gesundheitszustands bitten sollte. Widerstrebend entsprach der Oberst ihrem Gesuch, erklärte jedoch, daß es mindestens achtzehn Monate dauern würde, bis Augustin entlassen werden konnte. Doch bald danach wurde Augustin in einen nicht näher erörterten kriminellen Zwischenfall verwickelt, der den Oberst so entsetzte, daß er ihn plötzlich nur zu gern freigab. Aus der Legion ausgestoßen zu werden war wahrhaftig nichts, worauf man stolz sein konnte. Ende Februar war Augustin wieder zu Hause, und seine Entlassung hatte die Illusion seiner Lieben endgültig zerstört.

Während der vier Monate, die Augustin fort gewesen war, hatte sich Isabelles Leben auf mancherlei Weise verändert. Kurz ehe er zurückkehrte, schrieb sie ihm: »Du wirst mich sehr verändert finden. Ich bin nicht stolz darauf! Diese letzten Monate raubten mir meine letzten Illusionen. Die Zeit des Träumens ist für mich vorüber. Gott gebe, daß das auch bei Dir der Fall ist. Deine Träume haben Dich in die Fremdenlegion geführt, und es gelang Dir nicht einmal zu bleiben. Das ist wirklich genug, nicht wahr?« Dieses abgöttische, vielleicht nicht wirklich inzestuöse Band war endlich gerissen.

# 7.

# VERKLEIDUNGEN

»*Wenn Du zurückkommst*«, hatte Isabelle geschrieben, »*wirst Du feststellen, daß ich nicht mehr dieselbe bin, die Du verlassen hast. Du wirst eine völlig andere kennenlernen. Du wirst feststellen, daß ich ernsthaft arbeite und meinen Weg mache. Sobald Du Dich ein wenig erholt hast, wirst auch Du Deinen Weg finden, ich werde Dir dabei helfen. Denk nüchtern und ernsthaft über Deine Lage nach, über Deine Zukunft, über Dein Alter, und daß Du bisher noch nichts getan hast, um Deine Zukunft zu sichern. Hör diesmal auf die Stimme der Vernunft, und sieh ein, daß Du nicht mehr von Illusionen und Phantastereien leben kannst. Das ist unmöglich und tödlich! Denk darüber nach, und entschließe Dich zu tun, was ich getan habe. Reiße dich endgültig los von diesem morbiden Leben mit all den Drogen usw.*«

Diese abrupte Änderung ihres Tons in ihren Briefen an Augustin im neuen Jahr war nicht nur die Folge ihres Entschlusses, ihr Leben selbst in die Hand zu nehmen, sondern auch eines neuen amourösen Abenteuers mit Charles Schwarz, einem verheirateten Mann, der fünf Jahre älter als sie war. Isabelle war neunzehn, und Trofimowski erlaubte ihr, jetzt ohne Begleitung in die Stadt zu gehen, vorausgesetzt, daß sie sich als Mann kleidete. Er behauptete, »das wäre in der Stadt angebrachter«. Dort lernte sie Schwarz kennen. Ursprünglich hatte er ihr nur geholfen, Medikamente und Bücher an Augustin zu schicken. Doch Mitte Januar war er bereits ihr »teurer Freund«. Am 30. Januar schrieb sie Augustin in völlig anderem Ton als in den letzten Briefen. (Sie selbst beklagte ihre »entsetzlichen Stimmungsschwankungen«.) Sie berichtete ihm von einer Begegnung mit Schwarz:

*»Mein Leben hier ist recht komisch. Stell Dir vor, ich laufe als Matrose verkleidet herum, sogar in der Stadt, direkt vor der Nase von Agenten. Vor ein paar Tagen saß ich abends in der Apotheke und wurde zu meiner größten Bestürzung, denn ich erinnerte mich gut an die Vorhaltungen, die ich Dir wegen des Trinkens machte, in Schwarz' Gesellschaft so betrunken (von sechs Glas Bier!), daß ich ... die Verwegenheit hatte, seine Wette anzunehmen, ich würde nie wagen, ihn zu küssen ... Ich sagte, ich würde es wagen. Ohne die sechs Bier hätte sicher er die idiotische Wette gewonnen, weil mir bewußt geworden wäre, was es für ein Unsinn war. Aber nein! Ich küßte ihn und hörte nicht auf, ihn in der leeren Apotheke zu küssen.«*

Schwarz, der »sinnlich« war und ein »ausschweifendes Leben« führte, wie Isabelle schrieb, fand es zweifellos pikant, ein Mädchen zu küssen, das einen Matrosenanzug trug. Und Isabelle erkannte, daß sie gern Verkleidung trug, nicht nur weil es die Umstände verlangten, sondern aus einer zwingenden Neigung heraus.

Der Flirt mit Schwarz, so kurz er auch war, mochte durchaus intim gewesen sein. Jedenfalls drohte ein griechischer Artillerieoffizier namens Christos Christidi im Februar 1896, Frau Schwarz zu schreiben, daß Isabelle die Geliebte ihres Gatten sei. Und zur gleichen Zeit bestellte Isabelle aus Paris eine Broschüre über »neo-malthusische Praktiken«, wahrscheinlich Empfängnisverhütung. Bis zum Frühjahr war die Beziehung jedoch zu Ende, wahrscheinlich, »weil er seine Julie wirklich liebt«, wie Isabelle Augustin gegenüber schon früher durchblicken hatte lassen.

Doch nicht alle Männer fanden Isabelles sexuelle Maskerade anregend. Christidi hielt absolut nichts davon. Offenbar hatte sie ihm neckische Briefe unter Pseudonym geschickt. Er schrieb brüsk: »Ich wußte nicht, und weiß es immer noch nicht, mit welcher Art von Person ich es zu tun habe, wie sie wirklich heißt und welchen Geschlechts und welcher Nationalität sie ist. Mir fehlt ganz und gar die Zeit, unbekannten Personen zu schreiben, die sich hinter Pseudonymen verstecken.«

Die eigene Unsicherheit über ihre Identität, mit der sie sich nun auseinanderzusetzen begann, war mehr als nur eine Entwicklungsphase. Zum Teil waren offensichtlich die Umstände schuld. Sie hatte von Geburt einen Familiennamen erhalten, der ihr nicht nur keine anerkannte gesellschaftliche Identität gab, sondern eher ein Deckname war. Er war etwas, das sie wohl schon immer als austauschbar ansah. In den anarchistischen Kreisen, in denen sie aufwuchs, waren Noms de guerre und Verkleidungen üblich und manchmal sogar lebensnotwendig. Isabelle war längst gewohnt, die Rollen zu vertauschen, noch ehe sie erwachsen genug war, sie zu begreifen. Außerdem blieb ihre Figur, als sie zur jungen Frau heranwuchs, knabenhaft flachbrüstig und schmalhüftig. Sie war daher auch nicht motiviert, auf weibliche Reize, die sie kaum besaß, durch entsprechende Kleidung aufmerksam zu machen, vor allem, weil die eng geschnürten Korsetts und die langen Röcke dieser Zeit die Bewegungsfreiheit eingeschränkt hätten. Fragte man sie später, warum sie Herrenkleidung bevorzugte, betonte sie die praktische Seite. »Sie ist zum Reiten geeigneter.« Doch das war nicht die ganze Wahrheit. Irgendein verborgenes Übel steckte hinter dieser Vorliebe für die Kleider des anderen Geschlechts und den außergewöhnlichen und oft melodramatischen Leidensweg, der sich wie ein roter Faden durch ihr Leben, ihre Briefe und ihre Tagebücher zieht.

Was es genau war, kann nur vermutet werden. Gewiß war ihre körperliche Erscheinung nicht unproblematisch. Eine Anorexie könnte dafür verantwortlich gewesen sein, daß sie sich physisch nicht entwickelte; ein Widerstreben, zur Frau zu werden, das der Furcht vor Inzest mit Trofimowski entsprungen sein könnte. Doch tiefer noch saß eine gewisse narzißtische Störung, die in ihrer Beziehung zu ihm wurzelte. Indem sie Trofimowskis Forderung gehorchte, Knabenkleidung zu tragen, folgte sie ihrem Bedürfnis, ihm auf seine Weise Freude zu machen. Wie es manchmal bei dem begabten Kind einer Familie vorkommt, wurde sie zum Sündenbock für die uneingestandenen Sünden und Probleme ihrer Eltern. Sie spürte, daß sie sich Trofimowskis Liebe nur sichern konnte, wenn sie ihn und seine Theorien ernst nahm. Und seine Liebe war lebenswichtig in der Villa, da ihre Mutter zu schwach war. Doch der hohe, verborgene Preis, den sie dafür zahlte, war, daß sie sich ihrem eigenen Ich, und damit auch ihrer Weiblichkeit, mehr und mehr entfremdete. In ihrem Brief an Augustin kleidete sie das Problem unbewußt in Worte: »Warum müßt ihr alle, die ich liebte, so wahnsinnig liebte, warum müßt ihr mich auf diese Weise töten?« Es könnte diese Entfremdung gewesen sein, die ihrem Leben so frühes Leid bescherte. Sicher ist jedenfalls, daß Verkleidung für sie, ebenso wie für T. E. Lawrence, nicht die simple, verwegene Caprice war, die sie zu sein schien. Ebensowenig war es nur ein Ausbrechen. Es war zum Teil ein zwanghaftes Neudurchleben eines tiefen Kindheitstraumas: Daß ihr Vater ihr wahres Selbst nicht anerkannte. Während sie auf einer Ebene mit Hilfe der Verkleidung ihrem Identitätsproblem zu entfliehen suchte, zog diese sie auf einer anderen Ebene unerbittlich zurück in ihren alten Kummer, der sich nicht lindern ließ, solange sie nicht den einzigen heilenden Weg fand: zu ihrem eigenen, wahren Ich. Die Furcht vor Inzest, so stark sie auch war, wurde noch von einer größeren übertrumpft: von der Angst, die Liebe ihrer Eltern zu verlieren. Solange sie nicht von dem Zwang frei war, dieses quälende Geschehen neu zu durchleben, wurde die Verkleidung als Mann mehr und mehr, wie eine Perversion, zum Schlüssel für ihre sexuellen Empfindungen. Biographen beschrieben ihre Persönlichkeit als »rätselhaft«, und viele, die sich gern an ihrer Biographie versucht hätten, gaben auf, als sie feststellten, daß unter ihrem überaus interessanten und abenteuerlichen Leben nicht nur eine »rätselhafte« und schwer zu begreifende Persönlichkeit lag, sondern ebenso eine paradoxerweise leere. Doch gerade diese Leere wird zum besonders interessanten Faktor, wenn man sie erst als zentralen Verlust erkannt hat und nicht als Versagen.

Schriftsteller des neunzehnten Jahrhunderts benutzten gern Pseudonyme, oft, um die Familie nicht zu schockieren, von der sie abhängig waren. Und Schriftstellerinnen glaubten, sie würden ernster genommen werden, wenn sie sich Männernamen bedienten. Diese Überlegungen motivierten auch Isabelle, doch hatte sie noch einen weiteren Grund, männliche Pseudonyme zu wählen: Sie wollte wissen, wie sie in der Öffentlichkeit ankam, wollte sich mit anderen messen, ohne sich eine Blöße zu geben. Sie wählte für ihre erste Veröffentlichung das

Pseudonym Nicolaus Podolinski, unter dem sie im vergangenen Sommer an Augustins Freund Vivicorsi geschrieben hatte. Es war eine Kurzgeschichte mit dem Titel »Infernalia«. Sie erschien im September 1895 in einem neuen Pariser Journal, der *Nouvelle Revue Moderne*, einer der vielen literarischen Zeitschriften, die in Paris in seiner künstlerischen Blütezeit aus dem Boden schossen. Es war ein bizarres Debüt: Ein Stück baudelairer Nekromanie über einen Voyeur in einer Leichenhalle, der ein totes Mädchen betrachtet und dadurch erregt wird. Es hat den makabren Untertitel »Sepulkrale Sinnlichkeit« und beginnt mit einem Gedicht von Jean Richepin, dem in Algerien geborenen Bohemien, der 1908 Mitglied der Académie française wurde. Er war in Isabelles Jugend einer ihrer Lieblingsdichter. Sein Gedicht spricht von »Liebe ohne Ende, Liebe ohne Namen«, als einer Aufforderung, um jeden Preis zu lieben, selbst Träume und Schatten, um einen Funken des göttlichen Feuers zu erhaschen.

Der Stil von »Infernalia« ist vage und schwülstig, und das Thema, die verlockende Macht des Todes, paßt zu dem damals modischen Fin de siècle, dem Ausdruck dekadenten bürgerlichen Lebensgefühls. Doch die makabre Faszination durch den Tod war Teil von Isabelles persönlicher Obsession, und diese Geschichte eine erste Auseinandersetzung mit ihm, noch ehe sie durch die Schicksale in ihrer Familie damit konfrontiert wurde. Sie beschreibt zwei in weiße Tücher gehüllte Tote in einer Leichenhalle, in der es nach gestocktem Blut und Arzneimitteln riecht. Einer ist ein junger Mann mit dem »sanften Profil einer weißen Statue, bleichen Lippen und einem traurigen Lächeln auf dem fahlen Gesicht«. Die andere Leiche ist eine Frau: »Eine mystische und reine Skulptur in ihrer überirdischen, von Leiden gezeichneten Schönheit. Die sinnlichen Rundungen ihrer nun starren Gestalt spannen das Leichentuch. Sie sind für immer von der Liste der Lebenden gestrichen, doch ihre Körper sind noch da und warten auf das Skalpell — als Studienobjekte für Studenten, für andere junge Männer und Frauen, die noch ›nach Leben, nach Wissen, nach Liebe dürsten‹.« Ihr absolutes Elend würde im Licht einer gleichgültigen Sonne zur Schau gestellt werden. »Was macht es schon aus? Wie könnte in dem großen, ewigen und rätselhaften Prozeß des

Werdens das Opfer von Blut, Leben und Fleisch auch bedauert werden?« Jene, die dieses Fleisch morgen berühren würden, lebten noch, und warmes Blut floß durch ihre Adern. Eines Tages würden sie heilen und lindern, bis auch sie plötzlich ohne Leben waren und in »das große Nichts, das formlose, zeitlose, namenlose Nichts« sanken. Und so würde es immer weitergehen. Doch neben der Leiche des jungen Mädchens stand ein Lebender: ein Student, der hier zum Wachdienst eingeteilt war — und einen inneren Kampf gegen die finsteren Mächte focht, die ihn zu überwältigen drohten. Wenn er sie anblickte, prickelte seine Haut vor Begehren. »Mit seiner ganzen Willenskraft, mit aller Energie widerstand er dem finsteren, neurotischen Locken...«

Da Isabelle später behauptete, sie hätte eine Zeitlang in Genf Medizin studiert, könnte die Idee zu der Story vom ersten Besuch ihrer Klasse in einer Leichenhalle herrühren. Sie ließ jedoch auch Isabelles zwei eigene dunkle Seiten durchblicken: Nekrophilie, die als Metapher für die unwiderstehliche Anziehungskraft des Todes gilt, und eine unverkennbare Neigung zum Voyeurismus.

Die Veröffentlichung der Geschichte regte sie zu weiterem Schreiben an. Sie schrieb an verschiedene Verleger über ihre Arbeit, u.a. zu einem Henri Rainaldy, den ihre Identität so verwirrte, daß er seine Briefe an Mlle. I. P. de Moerder, an Madame Isabelle de Moerder, an Monsieur N. Podolinski und Mlle. N. Podolinski adressierte. Vielleicht glaubte er, sie wohnten alle im gleichen Haus, was auf gewisse Weise ja auch der Fall war.

Im April und Mai 1896 veröffentlichte die *Nouvelle Revue Moderne* zwei weitere ihrer Geschichten unter dem Pseudonym Podolinski: »Dholema« und »Per fas et nefgas«. Bald kam es zur regen Korrespondenz zwischen Isabelle und dem Herausgeber, J. Manin, der sie mit »Mademoiselle« anredete. Im Mai 1896 ersuchte sie ihn um die Adresse einer neuen Zeitschrift, die unter dem Namen *L'Athénée* erscheinen sollte. Er erklärte ihr, es handle sich um ein Aufsteigerjournal, das von Jugendlichen herausgegeben würde und dessen Verleger sein Freund sei. Nach Manins Meinung würde es bald wieder »in der Versenkung verschwinden«. Tatsächlich aber war es seine Zeitschrift, die noch im selben Jahr in der Versenkung verschwand, während die *L'Athénée* ihre Abonnenten, ihre Schulden und einige ihrer Autoren übernahm. Ihr Verleger, J. Bonneval, trat in Korrespondenz mit Isabelle, woraus sich eine langjährige Geschäftsverbindung und Freundschaft entwickelte. Sie schickte ihm ihre Geschichten von der *NRM*, und er antwortete im Oktober 1896: »Ich sehe, daß das heilige Feuer Sie nicht mehr losläßt, und stelle fest, daß ich es mit einem offenen und außergewöhnlichen Menschen zu tun habe. Zwar holen wir normalerweise erst die Meinung unseres Mitarbeitergremiums ein, aber in Ihrem Fall sind die Arbeiten von überzeugender Qualität.« Er gab ihr ein kostenloses Halbjahresabonnement. Im Januar 1897 schrieb er ihr:

*»Liebe Mademoiselle und confrère, wenn ich Ihre Briefe lese, vergesse ich leicht, ob Sie Junge oder Mädchen sind. Wäre nicht Ihre feminine Handschrift, würde ich eher ersteres annehmen. Jedenfalls beweist es, daß Sie ungewöhnliche männliche Wesenszüge haben, obgleich sie durch Ihre Gefühle und Ambitionen gemildert werden. Seien Sie nie ganz maskulin, denn eine überlegene Frau ist auch ihren männlichen Kollegen überlegen. In Ihnen als Frau stecken einige außergewöhnliche Eigenschaften, die längst nicht mehr so reizvoll und bemerkenswert wären, wenn Sie diesem anderen Teil der menschlichen Spezies zu ähnlich würden, welcher der personifizierte Egoismus ist.«*

Im Januar, Februar und Mai 1897 brachte er ihre Prosaübersetzungen von Gedichten des russischen Dichters Semjon Nadson heraus, der 1887 im Alter von fünfundzwanzig Jahren starb und der zu dieser Zeit neben Richepin ihr Lieblingsdichter war.

# 8

# BRIEFWECHSEL

Anfang 1896 kehrte Augustin nach Algerien zurück. Isabelle machte einen letzten Versuch, ihn dazu zu bringen, sich dort niederzulassen. Sie schrieb:

*»Ich habe bewiesen, daß Du Dich auf mich verlassen kannst. Du hättest von Anfang an auf mich hören sollen. Bleib jetzt in Algerien, nütze diese letzte Chance, dann wird doch noch alles gut. Mit ein bißchen Kapital kannst Du alles machen, das versichere ich Dir. Und wenn es nur eine winzige Orangenplantage in Blida sein kann, es wäre unser Ausweg! Stell Dir vor, welche Freude, wenn schließlich Du derjenige wärst, von dem man sagen könnte, er habe die ganze beklagenswerte Sippe der Beni-Moerder gerettet!«*

Aber Augustin kehrte wieder nach Genf zurück, und Isabelle gab auf, ihn zur Vorhut für ihre eigene Reise in den Maghreb zu machen.

Während dieser Zeit, wahrscheinlich zwischen 1895 und 1896, war Isabelle in einem »Zentralkomitee russischer Terroristen« in Lausanne »Sekretärin«, wie sie viele Jahre später ihrem Schriftstellerfreund Robert Randau schrieb. Randau hielt es für melodramatisches Gerede und nahm es nicht ganz ernst. Aber er täuschte sich vermutlich. Isabelle war immerhin in einer Atmosphäre aufgewachsen, die von den Strömungen des europäischen Anarchismus durchdrungen war. Ihr späterer Roman, *Trimardeur*, und einige ihrer Kurzgeschichten beweisen eingehende Kenntnisse anarchistischer Zellen in Genf, und ihre Erwähnung im Brief an Augustin, über ihre Verkleidung als Matrose »selbst in der Stadt, direkt unter den Augen der Agenten«, deutet darauf hin. 1896 begann sie jedoch die Geduld mit den Intrigen und Ränken der Anarchisten zu verlieren. Wie ihr Held Dmitri in *Trimardeur* hatte sie zunächst begeistert auf das idealistische Gerede von individueller Freiheit reagiert, doch bald erkannt, daß die Bewegung ihre eigene Tyrannei erschuf mit ihren »Dumas-*père*-Szenen, ihren Komitees mit Erstem Vorsitzenden und Zweitem Vorsitzenden usw., und der ganzen widersinnigen Nachahmung genau dieser Regierungsformen, die wir bekämpften«. Der Freiheit wäre besser gedient, fand sie, wenn jeder einzelne sich einfach die Freiheit nahm, die er begehrte, statt die »Vorboten einer problematischen Freiheit in tausend Jahren zu sein«. Oder wie Dmitri es formulierte: »Leute, denen der Mut fehlt, die degenerierte Gesellschaft aufzurütteln und alles Lähmende ohne Zögern abzuschütteln.« Ihre Desillusion mit der revolutionären Politik verstärkte ihre Träume von Flucht.

Im Herbst 1896 begann sie einen Briefwechsel unter neuem Pseudonym mit Abu Naddara, einem in Paris lebenden Ägypter und bekannten arabischen Gelehrten. Sie schrieb ihm in Arabisch als angeblich junger slawischer Schriftsteller, der zum Islam übergetreten war. Er habe den mohammedanischen Namen Mahmoud Saadi angenommen und möchte sich in Algerien niederlassen, um seine Kenntnisse des Arabischen zu verbessern. Sie legte ihrem Brief sogar eine Fotografie bei, die Louis David von ihr als Matrose gemacht hatte. Ihre Wahl des Pseudonyms war bezeichnend: Das Jahr hatte damit begonnen, daß sie Augustin gegenüber bedauerte, daß es keinen Gott gäbe, dem man sein unendliches Leid klagen könne. Und jetzt, im Oktober, entschied sie sich für einen Namen mit rein religiöser Bedeutung: Mahmoud, eine Form von Mohammed, was »Gotterwählter« hieß, und »Saadi« mit seinem Beiklang von Los und Schicksal.

Abu Naddara war das Pseudonym des Dramatikers James Sanua, der seit Juni 1878 im Exil in Paris lebte. Er hatte in seiner Heimat Ägypten ein satirisches Magazin veröffentlicht, in dem er die Besetzung seines Vaterlands durch die Briten lächerlich machte. Er war schon mit dreizehn imstande gewesen, die Bibel in Hebräisch zu lesen, den Koran in Arabisch und das Evangelium in Englisch. Er blieb ein Polyglotte und besaß einen außergewöhnlichen Charme, der ihm Freunde aus allen Schichten gewann. In Paris verlegte er ein eigenes Journal, kor-

respondierte mit einem umfangreichen exklusiven Personen-
kreis, von berühmten Forschern bis zu Hugo und Dumas d.J.
Man gab ihm den Spitznamen »Abu Naddara Zarga«, den
»Mann mit der blauen Brille«. Er erteilte auch in dem von allem Orientalischen besessenen Paris einer wachsenden Perso-
nenzahl Arabischunterricht.

Isabelle schrieb ihren ersten Brief an ihn mit großer Sorgfalt.
Er war sehr angetan davon und begann seine Antwort mit einem Gedicht in Arabisch, inspiriert, wie er Isabelle schrieb,
von ihrer »vollkommenen Beherrschung der arabischen Sprache«. Er fährt fort: »Ihr Stil und Ihre Schrift haben mich fasziniert. Ich bewahre Ihr unvergleichliches Schreiben als kostba-
re Erinnerung bei meinen autographischen Briefen von orientalischen und okzidentalen Gelehrten auf. Danke für die Ehre,
die Sie mir durch Ihren charmanten Brief erwiesen. Er erstaunt
alle, denen ich ihn voll Stolz zeige.« Durch diese Antwort er-
mutigt, beschloß Isabelle, ihm in ihrem nächsten Brief ihre
wahre Identität zu offenbaren. Er antwortete am 16. November:

*»Liebe Mademoiselle, ich möchte auf arabisch meiner Freude
Ausdruck verleihen, die ich beim Erhalt Ihrer überragenden
Arbeiten empfand, und meiner Bewunderung für Ihre Handschrift und die Zeichnungen. Sie baten mich, auf arabisch zu
antworten, das tue ich unten, um Ihnen meine Freude darüber
kundzutun, daß meine Briefpartnerin eine junge Dame ist:
Eine junge Dame mit solch herausragenden Talenten und Fähigkeiten. Und, daß ich es bedaure, daß ich alt bin und mein
Herz nicht mehr jemandem zu Füßen legen kann, der so begabt
ist wie Sie.«*

Er versprach ihr für den Tag ihrer Hochzeit eine Ode in einundsechzig Sprachen. Isabelle war begeistert von seiner Zuvorkommenheit und seinem Charme und beschloß, falls es sich
machen ließe, nach Paris zu gehen und bei ihm zu studieren.

Abu Naddara machte sie bald mit einem anderen Briefpartner bekannt, der einen nachhaltigen Einfluß auf sie ausüben
sollte. Er war Ali Abd El Wahab, ein junger Beamter aus einer
vornehmen tunesischen Familie. Im Herbst, als Abu Naddara

noch glaubte, es mit einem »Mahmoud« zu tun zu haben, hatte ihn Abd El Wahab in Paris besucht und war beeindruckt vom Bild des »jungen Epheben« auf seinem Schreibtisch gewesen, der jugendlichen Ausnahme in der Ansammlung verehrungswürdiger, ältlicher Minister, Paschas und Fürsten. Abu Naddara schrieb »Mahmoud« und fragte, ob er nicht Lust hätte, mit dem jungen Abd El Wahab zu korrespondieren, der sehr versiert auf dem Gebiet des Islams sei. Isabelle schrieb ihm Anfang 1897 und bat ihn um Erläuterung gewisser Punkte im Islam, die sie nicht ganz verstand. Die Agenda für ihren Briefwechsel wurde der Konflikt zwischen Wissenschaft und Religion. Abd El Wahab schrieb am 18. April, daß neumodische Theorien allen Ansporn zu einem anständigen und ehrlichen Leben raubten und dafür lediglich eine Leere, ein Nichts versprachen. Also suchten die Leute nach Vergessen im Alkohol oder versuchten diesem »schrecklichen Dasein« durch den Freitod zu entfliehen. Andererseits, schrieb er, wie ist schon das Leben der Menschen, die vom Glauben geleitet werden: »Die unerschütterlichen Prinzipien, die ihre Handlungsweise lenken, erinnern sie, daß dieses Leben vergänglich ist und daß weder Glück noch Leid beständig sind.« In einem anderen Brief schrieb er, daß er schon immer ein sehr unglückliches Wesen hatte, das alles negativ sah und die Zukunft fürchtete. Jetzt aber gelang es ihm, es abzustreifen — und wie? »Durch meinen unerschütterlichen Glauben an den Islam. Die radikalste Heilmethode, die einzige für meine moralische Krankheit, ist diese islamische Inbrunst: Sie hat zwei Wurzeln: Impassivität und Resignation.« Diese »moralische Krankheit« muß eine vertraute Saite in Isabelle zum Schwingen gebracht haben.

Ein anderer Briefwechsel, ebenfalls aus dem Jahr 1896, verschaffte ihr nützliche Informationen über das Leben in Nordafrika. Sie hatte eine Annonce in einer Zeitung gelesen: Junger Offizier in Algerien, zu Tode gelangweilt, möchte gern mit europäischem Mädchen in Briefwechsel treten. Sie hatte geantwortet, diesmal den Umständen entsprechend unter dem weiblichem Decknamen »Nadia«. Der Offizier, Eugène Letord, war Franzose aus Lyon, zehn Jahre älter als Isabelle, und im Süden der Provinz Constantine, in Südostalgerien stationiert. Durch Letords Briefe erhielt Isabelle ausführliche Kenntnisse über die Gegenden, in denen er Dienst tat: El Oued, Batna und Bône in Südconstantine, und in Aïn Sefra im Süden der Provinz Oran. Und sie erfuhr auch einiges über die Aufgaben des dortigen französischen Militärs. Letord, von Natur aus ein Einzelgänger, hatte in seinen südlichen Garnisonen fünf Jahre lang unter dem Wüstencafard gelitten. Er beschrieb die Mühen und Langeweile eines solchen Lebens, trotzdem vermochte er Isabelle nicht zu desillusionieren. Tatsächlich hatte sie nun einen zusätzlichen Ansporn, nach Algerien zu reisen, da ihre »Brieffreundschaft«, wie er es bezeichnete, auch die unausgesprochene Möglichkeit einer zukünftigen Romanze bot.

Im Herbst 1896 übersetzte Isabelle mehrere russische Gedichte ins Arabische. Sie schickte sie einem russischen Freund ihrer Familie, Wassilij Masjew, und bat ihn, sie an einen russischen Arabisten zur Begutachtung weiterzuleiten. Der Arabist war von begrenzter Hilfe, doch Masjew selbst schrieb ihr einen interessanteren Brief am 26. Oktober 1896, demselben Datum wie Abu Naddaras erstes Schreiben an sie. Masjews Brief ist in russischer Sprache und enthält den onkelhaften Rat:

*»Bei Deinen außerordentlichen Talenten fällt Dir zweifellos alles leicht, was Du tust. Da Dir Lernen keine Mühe bereitet, könntest Du alles mögliche gleichzeitig unternehmen, und bei Deiner Begabung in allem Erfolg haben. Ich möchte Dir gern einen freundschaftlichen Rat geben, wie wichtig es ist, Deine Kräfte zu konzentrieren und in ausgewählte Gebiete zu lenken. Wenn Du sie nicht verzettelst und Dich auf die Arbeit in Deinem speziellen Gebiet konzentrierst, wirst Du weitaus mehr erreichen als viele Frauen vor Dir. Setze Deine geistigen Kräfte mit Umsicht ein, dann wirst Du mit Deiner außergewöhnlichen Begabung viel erreichen können.«*

# 9.

## DER UMZUG

Nicolas de Moerder war inzwischen zehn Jahre in Rußland und zum Leiter seiner Abteilung im Außenministerium aufgerückt. Er sah sich jetzt in der Lage, das Schicksal russischer Emigranten zu beeinflussen, einschließlich jener in der Villa. Wladimir, der wie seine Mutter an einer nicht näher genannten Krankheit litt und obendrein wie Trofimowski an Paranoia, begann die Tatsache zu quälen, daß er keine Daueraufenthaltsgenehmigung für die Schweiz bekam. Er hielt sie für seinen einzigen Schutz gegen den Druck, den Nicolas mit seiner Forderung, nach Rußland zurückzukehren, auf ihn auszuüben anfing. Nicolas' Ansicht nach war Wladimir ein Verräter an den de Moerders, solange er sich unter Trofimowskis Dach aufhielt. Und Nicolas war entschlossen, sich an seinem ehemaligen Hauslehrer zu rächen, indem er Wladimir weglockte. Schon deshalb, weil er wußte, wie sehr Trofimowski an dem jungen Mann hing. Wladimir war zutiefst verstört und wie gelähmt, weniger durch einen Loyalitätskonflikt, als durch ständige Angst. Am 26. Februar 1897 sandte ihm Nicolas ein Telegramm mit dem beunruhigenden und unverkennbar drohenden Inhalt: SOFORT ABREISEN ZÖGERN WAHNSINN AUFBRUCH DRINGEND ALLE WARTEN AUF DICH SEI VORSICHTIG SCHLIMME FOLGEN WENN DU NICHT SOFORT WEGGEHST.

Möglicherweise war es dieser Druck auf Wladimir, der einen neuen Plan in der Villa inspirierte: die Villa Neuve zu verkaufen und die ganze Familie nach Algerien zu verfrachten. Die Zeit war günstig: Augustin war vor kurzem aus Bône zurückgekehrt, Isabelle hatte Verbindungen sowohl in Algerien als auch mit Zeitschriften in Paris, die alles veröffentlichen würden, was sie über den Maghreb schrieb, und Mme. de Moerders Gesundheitszustand erforderte Luftveränderung. Obendrein begann sich das Netz der Vergangenheit von Rußland her zuzuziehen.

Zweifellos war Isabelle die treibende Kraft hinter der Idee, die jedoch auch mit einem Traum Trofimowskis in Einklang stand: Dem verderblichen Einfluß moderner Zivilisation zu entfliehen und, indem er sich auf einer Plantage in Algerien niederließ, seinen Traum von der Kultivierung seines Gartens zu erfüllen. Der Plan sah vor, Cécile David, die Gattin des Fotografen Louis David, zu bitten, durch ihre Verwandten ein Haus für sie in Bône zu finden. Isabelle und Mme. de Moerder sollten vorausreisen und sich dort einrichten, während Trofimowski mit Wladimir in der Villa blieb, bis sie einen Käufer gefunden hatten.

Trofimowski hatte auch eine Idee, wer die Villa kaufen könnte: Ein Ehepaar namens Casson, das sich ihm vor einigen Monaten vorgestellt hatte. Viele Jahre später beschreibt Mme. Casson ihre erste Begegnung:

*»Mein Gatte war leidenschaftlicher Kakteenliebhaber und besaß eine Empfehlungskarte für Monsieur Trofimowski. Wir kamen zu seinem Haus: Ein alter Mann in fast schäbiger Kleidung, aber mit ehrfurchtgebietendem Gesicht, einem echten Tolstoi-Gesicht, hieß uns auf freundlichste Weise willkommen. Ein etwa siebzehnjähriger Bursche sägte Holz auf dem Hof. Seine feinen, eleganten Hände und seine ausgezeichneten Manieren hätten uns eigentlich sein Geschlecht verraten sollen, aber wir kamen gar nicht auf diesen Gedanken. Erst bei unserem dritten Besuch offenbarte uns Trofimowski die Maskerade. Mir gefiel die junge Dame, die so begabt und wohlerzogen war. Sie versprach, mir ihre ersten Artikel und ihr erstes Buch zu schicken. Sie hat ihr Wort nicht gehalten. Ein paar Wochen oder Monate nach unserem dritten oder vierten Besuch zog sie nach Bône, und wir sahen sie nie wieder. Ihr Vater und mein Gatte sahen sich auch weiterhin. Der alte Herr wollte meinem Gatten unbedingt die Villa und das Treibhaus verkaufen.«*

Die Cassons entschieden sich jedoch gegen den Kauf, und Trofimowski mußte sich anderswo umsehen.

Inzwischen war Augustin im April 1897 in Tunis angekommen, wo er Isabelles Briefpartner Abd El Wahab kennenlernte. Isabelle, die dieser noch immer nur als »Mahmoud«, den ehemaligen russischen Studenten, kannte, hatte ihm offenbar von Augustins Vergangenheit berichtet. Er schrieb ihr beruhigend: »Er hat offenbar mit seiner Vergangenheit Schluß gemacht und Alkohol in jeder Form aufgegeben, ein Entschluß, an den er sich eisern hält. Sein Benehmen ist würdevoll und untadelig, und er ist respektvoll gegenüber Älteren. Er verbringt seine ganze Zeit mit Arbeit und Studium.«

Diese überraschende Neuigkeit war wahrscheinlich höchst ermutigend für alle in der Villa, und so trafen Isabelle und Mme. de Moerder mit neuem Optimismus ihre Vorbereitungen, um am 21. Mai 1897 nach Bône abzureisen.

# 10

# DAR EL ISLAM

Cécile David hatte Isabelle und ihrer Mutter mitgeteilt, das Haus, das sie für sie gefunden habe, sei »großartig und schön«. Doch Isabelle war nicht damit einverstanden, da es im französischen Viertel der Stadt lag, das voll von Siedlern und colons war. Sie hatte Meyrin schließlich nicht verlassen, um wieder in einer spießbürgerlichen Atmosphäre zu leben. Denn Bône, wie alle algerischen Küstenstädte unter französischer Herrschaft, spiegelte getreulich die Lebensweise einer französischen Kleinstadt wider.

Seit es 1832, zwei Jahre nach Ankunft der Franzosen in Algerien, zum erstenmal durch eine Abteilung französischer Marine besetzt worden war, hatten drei Generationen Franzosen die Stadt zu ihrem Zuhause gemacht. Mit seinen breiten Boulevards, den eleganten Hotels, Banken, Läden, einem Rathaus, einem platanenumsäumten Platz und einem Theater, war sie ohne weiteres mit Toulon oder Marseille vergleichbar. Selbst die Art der Verwaltung war die gleiche. So galt Bône als eine sous-préfecture mit einem französischen Bürgermeister und Beamten und unterstand ebenso wie das übrige Algerien nicht dem Quai d'Orsay, wie die späteren Protektorate Tunesien und Marokko, sondern dem Innenministerium. Diese personelle Übernahme Algeriens, die in dem Schlagwort »L'Algérie c'est la France« zum Ausdruck kommt, war ein ebenso willkürlicher Prozeß wie die ganze Besetzung des Landes.

Algerien, das alte »Numidia« der Römer und Afrikas zweitgrößtes Land, hatte eine lange Geschichte von Eroberungen durch Phönizier, Griechen, Römer, Vandalen, Araber, Spanier und Türken. Jede Invasion hatte Spuren der neuen Rassen und Kulturer vor allem im Küstenbereich hinterlassen. Und jede hatte die einheimischen Bewohner, die weißhäutigen, unabhängigen Berber, weiter in die ungastlichen Gebirge zurückgedrängt, in die Hochebenen und schließlich in die Wüsten im Landesinnern. Der Islam war mit dem Ansturm der Araber im siebten Jahrhundert gekommen und geblieben. Die Berber übernahmen von dieser Religion, was ihnen gefiel, und vermischten es mit der Verehrung ihrer Stammeshäuptlinge und Scheichs und mit einer gesunden Skepsis, was die dogmatischeren Aspekte betraf. Drei arabische und berberische Dynastien hatten über »Kleinafrika« geherrscht und die drei Länder gegründet, die schließlich nach zahllosen Veränderungen des Grenzverlaufes zu Marokko, Algerien und Tunesien wurden.

Nur achtzehn Kilometer von Algerien entfernt hatte Spanien eine Zeitlang über Teile des Landes geherrscht. 1520 waren die Türken eingefallen und hatten ihre dreihundert Jahre währende, unbeständige osmanische Oberherrschaft errichtet. Kurz danach auch über Tunesien, doch zu keiner Zeit über Marokko. Trotz der türkischen Oberherrschaft wurde es vor allem bei den Berbern üblich, daß sie ihre eigenen Herrscher hatten und ihre eigenen Kriege untereinander. Die türkische Herrschaft wurde im Prinzip geduldet, da die Hohe Pforte die geistige Spitze der islamischen Welt war. Doch in der Praxis gelang es den Algeriern, so viele türkische Gouverneure zu ermorden, daß sie schließlich einheimische Deys bekamen. Aber selbst dabei wurden vierzehn von achtundzwanzig gemeuchelt.

Während der osmanischen Herrschaft entstand ein blühender Piratenhandel als Antwort auf die Schließung der Mittelmeerhäfen für den in der Vergangenheit regen Handel mit dem moslemischen Afrika durch die christlichen Mächte in Europa. Die algerischen Korsaren enterten nicht nur Schiffe, die sich auf das südliche Mittelmeer wagten, sondern überfielen selbst die Küsten von Devonshire und Cornwall. Sie sahen sich nicht als Seeräuber, sondern als fromme Kreuzfahrer für den Islam, die die Nazarener für ihre Ablehnung Mohammeds bestraften. Großbritannien, Frankreich, sogar die Vereinigten Staaten bemühten sich hin und wieder, der Piraterie ein Ende zu setzen. Doch alle scheuten davor zurück, einen Krieg in einem so fernen Land zu riskieren. 1827 kam es zu einem Zwischenfall, der den Lauf der algerischen Geschichte veränderte.

Der Dey von Algier schlug dem französischen Konsul mit einem Fliegenwedel aus Pfauenfedern übers Gesicht und schimpfte ihn einen »niederträchtigen, ungläubigen, götzenanbetenden Halunken«. Der Dey behauptete, er wäre zu »zwei oder drei leichten Schlägen mit dem Fliegenwedel, den ich in meiner ergebenen Hand hielt«, herausgefordert worden durch die wiederholte Weigerung des Konsuls, seine Schulden zu begleichen. Jedenfalls benutzten die Franzosen diese Provokation als Vorwand, eine Blockade über den Hafen von Algier zu verhängen. Als die Algerier 1829 auf ein französisches Schiff schossen, das angeblich die weiße Fahne gehißt hatte, meinten die Franzosen, daß nun Schluß sein müsse. Im Juni 1830 stachen französische Truppen in See, und wenig später war Algier in französischer Hand.

Nach ihrer Ankunft standen die Franzosen vor der Frage, ihre Eroberung fortzusetzen oder sich zurückzuziehen. Ein Rückzug, ohne sich zu demütigen, wäre schwierig gewesen: Die Einnahme Algiers traf mit der Juli-Revolution in der Heimat zusammen. Den aufeinanderfolgenden, schwachen Regierungen kam es, wie vielen solchen Regierungen davor und danach, sehr gelegen, von ihren internen Schwierigkeiten durch einen Krieg im Ausland abzulenken. Aber zu bleiben erwies sich als nicht weniger schwierig. Obwohl die einheimischen Algerier an nominale Herrschaft durch eine Fremdmacht gewöhnt waren, lehnten sie sich heftig gegen eine Oberhoheit von »Ungläubigen« auf. Der hochgeachtete algerische Führer Abd El Kader führte einen siebenjährigen Vergeltungskrieg gegen die Franzosen; 1864 und 1881 kam es zu Rebellionen in Südoran. 1871, als die Franzosen nach der Pariser Kommune und der Niederlage im deutsch-französischen Krieg zu Hause besonders geschwächt waren, fanden in Kabylei erbitterte Aufstände statt.

Die französische Rechtfertigung für die Anwesenheit in Algerien wandelte sich im Verlauf des neunzehnten Jahrhunderts. Schon immer waren viele Franzosen gegen die Besetzung eines Landes gewesen, das von der fünffachen Größe Frankreichs und außerdem nur Wüste war. Sie aber waren von Regierungsentscheidungen überrollt worden, welche von innerer Instabilität und dem Ehrgeiz einzelner diktiert waren. Die Tatsache beispielsweise, daß um 1848 der größte Teil Algeriens zu Frankreich gehörte, war dem Kolonisierungseifer General Bugeauds zuzuschreiben, der es sich in den Kopf gesetzt hatte, »Kleinafrika« wieder zu seinem mediterranen Erbe zu verhelfen. Er war überzeugt, es sei Algeriens Bestimmung, nach Jahrhunderten der »Barbarei«, mit seiner romanischen Vergangenheit wiedervereint zu werden. Dann besuchte Napoleon III. im Jahr 1860 mit seiner Gemahlin das Land. Ein romantisches Faible für die Stammeshäuptlinge erwachte in ihm, und er begann sich, wie er in einem späteren, berühmten Brief schrieb, als »Kaiser der Araber, ebenso wie als Kaiser der Franzosen« zu sehen. Die Kaiserin war ganz seiner Meinung und erklärte, daß sie »ganz vernarrt in die Araber« sei.

Orientalisten wie Chateaubriand und Delacroix waren die Vorreiter für dieses romantische Bild der Araber, nun paßte sich die territoriale Eroberung an. Nach dem Ende der Regentschaft Napoleons III. im Jahr 1870 und der Demütigungen 1871 brauchte Frankreich Algerien, um dort ungefähr zweiundzwanzigtausend Flüchtlinge aus den an Deutschland verlorenen Gebieten Elsaß und Lothringen unterzubringen, ebenso wie Arbeiter aus den Weinbergen von Südfrankreich, deren Rebstöcke durch eine Krankheit vernichtet worden waren. Wesentlicher jedoch benötigte Frankreich Algerien als ein Gebiet, wo es seine verlorene Größe wiedergewinnen konnte. Vor allem jetzt erschien Algerien den Franzosen als natürliche, vorherbestimmte Erweiterung ihres Landes und das Mittelmeer als französisches Binnengewässer. Aus der Militärregierung in den Küstengebieten wurde eine Zivilregierung, und Französisch wurde zur Sprache der Regierung und gehobenen Bildung.

Der Wortlaut des Abkommens von 1830, »die Freiheit aller Schichten der einheimischen Bevölkerung sowie ihr Besitz, ihre Religion und ihre Wirtschaft bleiben unangetastet«, war längst vergessen. Grundbesitz wurde beschlagnahmt und französischen Einwanderern als Köder angeboten. Die französischen Siedler, wie andere europäische Kolonisten auch, erachteten ihre Herrschaft über andere als Ehrenpflicht, als Mission civilisatrice. Diese Einstellung wurde durch die schlechte soziale Situation der Immigranten verstärkt. Sie waren nicht nur Flüchtlinge, sondern auch Abgeschobene, Regierungsgegner, ärmste Bauern, Arbeitslose und ehemalige Fremdenlegionäre. Die meisten davon fanden bald Eingang in eine neue Gesellschaftsschicht, die sich sowohl von der einheimischen Bevölkerung, einem Konglomerat aus Berbern, Arabern, Juden, Mauren, Türken und einer geringen Zahl Sudanesen, als auch von den Franzosen im Mutterland abgrenzte.

Fünf Jahre vor Isabelles Ankunft in Bône hatte selbst der Premierminister Jules Ferry sich über die Mentalität des Kolonisten in Algerien erregt: »Wir haben ihn uns näher angesehen... Wir fanden ihn sehr beschränkt... Es ist schwierig, den europäischen Ansiedler davon zu überzeugen, daß es in arabischem Gebiet andere Rechte als seine eigenen gibt und daß die einheimische Rasse nicht bis ins unermeßliche besteuert und ausgebeutet werden darf.« Isabelles späterer Freund, der französisch-algerische Schriftsteller Robert Randau, schrieb über die Ansiedler um die Jahrhundertwende: »Diese Meute von déracinés hält nur die Notwendigkeit zusammen, Bollwerk gegen die Moslemmassen zu sein, die nach der rigiden und totalen Disziplin einer Religion leben, die für sie sowohl Zivilisation wie Heimat ist.«

Während einerseits ein Teil der Moslems Widerstand leistete, war ein anderer von europäischem Wissen und technischem Können so beeindruckt, daß er der Vorteile wegen kollaborierte, und ein dritter nahm die Besatzung duldsam als den Willen Allahs hin. Selbst der legendäre Abd El Kader, der 1847 den Franzosen unterlag, fand sich auf philosophische, koranische Weise mit ihr ab und prophezeite: »Ihr seid lediglich Durchreisende. Vielleicht bleibt ihr dreihundert Jahre wie die Türken, aber schließlich werdet auch ihr gehen.«

Cécile David war trotz ihrer sympathischen Art eine echte Kolonistin. Sie hatte geschrieben: »Meine liebe Isabelle, was sind diese Araber doch für eine schmutzige Rasse!« Diese Einstellung war es, der Isabelle und ihre Mutter den Rücken wandten, als sie umgehend das von Cécile für sie gemietete Haus wieder verließen, um sich eine Unterkunft zu suchen, die ihnen besser zusagte. Sie fanden geräumige Zimmer im Zentrum des alten arabischen Stadtviertels, an der Ecke der Rue Rovigo und Rue Mérabed. Sie lagen im ersten Stock mit Blick auf arabische Innenhöfe. Darunter wohnte eine maltesische Familie. Ganz in der Nähe, in der Rue Vieille St. Augustin, gab es ein Kloster der Rahmania-Bruderschaft.

Nach den Sorgen und Ängsten in Genf folgte hier eine Zeit der Ruhe, Besinnlichkeit und Arbeit für Isabelle. Sie schrieb Abd El Wahab: »Hier rühre ich mich nicht von der Stelle, ich rede nicht viel, ich studiere und arbeite.« Dieses zurückgezogene Leben war zum Teil durch Mme. de Moerders schlechten Gesundheitszustand bedingt. Mit neunundfünfzig sah sie bereits wie eine alte Frau aus. Ein Polizeibericht vom 13. Mai 1897, eine Woche, ehe sie nach Bône umzog, beschreibt sie folgendermaßen: »Eins dreiundfünfzig, schlank, grau-braunes Haar, dunkle Augen, Stupsnase, großer Mund, keine Zähne, vorstehendes Kinn, schmales Gesicht, fahler Teint, gebeugte Haltung, schleppender Gang, ist sehr krank.« Sie brauchte ständige Betreuung, so kamen abenteuerliche Ausflüge für Isabelle zu dieser Zeit nicht in Frage.

Isabelle hatte gehofft, nun endlich Eugène Letord persönlich kennenzulernen. Aber kurz vor ihrer Ankunft war er unerwartet in einen fernen Teil des Landes versetzt worden. Mit ihrem anderen nordafrikanischen Briefpartner, Ali Abd El Wahab, hatte sie mehr Glück. Sie lud ihn ein, sie in Bône zu besuchen. Sie freute sich darauf, den Mann zu verblüffen, der sie immer noch als Mahmoud kannte. Abd El Wahab schrieb später über diese erste Begegnung, nachdem er von der *Ville de Madrid* in Bône an Land gegangen war:

*»Ich will gar nicht versuchen, meine Überraschung zu beschreiben, als mich am Kai statt eines Mahmouds ein junges, sehr elegantes Mädchen erwartete, das ich mit größtem Respekt begrüßte. Sie musterte mich, dann schüttelte sie den Kopf, lächelte und sagte offen und eine Spur spöttisch: ›Nach allem, was ich von Ihnen hörte, hätte ich nicht gedacht, daß Sie Ihr Vorurteil mit solchem Respekt behandeln.‹ Trotzdem dauerte es lange, bis ich mich an die Vorstellung gewöhnte, daß dieses junge, hübsche Mädchen aus Prinzip die sanfteren Vorrechte ihres Geschlechts aufgab, um Abenteuer zu suchen, vor denen vielleicht selbst die unerschrockensten Männer zurückgescheut wären. Es erschien mir so außergewöhnlich, daß ich noch in meinem Hotelzimmer Selbstgespräche darüber führte. Ich verließ Bône mit der unvergeßlichen Erinnerung an die Herzlichkeit, mit der Isabelle Eberhardts Familie mich*

*aufnahm. Mein kurzer Aufenthalt in der Stadt gab mir nicht die Möglichkeit, dem Geheimnis auf die Spur zu kommen, das Isabelles Leben offenbar anhaftete (es gelang mir jedoch zu einem späteren Zeitpunkt), aber ich spürte, daß sie viele Sorgen hatte und litt.«*

Abd El Wahab kehrte nach drei Tagen nach Tunis zurück. Isabelles Briefe sagten von da an mehr über sie selbst aus, vor allem, weil das ruhigere Leben ihr gestattete, sich selbst zu erkennen. »Vielleicht haben Sie bemerkt, daß der Ehrgeiz, ›mir Namen und Stellung zu schaffen‹, etwas, worin ich ohnehin wenig Sinn sehe und daher auch gar nicht danach schiele, zweitrangig für mich ist. Ich schreibe, weil ich den ›Prozeß‹ literarischer Schöpfung liebe; ich schreibe, so wie ich liebe, wahrscheinlich, weil es meine Bestimmung ist. Und es ist mein einziger wirklicher Trost.« Sie sah sich selbst als eine verwirrende Mischung von Elementen, und schrieb es, wie es für sie charakteristisch war, unergründlichen und »mysteriösen« Umständen zu, wie sie Abd El Wahab in einem Brief gesteht:

*»Es gibt manches in mir, das ich immer noch nicht verstehe oder jetzt erst zu verstehen anfange. Und diese Rätsel sind sehr vielfältig. Doch ich studiere mich mit all meinen Kräften und konzentriere meine Energie auf den Aphorismus der Stoiker: ›Erkenne dich selbst‹. Es ist eine schwierige, reizvolle und schmerzhafte Aufgabe. Was mich am meisten bekümmert, ist die erstaunliche Wandelbarkeit meines Wesens und die wahrlich bestürzende Labilität meiner Stimmungen, die mit erschreckender Schnelligkeit wechseln. Das beunruhigt mich, und ich kenne kein anderes Heilmittel als die stille Beschaulichkeit der Natur, fern aller Menschen, Angesicht zu Angesicht mit dem großen Unfaßbaren, der einzigartigen Zuflucht für Seelen, die in Not sind.«*

Sich selbst zu erkennen war für Isabelle schwierig. Ihr wahres Ich erschien ihr so unergründlich, so ganz anders als das aller anderen, daß sie wie viele Heranwachsende, doch auf extremere Weise, begann, es hinter einer Maske zu verbergen. Sie schrieb Abd El Wahab:

*»Für die Außenwelt tragen Sie und ich eine Maske, die für alle
undurchschaubar ist, die wie die große Mehrheit nicht wie wir
sind. Wir tun es aus Trotz und aus Angst vor dem leeren Mitgefühl, das man über uns häufen würde. Bei Ihnen ist die Maske Leidenschaftslosigkeit, ja fast Gleichgültigkeit. Bei mir ist
es eine gewisse Jungenhaftigkeit, die mein häufig anzügliches
und herausforderndes Benehmen erklärt. Wahrscheinlich sind
wir beide krank. Wir leiden manchmal schrecklich, aber wir
wollen das Mitleid unserer pseudo-semblables nicht, die in
Wirklichkeit doch so anders sind.«*

Sie bediente sich einiger direkterer Masken: nämlich ihrer Verkleidung und ihrer Pseudonyme. Nun, als sie sich in arabischen
Landen aufhielt, nahm sie die Rolle des jungen arabischen Studenten Mahmoud Saadi in noch stärkerem Maß an. Das klas-
sische Arabisch beherrschte sie bereits, sie war auch mit dem
Koran vertraut, und sie lernte mit ihrem angeborenen Sprachentalent ebenso rasch das Umgangsarabisch der Algerier.
Robert Randau fragte sie später, wie sie das geschafft habe. Sie
antwortete: »Ich habe nur den Mund aufgemacht und gesprochen.« In ihrer Verkleidung als Mahmoud Saadi mischte sie
sich unter die Passanten auf den Straßen der fünfhundert Jahre
alten Kasba nur wenige Blocks entfernt von der Rue Roviga
und fand bald Freunde unter den einheimischen arabischen
Studenten. Es ist wahrscheinlich, daß sie sich, wie der Dmitri ihres späteren Romans *Trimardeur*, mit einem arabischen Studenten anfreundete, der sich erbot, ihr Unterricht in Umgangsarabisch zu erteilen. Sie paßte sich schnell dem dortigen Leben an,
liebte es, auf einheimische Weise auf Matten vor Cafés zu sitzen oder zu liegen und sich dem zeitlosen, horizontalen In-
den-Tag-Träumen hinzugeben.

Da Isabelle behauptete, »als Moslem geboren« zu sein, hielt
sie es für unnötig, zum Islam überzutreten. Doch ihre Mutter
tat es offenbar unter ihrem Einfluß und gab ihren lutherischen
Glauben auf, den sie bisher jedenfalls auf amtlichen Dokumen-
ten als Religionszugehörigkeit angegeben hatte. Zum Islam
überzutreten ist einfach: Der Bekehrte spricht mit erhobener
rechter Hand in Anwesenheit von zwei Zeugen das Glaubens-
bekenntnis des Korans (schahada): »Es gibt keinen Gott außer

Allah, und Mohammed ist der Gesandte Gottes.« Mit dieser Erklärung nahm Nathalie de Moerder die muslimische Religion und einen muslimischen Namen an: Fatma Manoubia.

Da sie nun Zeit hatte, begann die zwanzigjährige Isabelle dem Herausgeber der *L'Athénée*, wie sie es ihm versprochen hatte, Beschreibungen ihrer Umwelt zu schicken, ebenso eine Reihe von Skizzen, die sie Silhouettes d'Afrique und Visions du Maghreb betitelte. Sie wurden im folgenden Jahr unter ihrem Pseudonym Nicolas Podolinski veröffentlicht. Sie schrieb auch Augustin, der sich in Oran aufhielt, ihr einige Angaben über das Leben in der Fremdenlegion zu machen, die sie in einer Geschichte verwenden wollte. Diese Notizen, die Augustin mit einem Legionskameraden zusammenstellte und ihr am 26. September 1897 schickte, waren das Ausgangsmaterial für ihre Kurzgeschichte »Déserteur«, die *L'Athénée* im Frühjahr 1898 herausbrachte. Die Bahn schien endlich frei zu sein für ein Leben ohne Furcht vor den Schatten der Vergangenheit und für die Verwirklichung von Isabelles lange gehegten Träumen.

Selbst Trofimowski war voll Optimismus. Zwar war die Villa Neuve noch nicht verkauft, doch seine Pläne, eine Plantage in Algerien zu kaufen, machten Fortschritte. Die gesamte Familie hatte eine französische Einbürgerung ins Auge gefaßt, die sie vor den Fängen Nicolas de Moerders und der russischen Behörden schützen würde. Cécile David schrieb Trofimowski am 3. September und legte detaillierte Unterlagen über ein Grundstück in Blida bei. Sie meinte, daß es keine Schwierigkeiten mit der Einbürgerung geben würde. Offenbar nicht gekränkt durch Isabelles Ablehnung des Hauses, bat sie Trofimowski, »unsere kleine Rebellin« Isabelle zu grüßen, wenn er ihr wieder schrieb. Am 19. August hatte Trofimowski ein für ihn uncharakteristisch euphorisches Telegramm an Mme. de Moerder gesandt: HIER ALLES IN BESTER ORDNUNG. MACH DIR KEINE SORGEN.

Am 30. Oktober schrieb Hyazinthe Delastre, daß in Oran Typhus wüte. Und als er am 24. November kurz mitteilte, daß Augustin im Hospital lag, aber »auf dem Weg der Besserung« sei, war das möglicherweise der endgültige Schlag für Mme. de Moerders geschwächte Verfassung. Am 28. November versagte ihr so oft durch Augustin strapaziertes Herz. Sie starb an einem Riß in der Aorta.

# 11.

# DER NAGEL

Zwar erwähnte Isabelle nirgends in ihren schriftlichen Aufzeichnungen die Umstände des Todes ihrer Mutter, doch existiert in ihrer Hinterlassenschaft der Entwurf einer halbfiktio-
nalisierten Erzählung. Die Namen wurden geändert. Nicht eine
Mutter starb, sondern, was vielleicht merkwürdig ist, eine Ehe-
frau, namens »Djénina«, und der Erzähler in Ichform ist ein
junger Mann. Doch das hohe Maß an Leid und das Datum, an
dem sie geschrieben wurde — Anfang 1898 in Bône —, deuten
zweifellos auf die emotionale Ursache hin. Sie ist ein schreck-
licher Aufschrei aus Schmerz und Selbstmitleid und schöpft tiefer als alle vollendeten Arbeiten Isabelles, ja sogar ihre Tagebücher, aus diesem »bodenlosen Abgrund der Traurigkeit«,
und der »bodenlos und unergründlich, ohne erkennbare Ursache, und der eigentliche Kern meines Ichs ist«.

Der Erzähler schreibt:

*»Als ich mich in der Stille unseres Stadtviertels näherte, dran-
gen plötzlich Stimmen an mein Ohr: die von jammernden
Frauen, das Wehklagen von trauernden Familien. Wie kann
ich die schreckliche Angst beschreiben, die mich mit einemmal
befiel: Mir war, als hörte ich die Stimme unserer alten Haus-
hälterin Zahra heraus! In meinem Kopf drehte sich alles, und
ich fing wie besessen zu rennen an. Kaum hatte ich unsere Straße erreicht, erkannte ich, daß es wahrhaftig Zahra war, die
weinte, und daß in unserem Haus jemand gestorben war. Wieso war ich in dieser Sekunde so überzeugt, daß es Djénina sein
mußte, die nicht mehr lebte? Statt geradewegs zu dem Haus zu
laufen, aus dem das lauter werdende Klagen kam, schlug ich
den Kopf heftig gegen die Ecke eines Hauses, und dort fing ich
an, ohne zu wissen, was ich tat, Gott anzuflehen, daß nicht sie
tot wäre . . . Ich murmelte mein verzweifeltes Gebet beinah laut*

*hinaus und lehnte den Kopf an die rauhe Mauer. Lieber Gott,*
*laß nicht sie es sein ... Lieber Gott, laß nicht sie es sein!*

*Zum erstenmal seit einer Ewigkeit erinnerte ich mich der*
*einst geliebten Sprache meiner anderen Heimat ... In meiner*
*entsetzlichen Verzweiflung betete ich in Russisch ... Und doch*
*war es nicht der Gott der orthodoxen Christen, zu dem ich be-*
*tete, auch nicht der der Moslems: Es war das Unbekannte, das*
*Schreckliche und Allmächtige, es war meine finstere und dro-*
*hende Bestimmung.*«

Isabelle, beziehungsweise der Erzähler, rannte weiter. Im Hof
vor dem Haus begegnete er einem »europäisch gekleideten«
Arzt, der seine schlimmsten Befürchtungen bestätigte. Zuerst
gelang es ihm nicht, die Treppe hochzusteigen. Er brach vor
Schwäche und Übelkeit auf der untersten Stufe zusammen.

*»Ich blieb reglos, kraftlos liegen, doch ohne das Bewußtsein zu*
*verlieren: Der grauenvolle Gedanke verließ mich nicht, er quäl-*
*te meinen Verstand auf unbeschreibliche Weise wie ein glühen-*
*der Nagel, den mir jemand in den Schädel geschlagen hatte und*
*nun langsam drehte und tiefer hinein in den Kern meines Ichs*
*bohrte.*«

Der Arzt half dem Erzähler die Treppe hoch, und er sah nun
die tote Frau:

*»Ihre Leiche lag auf dem Bett. Die Arme waren über der Brust*
*gekreuzt, der Kopf weißverschleiert, wie es moslemische Sitte*
*ist ... Eine seltsame Ruhe kam über mich: Ich trat zu ihr und*
*hob den Schleier. Ihr Gesicht war weiß wie Wachs, ihre Augen*
*waren geschlossen, ihre Lippen in einem leichten Lächeln ge-*
*löst. Eine Aura himmlischer Freude und unendlichen Friedens*
*ging von ihr aus. Hübsche, mit Henna getönte Locken rahmten*
*ihre Stirn ein, und sie hatten ihr ein rot-blaues Tschetschia auf*
*den Kopf gelegt und ein blaues Seidentuch mit silbernen Fran-*
*sen. Ich fiel vor ihr auf die Knie: Eisige Totenstarre hatte be-*
*reits von ihr Besitz ergriffen. Oh, wie könnte ich Worte finden*
*für das schreckliche Leid dieser Stunde, während meine Seelen-*
*qual mich stumm machte, unfähig zu weinen! In der Finster-*

*nis, die sich über mich legte, gab es nur noch den glühenden Nagel, der sich unentwegt tiefer in mein Gehirn bohrte: Sie ist tot, tot.«*

Dann wurde aus dem Schmerz Grimm:

*»Mit zusammengebissenen Zähnen verfluchte ich wie ein Wahnsinniger das Leben und Gott und die Liebe. Ich verfluchte mein Dasein. Warum hatte diese Zigeunerin, meine Mutter, sich mit Michail Semlinski eingelassen, dem Besessenen, dem Ausgestoßenen? Warum, mit welchem Recht, brachte sie mich auf die Welt, in der ich solches Leid, solche mitleidlose und sinnlose Qual erdulden mußte? Oh, wie sehr ich in diesem Moment das Universum haßte und Gott! Ich wollte nicht einmal seine Existenz leugnen! Ich beschuldigte ihn wütend all der furchtbaren Ungerechtigkeit seiner unerträglichen Schöpfung! Ich flehte nicht einmal um den Tod, den endgültigen Erlöser.«*

In blinder Wut greift der Erzähler den Arzt an, der ruhig erwidert, sie habe einen schnellen Tod gehabt. Sie sei einfach umgefallen.

*»Einfach umgefallen! Verstehen Sie denn nicht, daß es Gott war? Gott, der Tyrann, der Inbegriff des ewigen Bösen, der sie niederstreckte? Begreifen Sie das denn nicht?«*

Isabelles schlimmste, innerste Ängste drangen schmerzlich und wirr ans Tageslicht: Ihre bittere Anklage gegen ihre Mutter, weil sie sich mit »Michail Semlinski, dem Besessenen, dem Ausgestoßenen« — ein kaum verschleierter Trofimowski, der hier nichts mehr gemein hat mit dem Muselman ihrer früheren Phantasien — eingelassen hatte und damit sie ungewollt auf die Welt brachte. Und dann ihre schreckliche Befürchtung, daß das Universum nicht den guten Kräften gehorchte, sondern den bösen. Vielleicht betrachtete ihr Unterbewußtsein ihre schrecklichen Zweifel über ihren Vater auf metaphysische Weise: Das Grauen lag vielleicht nicht darin, daß Gott/der Vater nicht existierte, sondern, daß er/Trofimowski wohl da war, aber ein Tyrann und böse.

Zur Beerdigung wurde der Leichnam in einem Tuch aus oranger Seide, wie bei den Moslems, ob reich oder arm, üblich, auf einer hölzernen Bahre zu seinem moslemischen Grab getragen. Vom Balkon aus sah der Erzähler zu, wie der Leichenzug aufbrach:

*»Solange ich lebe, werde ich vor mir sehen, wie das lange orange Ding zwischen den weißen Tüchern inmitten der farbigen Burnusse um die Straßenecke verschwand.«*

Im wirklichen Leben, so erzählt uns René Doyon, ein früher Biograph Isabelles: »trifft Vava wenige Stunden nach der Beerdigung ein. Er erschrickt über Isabelles Zustand; als seine Tochter schreit, sie möchte mit ihrer Mutter tot sein, reicht Trofimowski ihr einen Revolver, und als sie von Selbstmord spricht, deutet er auf den Balkon.«

In der weiteren Folge ist der Erzähler in Isabelles Manuskript zweifellos sie selbst. Sie beschreibt nicht nur ihr Leid, sondern auch ihre dunkle Ahnung, daß sie zum Leiden geboren wurde, daß sie immer gnadenlos wie von rachsüchtigen Furien gejagt würde:

*»Plötzlich sah ich die ganze entsetzliche Ungerechtigkeit meines Lebens vor mir, als eine Art erschreckender Synthese meines ganzen Unglücks — und meiner unendlichen Verlassenheit von dieser Stunde an. Mir wurde bewußt, daß ich seit dem Tag meiner Geburt verflucht war, zum Leiden bestimmt, zur Einsamkeit und Verzweiflung verdammt. Ah! Glückliche Menschen, denen das taube und blinde und wahrscheinlich unbewußte Glück hold ist, würden diese Zeilen zweifellos für ›erfunden‹ oder gekünstelt halten. Und doch sind dies die Schreie einer verzweifelten, unglücklichen Seele, die das Opfer eines blinden und vor allem unverdienten Fluches ist! Ich erkannte die ganze schreckliche Grausamkeit meiner Bestimmung, dieses düsteren Schicksals, das mich unerbittlich überall und unablässig verfolgt.«*

Auch wenn Isabelle ihren »bodenlosen Abgrund der Traurigkeit« selbst »unergründlich« findet, läßt sie den Leser klar erkennen, daß er sich durch die problematischen Umstände ihrer unwillkommenen Geburt aufgetan hat.

# 12.

# ISLAM

Isabelles Schmerz und Verzweiflung wichen im Lauf der nächsten drei Monate einem dumpfen Schock. Sie kehrte nicht mit Trofimowski zur Villa zurück, sondern blieb wie ein verwundetes Tier an dem Ort, wo sie verletzt worden war. Sie zog allerdings um, verließ das Haus, in dem das Zimmer neben ihrem nun leer war und aus allen Ecken und Enden Erinnerungen an Tod und Leid auf sie einstürmten. Sie nahm sich ein kleines, einfaches weißgetünchtes Zimmer und vergrub sich dort zwischen Dezember und Februar, um ihren Wunden Zeit zum Heilen zu geben. Der Dezember war dunkel und stürmisch, und der heftige Wind peitschte das graue Wasser des Mittelmeers gegen die Hafenmauern. In Aufzeichnungen, die »Annaba 1898« datiert sind, ist zu lesen, daß sie »von Aktivität und Aufgewecktheit in resignierte Inaktivität verfallen« sei und gerade genug Kraft für die täglichen Notwendigkeiten habe, um am Leben zu bleiben. »Außer der unerläßlichsten Arbeit tue ich nichts. Wozu auch?« Selbst Schreiben erschien ihr sinnlos, da dadurch »die Erinnerungen mich nur um so eindringlicher und quälender verfolgen würden«. Sie mied die Gesellschaft anderer und verbrachte die ersten Frühlingsabende auf ihrem Balkon, um über den Hafen zum »fernen Horizont« zu blicken. Ihren Unterschlupf verließ sie nur zu einsamen, nostalgischen Spaziergängen zur Brücke in der Kasba, die Ausblick über die Bucht bot, oder zu noch melancholischeren Wanderungen zum Grab ihrer Mutter. Sie war nicht imstande, Pläne für die Zukunft zu machen, die über den nächsten Tag hinausreichten. Mit dem Tod ihrer Mutter war alles Planen für sie sinnlos geworden. Ihr Bemühen, mit der ganzen »abscheulichen Grausamkeit meines Geschicks« fertig zu werden, war besonders schmerzhaft, weil sie ihre Pläne, in Algerien zu leben und die übrige Familie zu sich zu holen, als ihren einzigen Rettungsanker aus einer ansonsten hoffnungslosen Situation gesehen hatte. Doch nun war das Tau zu diesem Rettungsanker durchschnitten. Sie sah sich hilflos in den Wellen des Schicksals treiben, à la dérive, wie sie es nannte — eine Phrase, die sie wenige Monate später als vorläufigen Titel für ihren Roman nahm, der schließlich *Trimardeur* heißen würde. War sie zunächst eine wehmütige Beschreibung ihrer Heimatlosigkeit, so wurde diese Phrase in den Monaten nach dem Tod ihrer Mutter der Schlüssel zu einer neuen Gemütsverfassung: der Fügung. Diese vorsätzliche Schicksalsergebenheit, die bewußte Entscheidung, sich »von den geheimnisvollen Wellen des Ozeans des Lebens treiben zu lassen«, befreite sie von ihrer grübelnden Trägheit. »So vergingen Tage in einer Art Traum von Trauer und Bitterkeit, bis ich eines Abend endlich meinen Seelenfrieden fand.« Dieser Friede resultierte aus »einer völligen Kapitulation vor den unbekannten Fügungen des Schicksals«, nun da »die Schläge der unentrinnbaren Wirklichkeit« sie geläutert hatten. »Welch eigenartigen Frieden und Stolz solch ein endgültiger Entschluß uns gibt, selbst der verzweifeltste, selbst einer wie meiner, der die absolute Verneinung aller Hoffnung, aller irdischen Erwartungen ist!« Isabelle begann nun die Moral der Europäer — Hoffnung, Erwartung, Willenskraft — gegen die einer älteren Kultur — Schicksalsergebenheit, Hingebung, Leben von einem Tag zum anderen — auszutauschen. »Mein schlummernder Fatalismus wurde nach und nach durch den Kontakt zu den Moslems geweckt, die sich schon von vornherein mit der unausbleiblichen Vergeblichkeit menschlicher Hoffnung abfinden.« Das arabische Wort für Islam ist Hingebung, und es war die lebensrettende Bejahung dieser Hingebung, die ihre Verbindung mit dem moslemischen Glauben besiegelte. Islam, in beiderlei Bedeutung, hatte sie von dem Trauma des Todes ihrer Mutter geheilt. Mektub (»so ist es geschrieben«) und Insch Allah (»so will es Allah«) wurden zu Prüfsteinen ihrer Errettung und verkörperten für sie, was sie nun als das »Wesen der Realität« ansah. Der paradoxe und bekannte Schritt war gemacht: Eine freigeistige, unabhängige junge Rebellin und Skeptikerin trat überzeugt in eine der dogmatischsten Religionen ein. Die Einfachheit des Glaubens war ein wirkungsvoller Ballast für die Ruhelosigkeit und Komplexität ihres Wesens.

Doch sie konnte auf die Dauer nicht untätig sein und sich nur der Resignation hingeben. Nicht nur, weil sie »in Ermangelung einer Arbeit in die Armut abrutschte«, sondern weil sie noch jung war und der Lebenswille sich wieder in ihr regte. Außerhalb ihrer eigenen vier Wände gab es eine Welt, die sich in Aufruhr befand und der sie sich nun als Moslem stellen mußte.

Im März 1899 begannen in Bône die Revolten moslemischer Studenten gegen die französische Verwaltung. Durch ihre Freundschaft mit moslemischen Studenten war Isabelle mit dem zunehmenden Groll auf die Kolonialherrschaft vertraut. Anfang März spitzte sich die Situation zu: Die Moslems wandten sich gegen die Christen und Juden, von denen sie, wie sie behaupteten, beleidigt worden waren. Isabelle sympathisierte mit ihrer Sache, doch sie bemerkte am 2. März in unveröffentlichten Tagebuchnotizen über den Vorfall, daß es tollkühn wäre, wenn die Moslems auf diese Provokation reagierten. »Wir tun alles, was wir können, um einen Massenaufstand zu verhindern, der für die Moslems verhängnisvoll wäre ... Zweifellos würden sie den ersten Roumi (das arabische Wort für Christ) niederschießen, der sie mit einer groben Beleidigung vor den Kopf stieß.« Dennoch hatte sie ihre Entscheidung getroffen:

»Wenn der Kampf unvermeidbar ist, werde ich keinen Augenblick zögern, denn das wäre Feigheit ... Und darüber muß ich lächeln: Vielleicht werde ich für die moslemischen Revolutionäre ebenso kämpfen, wie ich es für die russischen Anarchisten tat ... allerdings jetzt mit größerer Überzeugung und mit wirklichem Haß auf die Unterdrückung. Ich weiß nun, daß meine moslemische Überzeugung viel tiefer geht, als meine anarchistische je ging.«

Die gärende Revolte brach am 14. März im arabischen Viertel aus. »Die ganze Nacht patrouillierten Soldaten und Polizei die Straßen, klickten ihre stahlbeschlagenen Absätze auf den Pflastersteinen der alten maurischen Straßen. In den Cafés gibt es nichts als verstohlene, verschwörerische Gespräche. In den Sawijas, wo die Unzufriedenen zusammenkamen, raunt jeder von einem bewaffneten Aufstand.« In den Kasernen spürten die einheimischen Soldaten, daß es zum Kampf kommen würde, und »es herrschte eine Stimmung ungeduldiger Erwartung«. Am nächsten Tag marschierte ein Zug Moslems aus der sawija der Aïssaouas ihre Hymne singend durch die Straßen, und die Polizei versuchte ihren Zug aufzulösen. Isabelle, die sich bei einer anderen Moslemgruppe aufhielt, hörte, wie ihr Gesang von Warnungen der Polizei unterbrochen wurde.

*»Im Handumdrehen herrschte ein schreckliches Durcheinander und ein infernalischer Tumult. Die Polizei zog die Waffen. Alle Studenten trugen Revolver und Dolche. Der khalifa der Aïssaouas, Ribah Bellefia, erhob sich und rief: ›Im Namen des gütigen Gottes! Unsere Brüder kämpfen. Wir wollen ihnen helfen!‹ Wir zogen in einer Gruppe los, wurden jedoch sofort in Kämpfe verwickelt und mußten unsere Waffen einsetzen. Die Gesichter waren bleich, und schwarze Augen glänzten.«*

Ein zerlumpter Beduine saß auf einem Fenstersims und feuerte die Menge an: »Rottet diese Hundesöhne aus, die den Islam beleidigen!« Dann zitierte er eine Sure aus dem Koran, welche die Menge in Raserei versetzte: »Und sagt über niemanden, der auf dem Pfade Gottes fiel, er sei tot! Nein, er lebt!« Isabelle, die erst wenige Tage zuvor Beschwichtigendes in ihr Tagebuch geschrieben hatte, wurde nun aus ihrer Passivität gerissen. Die angemessene Reaktion eines Moslems auf einen Angriff auf den Glauben war, bis zur Selbstaufopferung zu kämpfen. Isabelle verheimlichte jedoch die Tatsache nicht, daß ihre Reaktion etwas fragwürdiger war: eine sinnliche Freude an physischer Gewalttätigkeit: »Mein Herz pochte in der Brust, und mein Kopf war herrlich leicht ... Ich sah Bellefia vor mir einen Knüppel schwingen ... Immer wieder schmetterte er gegen die Polizisten ringsum, krachte auf Schädel und auf abwehrend hochgerissene Arme. Ribah Bellefia war wie verwandelt: Er schien mir von unbeschreiblicher mystischer Schönheit zu sein.« Ein Freund war blutbesudelt und versuchte mit seinem kurzen maurischen Dolch vier Polizisten abzuwehren. Isabelle bückte sich nach einem Säbel auf dem Boden und eilte ihm zu Hilfe. »Zum erstenmal spürte ich den wilden Rausch der Schlacht, blutig und primitiv, von Männern im Handgemenge, rasend vor Grimm, blind vor Wut, trunken von Blut und instinktiver Grausamkeit. Ich spürte die verzehrende Lust des Blutvergießens, der schrecklichen Brutalität des Handelns, ohne zu denken.« Handeln, ohne zu denken, erschien Isabelle zu diesem Zeitpunkt besonders verlockend, so gefangen, wie sie in der Tretmühle ihrer Gedanken war. Diese Augenblicke mitten im Aufruhr von Bône besiegelten ihr Aufgehen im Islam endgültig. Die Gewalttätigkeit hatte ihr Blut nach Monaten starrer Trauer wieder durch ihre Adern wallen lassen, und die Tatsache, daß es für eine gute Sache war, rechtfertigte den physischen Reiz. Sie hatte zuerst den geistigen Trost des Islams erfahren und jetzt auch das Recht, in seinem Namen zu den Waffen zu greifen. Auf eine atavistische Weise sagte ihr beides ungeheuerlich zu. Anerkennend bemerkt sie, daß »der Araber seine stolze Ruhe nur in Augenblicken des Kampfes aufgibt ... doch dann ist er grausam und mitleidlos«.

In dem Tumult von Bône waren die Moslems zahlen- und waffenmäßig unterlegen. Als die Truppen eintrafen, befahl Bellefia seinen Leuten, sich in Sicherheit zu bringen. Den meisten, unter ihnen Isabelle, gelang es, sich zurückzuziehen, doch viele wurden festgenommen. Um mögliche Verfolger abzuschütteln, kehrte Isabelle auf Umwegen zu ihrem Zimmer zurück. Als sie es erreichte, wurde ihr bewußt, daß sie Bône verlassen mußte. Polizei und Militär waren besonders wachsam gegenüber ausländischen Besuchern in Algerien, die sie gern der Spionage verdächtigten. Sie führten Dossiers über jeden, den sie für politisch provokativ hielten, und Isabelles Kleidungsfaible und Nationalität hatten die Behörden vermutlich schon in den ersten Wochen ihres Aufenthalts in der Stadt auf sie aufmerksam gemacht.

Als sie am 15. März gegen Mitternacht heimkehrte, zweifelte sie nicht daran, daß die Franzosen von ihrer Beteiligung am Aufruhr auf der Seite der Moslems erfahren würden und daß sie nun Persona non grata in Bône sein würde. Sie hatte vor, bis zum kommenden Vormittag auf eine Nachricht eines moslemischen Freundes aus dem Rathaus zu warten, durch die sie erfahren würde, ob sie verhaftet werden sollte oder nicht. Falls sie nicht vorhatten, sie an diesem Tag festzunehmen, würde sie das Linienschiff nach Marseille um einundzwanzig Uhr nehmen. Wenn sie doch kamen, mußte sie früher aufbrechen. Dann würde sie in den Osten gehen, quer durch Tunesien zur libyschen Grenze. Was auch immer geschähe, schrieb sie in ihr Tagebuch, es würde ihr letzter Tag in Bône sein.

Weder das Militär noch die Polizei kamen am nächsten Tag, um sie zu verhaften. Sie konnte also nach Marseille reisen. Doch von diesem Tag an stand in den Akten der Polizei im Verwaltungsgebiet Constantine, daß Mlle. Eberhardt, von russischer Abstammung, sich nicht nur als Araber kleidete, sondern auch mit den arabischen Elementen sympathisierte, die gegen die Franzosen waren.

Jedenfalls trauerte sie der Tatsache nicht nach, daß sie nicht nach Bône zurückkehren konnte. Ihre notgedrungene Abreise, vier Monate nach dem Tod ihrer Mutter, bot ihr eine willkommene Gelegenheit, Abstand von ihrem ersten traumatischen Kontakt mit Algerien zu gewinnen. Sie fand dadurch auch den Mut, sich ihren Pflichten zu widmen, soweit es die Angelegenheiten der Villa Neuve betraf, die auf einem Tiefpunkt angelangt waren. Sie schrieb:

*»Sicherlich liebe ich dieses barbarische Land, liebe es aus tiefstem Herzen ... Aber seltsamerweise habe ich das Gefühl, daß Exil mir guttäte, daß ich diese Orte aus der Ferne noch inniger lieben würde, diese Orte, wo sich der Hauptakt des seltsamsten Dramas meines Lebens abspielte ... Oh, es besteht nicht der geringste Zweifel, daß ich — wohin immer ich mich auch begeben werde — tief in meinem Herzen das unauslöschliche Mal des Islams und meiner unendlich traurigen Liebe zu meiner erwählten Heimat tragen werde ... und das immerwährende Bedauern ... nur eine so kurze Zeit glücklich gewesen zu sein.«*

# 13.

## DER HYPOCHONDER

Als Isabelle in Genf und in der Villa ankam, mußte sie feststellen, daß der Garten eine trostlose Wildnis war und Trofimowski und Wladimir völlig zurückgezogen hausten. Trofimowski war, nach eigenen Worten, »tief erschüttert« von Mme. de Moerders Tod, und es ging mit ihm seither stetig abwärts. Isabelle fand ihn bei schlechter Gesundheit vor. Er war zum Kettenraucher geworden und hustete viel, dazu war er so mürrisch und lethargisch geworden, daß er sich kaum noch dazu aufraffen konnte, Lebensmittel einzukaufen. Wladimirs Zustand war noch schlimmer. Er hatte die Grenze zum Wahnsinn nach einem Vorfall vierzehn Tage nach Mme. de Moerders Tod endgültig überschritten. Peinlichst genau meldete er ihn später der Polizei, und ganz offensichtlich war sein umnachteter Verstand sich der Lächerlichkeit nicht bewußt.

Am 14. Dezember 1897 hatte er eine Aufforderung erhalten, sich beim Amt zu melden, das für die Aufenthaltsgenehmigungen zuständig war. Er hatte gehofft, er würde nun endlich vom russischen Innenministerium die lange ersehnte Erlaubnis erhalten, in der Schweiz zu bleiben. Doch zu seinem Entsetzen erwartete ihn statt dessen sein Bruder Nicolas in Begleitung des russischen Konsuls, des polnischen Grafen Prozow. Nachdem er jahrelang versucht hatte, Wladimir dazu zu bringen, nach Rußland zurückzukehren, war er nun persönlich gekommen, um ihn zu »entführen« und mit Gewalt zurückzuholen. Sie wußten, daß Wladimir an einer »chronischen Krankheit« litt, und er war der Ansicht, daß sie sich das erbarmungslos zunutze gemacht hatten, »um mich an die Grenzen meiner Kraft und meines Verstandes zu treiben«. Sie verhöhnten ihn als Feigling und Speichellecker und hinderten ihn daran, das Amt zu verlassen. »In diesem Moment schlug die Uhr Mittag, und wenn ich da nicht sofort esse, raubt mir meine chronische Krankheit die ganze physische und psychische Kraft.« An das Folgende erinnerte er sich nur noch bruchstückhaft: Nicolas und er saßen allein in einem Café. Nicolas sagte zu ihm: »Du hast das Geld deiner Mutter geerbt, und mich hat sie enterbt. Ich werde mit allen Mitteln dafür sorgen, daß du mit mir zurückkommst. Von heute an gehörst du mir mit Leib und Seele.« Vor der Tür wartete ein Wagen mit zwei russischen Polizisten, »die die russische Regierung gestellt hatte« ... Wladimir riß sich los und rannte die Straße entlang, bis er schließlich durch die Hilfe eines bekannten Buchhändlers Schutz beim Bürgermeister fand, der für die Nacht zwei Polizisten zur Bewachung der Villa abstellte.

Dieser Vorfall hatte ihn den Rest seines labilen Verstands gekostet. Nachbarn hörten ihn von da an durch die Fenster des Obergeschosses schluchzen oder, was noch beunruhigender war, Hymnen singen. Sie hatten ihre Vorstellungen, was geschehen war: Der alte Teufel Trofimowski hatte ihn in den Wahnsinn getrieben.

Daß sie kein Einkommen hatten, war ein weiterer zermürbender Umstand für Trofimowski und Wladimir. Mme. de Moerder — »meine Mutter, die Heilige«, wie Wladimir sie nannte — hatte tatsächlich Nicolas und Nathalie aus ihrem Testament gestrichen und ihr Vermögen Wladimir, Augustin und Isabelle vermacht.  erwies sich jedoch als schwierig, das Geld aus Rußland herauszubekommen. Trofimowski und die mittellos aus Algerien zurückgekehrte Isabelle begannen gegen das Versprechen baldiger Rückzahlung aus dem erwarteten Treuhandvermögen Geld zu leihen. Trofimowski von einem Anwalt, und Isabelle von Geldverleihern in Paris. Trofimowski diktierte Wladimir einen Brief an das Moskauer Amtsgericht, in dem er um einen Vorschuß auf sein Erbe ersuchte. In einem Schreiben vom 13. April lehnte das Gericht die Bitte aufgrund einer fast verdächtig neuen Klausel vom 23. März ab. Aber Wladimir erhielt den Bescheid nicht mehr. An dem Tag, da er ausgestellt wurde, steckte er seinen Kopf in den Gasherd in der Villa, drehte auf und starb.

Trofimowski, der nach dem Tod der ihm Nahestehendsten niemanden mehr hatte, an den er sich hätte wenden können, sandte seinen Botanikerbekannten, den Cassons, folgendes Telegramm: MEIN KAKTEENFREUND IST TOT. KÖNNEN SIE

KOMMEN? Für Trofimowski, selbst im Augenblick seiner tiefsten Trauer, war der arme Wladimir nur »mein Kakteenfreund«. Ein paar Tage später begleitete M. Casson Trofimowski zu der einfachen Beerdigung, und der »stille Hypochonder«, wie Mme. Casson Wladimir nannte, wurde auf dem kleinen Bergfriedhof von Vernier zu Grabe getragen.

Isabelle schrieb Abu Naddara in Paris von Wladimirs Tod. Er erwiderte: »Die Welt befindet sich in einem so beklagenswerten Zustand, daß wir jene, die sterben, beglückwünschen sollten. Ihr Bruder, dessen Geschichte Sie mir so ergreifend schilderten, daß ich weinte, litt in diesem Jammertal so sehr, daß der Tod wahrhaftig eine Erlösung für ihn war.« In ihrem Brief bezeichnete sie sich nun als »Waise«, doch Abu Naddara antwortete, daß sie das nicht sei, »denn Sie haben in der edlen Person Ihres Hauslehrers einen liebevollen Vater, über den Sie so voll des Lobes und der Bewunderung waren, daß Ihre Worte mich ganz für ihn einnahmen«.

Isabelle war nun allein in der heruntergekommenen Villa mit ihrem »liebevollen Vater«, dessen Gesundheitszustand sich zusehends verschlechterte.

# 14.

# RACHID

Doch Isabelle kümmerte sich nicht ausschließlich um Trofimowski. Während des Frühjahrs, möglicherweise bereits vor Wladimirs Tod, hatte sie die Bekanntschaft eines jungen Mannes gemacht, der rasch zum hoffnungsvollen Freier wurde. Es war Ahmed Rachid, ein türkischer Diplomat, der in der Botschaft des Osmanischen Reiches in Paris arbeitete. Als Berufsdiplomat war er nicht unbedingt vom Geist des reaktionären osmanischen Regimes von Sultan Abd Al Hamid II. durchdrungen. Trotzdem war er für Isabelle eine ungewöhnliche Wahl, da sie bisher mehr mit den Jungtürken in Genf sympathisiert hatte, die die Absetzung des Sultans wollten.

Es gibt keine Unterlagen darüber, wo und wie die beiden sich kennenlernten. Es kann in Bône gewesen sein oder in Genf, doch das früheste der noch vorhandenen Schreiben Rachids an »meine süßeste Isabelle«, das er in einem Café am Boulevard St. Michel verfaßte, verrät, daß er Ende Mai in sie verliebt war. Seine Pflichten in Paris und die Tatsache, daß Trofimowski noch nichts von ihrer Beziehung wußte, erschwerte ihr Treffen. Doch er nutzte jede Gelegenheit, den Nachtzug nach Genf zu nehmen, um sie, wenn auch nur auf ein paar Stunden, zu sehen. Er war leidenschaftlich und brauchte sie. Ehe sie in sein Leben trat, war er langsam und unaufhaltsam einer Art Selbstmord entgegengetrieben, schrieb er. »Mein Herz war leer, doch jetzt hat sich alles geändert. Es ist mir eine Freude, zu kommen, zu lieben und geliebt zu werden. Du hast mich dem Leben zurückgegeben, und dafür danke ich Dir.« Sie befanden sich beide in unglücklichen Phasen ihres Lebens, aber am 3. Juni schrieb er: »Unsere Träume werden allesamt wahr, wenn wir genug Geduld haben. Wir verdienen beide ein besseres Geschick.« Einer seiner Träume war eine Versetzung nach Nordafrika, um dort miteinander in der Sonne zu leben, als Mann und Frau. Seine nächste Versetzung stand bevor, und er hoffte, daß sie nach Tunis oder zumindest Madrid führen würde. Als er schließlich am 16. Juni Bescheid erhielt, war es jedoch Den Haag in Holland. Rachid versuchte die gute Seite daran zu sehen, wußte jedoch, daß Isabelle enttäuscht sein würde.

*»Ich sprach mit mehreren Leuten, die in Holland gelebt haben, und sie wußten viel Gutes darüber zu berichten. Doch so angenehm ein Leben in Europa auch ist, wir werden immer die Sonne des Orients vermissen. Ich kann ohne sie auskommen, solange wir unsere anderen Träume erfüllen und währenddessen weiter nach einer Möglichkeit Ausschau halten können, zu den Muslimländern zu gelangen. Vielleicht nach Ägypten, dem Land der Pharaonen, das Du sicher gern kennenlernen möchtest. Meine größte Freude wird sein, Dich glücklich zu sehen. Aber Du bist pessimistisch, wie üblich.«*

Tatsächlich gefiel Isabelle die Vorstellung nicht, nach Holland zu ziehen. Zu lange schon zielten ihre Träume in die entgegengesetzte Richtung.

Doch sie hatten auch noch andere gemeinsame Wünsche. Rachid war sehr an Isabelles Erfolg als Schriftstellerin interessiert. Daher half er ihr, während er in Paris war, Aufträge von Zeitschriften zu bekommen, vor allem von dem Magazin *La Fronde*, das der wohlbekannte Feminist Séverine leitete. Mitte Juni schrieb er ihr, wie er sich ihre gemeinsame Zukunft vorstellte:

*»Ich freue mich darauf, mit Dir Spaziergänge durch die holländischen Wälder zu machen, das Seufzen der Wellen zu hören, die gegen die Küste branden, und Deine sanfte Stimme, die mir sagt, daß Du mich liebst. Welch herrliche Träume! Werden sie wahr? Ich glaube schon, denn es gibt nichts, was sie noch hindern könnte. Es tut so gut, daran zu denken, fast zu gut. Nun, meine Liebste, was wird die Zukunft bringen? Ich bin überzeugt, daß Du in ein paar Jahren als Schriftstellerin einen wohlbekannten Namen haben wirst. Im Augenblick empfinde ich Gefühle, die ich mit der Feder nicht ausdrücken kann. Ich hätte gern zehn Jahre meines Lebens, um Dir zu beschreiben, was mein Herz empfindet. Das Herz, das Dir gehört. Nur Dir, für immer.«*

Es war erforderlich, daß er noch im selben Monat nach Den Haag abreiste. Deshalb bedrängte er Isabelle, ein paar Tage bei ihm in Paris zu verbringen, ehe sie, wie sie vorhatte, Augustin in Marseille besuchte. Er sagte, der »alte Mann« brauchte nichts zu erfahren. Sie könnte einen Brief an ihn adressieren, und Augustin könnte ihn abschicken. Seine bevorstehende Abreise erforderte rasche Entscheidungen. Er wollte Isabelle so schnell wie möglich heiraten. Infolgedessen mußte Trofimowski nun von seinen Absichten erfahren. Sobald Trofimowski es wußte, spielte er den traditionellen Paterfamilias und schrieb dem jungen Mann einen formellen Brief, in dem er um die Bestätigung seiner Absichten bat und Näheres über seine Stellung wissen wollte. Rachid erwiderte respektvoll, er beabsichtige in Kürze nach Genf zu kommen, um die Ehre zu haben, ihn persönlich kennenzulernen und ihn »wie ein Sohn den Vater zu umarmen«. Doch Trofimowski wollte mit Abu Naddaras Hilfe eigene Erkundigungen über Rachids Charakter einholen. Auf Isabelles Bitte eilte der alte Ägypter in orientalischer Gewandung zur osmanischen Botschaft. Durch seine goldumrandete Brille spähte er auf den Botschafter, Seine Exzellenz Munir-Bei, und ersuchte ihn um Auskunft über den jungen Mann. Der Botschafter versicherte ihm, daß er Rachid hoch schätze, er sei »ein junger Mann, den alle mögen«, und daß er tatsächlich den Posten als Zweiter Sekretär in der osmanischen Gesandtschaft in Den Haag bekommen habe. Das mochte Trofimowski zwar beruhigen, jedoch nicht Rachid. Er war verärgert und schrieb Isabelle: »Ich weiß, daß nicht Du dahintersteckst, aber Du mußt zugeben, daß der alte Herr mit diesem Verhalten die Leute nur kränkt, über die er etwas erfahren will.« Ein wenig gereizt fuhr er fort, daß er zwar den Seelenfrieden eines so verehrungswürdigen alten Herrn nicht stören möchte, daß Isabelle jedoch bestimmt einsehen würde, daß es auch noch andere gab, deren Gefühle berücksichtigt werden sollten.

Die Verbindung erhielt offenbar Trofimowskis Segen, und der baldigen Hochzeit schien nichts mehr im Wege zu stehen. Isabelle informierte ihren alten Briefpartner Eugène Letord Ende Juni von der Neuigkeit. Letord war zuerst erschrocken, da er dachte, sie würden ihre Brieffreundschaft abbrechen müssen, doch dann rang er sich zu edleren Gefühlen durch: »Als ich schließlich Ihre Zufriedenheit aus jeder Zeile spürte, begann ich mich mit Ihnen zu freuen. Dieses Ereignis wird Ihnen einen Gefährten fürs Leben bescheren und Sie von dieser freudlosen Existenz befreien, die Sie allein in der Welt zu führen begannen. Als ich las, daß Sie unsere Freundschaft nicht beenden würden, sprang ich vor Freude fast aus meinem Sessel auf!« Am 5. Juli schrieb Rachid, daß er plante, in wenigen Tagen über Nacht nach Genf zu kommen und Isabelle mit nach Paris zu nehmen, wo sie auf moslemische Weise getraut würden. Wozu nur der Segen des Imams der Botschaft nötig war. Isabelles Haar war noch jungenhaft kurz, darum fügte Rachid hinzu: »Eine Bitte noch: laß dein Haar wachsen, so wie ich meinen Bart wachsen ließ. Ich würde mich sehr freuen, wenn Du das tust.«

Vielleicht empfand Isabelle das als ersten Übergriff auf ihre persönliche Freiheit, der sie abschreckte, denn Mitte Juli, als ihre Hochzeit geplant war, machte sie einen Rückzieher. Tatsächlich war sie von Anfang an nicht völlig von ihren Gefühlen für Rachid überzeugt gewesen, trotz ihres Briefes an Letord. Darauf hatte Rachid auch hin und wieder aufmerksam gemacht. Anfang Juni hatte er sich beschwert, daß sie ihm kaum schreibe. »Trotz der hunderterlei von Sachen, die ich erledigen muß, auch wenn sie zugegebenermaßen nur Formalitäten und Unsinn sind, finde ich immer Zeit, Dir ein Lebenszeichen zu schicken.« Jetzt, im Juli, schrieb er: »Wenn Du Dir nicht wirklich sicher bist, daß Du mein sein willst, mir ganz allein gehören willst, dann sag es mir jetzt. Ich wäre zweifellos unglücklich, nicht mit Dir vereint zu sein, doch zumindest würdest Du Dein Leben und meines nicht zerstören. Wenn eine Frau einen Mann täuschen will, kann sie das jederzeit. Ich bin eifersüchtig, weißt Du? Das ist vielleicht ein Fehler, aber ich kann es nicht ändern und möchte, daß Du das weißt.« Isabelle hatte offenbar in ihrem letzten Brief an ihn versucht, ihre zukünftige Unabhängigkeit zu sichern. Und er interpretierte ihre Worte eindeutig: »Was Du wirklich sagen willst, ist folgendes: ›Heute liebe ich Dich als Geliebten, doch wer weiß, was später ist, wenn ich Dich als Bruder habe? Es ist durchaus möglich, daß ich mich von jedem nehmen lasse — vor allem von jedem Dunkelhäutigen, der es geschickt genug anzufangen weiß.‹« Das waren Bedingungen, auf die Rachid nicht eingehen konnte. Isabelle wiederum ahnte vielleicht, daß sie Gefahr lief, etwas zu opfern, das ihr viel wichtiger war: ihre Unabhängigkeit. Ihre Vorstellungen eines freien Lebens ließen sich nicht mit dem Leben einer Diplomatenfrau vereinbaren, schon gar nicht in den holländischen Wäldern und der Nähe seufzender Wellen. Ihre Heiratspläne endeten abrupt, ebenso ihre Briefe an Rachid, obgleich sie und er noch ein paar Monate Freunde blieben.

# 15.

## GIFT II

Im Herbst bestand kein Zweifel mehr, daß Trofimowski sehr krank war. Seit Wladimirs Tod war er ein gebrochener Mann, dazu kam nun Speiseröhrenkrebs, »Raucherkrebs«, wie die Cassons es nannten. Er erholte sich nicht mehr und wollte es auch gar nicht. Er diktierte Isabelle im Dezember 1898 einen Brief an seine Moskauer Bankiers, um für Isabelles und Augustins finanzielle Sicherheit nach seinem Tod vorzusorgen. In diesem Brief bekannte er: »Nach Mme. de Moerders Tod war ich zutiefst erschüttert, doch der Tod ihres Sohnes, der mein ein und alles war, raubte mir den letzten Lebenswillen.« Er fügte hinzu: »Ich sehne mich nach dem Tod, der mir den Seelenfrieden bringen wird, den ich auf Erden nie fand, da ich törichterweise aus Tradition Gutes von der Menschheit erhoffte.« Ähnlich wie sich Mme. de Moerder nach einem »wohlgeordneten sozialen Leben« gesehnt hatte, als sie verzweifelt war, zeigte Trofimowski ironischerweise in seinen letzten Tagen plötzliche Achtung vor Tradition. Seine Worte erinnern auch an die seines Mentors Bakunin, der kurz vor seinem Tod seine »tiefe Abneigung gegenüber dem öffentlichen Leben« äußerte: »Ich habe genug davon, und nachdem ich mein ganzes Leben lang gekämpft habe, lasse ich es hinter mir.«

Isabelle wendete nun einen großen Teil ihrer Zeit auf, sich um den alten Mann zu kümmern. Vier Jahre später schrieb sie mit enthüllender Doppelsinnigkeit, daß sie während dieser Zeit in Genf blieb, »um meine töchterliche Pflicht gegenüber meinem Großonkel zu erfüllen«. Es ging nun nur noch darum, auf das Ende zu warten. Selbst Augustin sah nach ihm. Trofimowski schrieb in diesem Brief an seine Bankiers auch, daß Augustin »sich bemüht, Wladimirs Platz in meinem Herzen einzunehmen«. Doch Augustin kümmerte sich nur sporadisch um ihn, da er jeden Augenblick nutzte, nach

Marseille zu reisen, wo Hélène Longs tröstende Arme auf ihn warteten.

Isabelle fand Ablenkung von der melancholischen Villa bei ihren russischen Studentenfreunden in Genf und in ihrer schriftstellerischen Arbeit. Ihre Freundin, Vera Popow, eine Medizinstudentin, die nach Beendigung ihres Studiums nach Rußland zurückzukehren beabsichtigte, um den gequälten Lagergefangenen in Sibirien zu helfen, übte zu dieser Zeit einen beruhigenden und festigenden Einfluß auf sie aus. Isabelle nahm sie dann auch als Vorbild für ihre Vera in *Trimardeur*. Doch es war nur noch Trofimowskis Krankheit, die sie in Genf hielt. Sie nutzte ihre freie Zeit und ihre Phantasie und begann am 15. November ihren ersten Roman, *Rakhil*.

Der Roman sollte »ein Plädoyer für den Koran und gegen die Vorurteile der modernen moslemischen Welt« sein. Überschwenglicher sah sie es als »eine Huldigung unsterblicher Liebe, in schönem Stil mit melodischen Sätzen und funkelnden sprachlichen Bildern, um das Herz eines Sensualisten zu berauschen und alle, die die Kunst lieben, was dasselbe ist«. Mehrere Monate später war es zu einem »Imbroglio« geworden, das sie selbst bereits beim Schreiben langweilte. Ihre »Lobpreisung ewiger Liebe« erweckte mehr den Eindruck einer »unerträglichen Sammlung unbearbeiteter Polizeiakten«, schrieb sie später in ihr Tagebuch und überlegte in einem ihrer seltenen Augenblicke von Selbstironie: »Wenn mein Buch dieselbe Wirkung auf seine Leser hat wie im Augenblick auf mich, wird bestimmt keiner über die zweite Seite hinauskommen.« Die Story, die sich um die Liebe zwischen der jüdischen Prostituierten Rakhil in Bône und dem in Paris erzogenen, reichen jungen Moslem Mahmoud dreht, bringt ein Thema zur Sprache, das in Isabelles Schriften immer wiederkehrt: Die Korruption einer alten Kultur durch intellektuelle, aber nichtssagende moderne Ideen. Der Bösewicht ist »Nihilismus«: »Algerische, tunesische, ägyptische und türkische Studenten nehmen moderne Zivilisation in Europa wie eine Seuche auf. Sie stecken sich durch die Berührung mit ihrem schädlichsten und schändlichsten Aspekt an: dem erschreckenden moralischen und religiösen Nihilismus, wie er überall verbreitet ist.« Das ist der Fundamentalismus, den sie predigen wollte, doch es ist die Figur Mahmoud, die zum eigentlichen Thema der Erzählung wird. Er ist ein Amateurintellektueller, der von den Ideen seiner Zeit angesteckt, doch auch von ihnen gelähmt und unfähig ist, (wie Gides Arnaud in *Les Faux-Monnayeurs* dreißig Jahre später) »sich soweit aufzuraffen, seine eigenen grandiosen Vorstellungen zu verwirklichen«. Isabelles Sympathien sind in dieser Story auf der Seite der ausgebeuteten Rakhil, doch es ist kein Zufall, daß sie Mahmoud ihren eigenen arabischen Namen gibt. Sie erforscht ihr eigenes Dilemma durch den selbstsüchtigen und seinen Idealen entfremdeten Rebellen Mahmoud, den Vorboten einer Krankheit des zwanzigsten Jahrhunderts, der zwischen zwei Wertsystemen gefangen ist.

Das waren Isabelles Hauptbeschäftigungen, während der alte Exnihilist langsam starb. Im neuen Jahr, dem letzten des Jahrhunderts, war Trofimowskis Kehle so von Krebsgeschwülsten verstopft, daß er kaum noch essen oder reden konnte und täglich Chloralhydrat gegen die Schmerzen nahm. Wenn Augustin und Isabelle nicht in der Nähe waren, ließ er M. Casson kommen und kritzelte auf eine Schiefertafel peinlich genau Anweisungen für die Pflege seiner Kakteen. In einem Schreiben vom Februar 1899 an seine Bankiers in Moskau bat er sie, sich »mit der gleichen Fürsorglichkeit wie um ihre unsäglich unglückliche Mutter« auch um »Isabelle Nicolajewna Eberhardt« anzunehmen. Ebenso ersuchte er sie, zwei neue Konten zu eröffnen, eines für Isabelle, das andere für Augustin, und seine eigenen Wertpapiere darauf zu transferieren. Er machte auch noch eine letzte, bittere Bemerkung über Nicolas, weil er »seinen eigenen Bruder ermordete«. Der Selbstmord war für ihn zum Mord geworden.

Ein neuer Schlag für Trofimowski war, daß Augustin wieder einmal zu verschwinden beschloß. Er war nun siebenundzwanzig. Am 13. April rannte er erneut auf und davon. Die Polizei wurde gerufen, doch Isabelle hatte nicht mehr die Geduld, ihren Bruder zu schützen. Sie erklärte, daß er schon immer von labilem Charakter gewesen sei und ihnen viel Sorgen gemacht habe. Er habe das »Vaterhaus« häufig verlassen und Geld mitgenommen, das er dann für leichte Mädchen in den Häusern ausgab, die wahrscheinlich ganz treffend maisons de tolérance genannt wurden. Der Polizeibeamte hielt es daraufhin nicht für erforderlich, Maßnahmen zu ergreifen. Er fand ohnehin, daß er bereits zuviel Zeit mit dem Privatleben dieser Familie vergeudet hatte.

In einer sentimentalen Anwandlung beschloß Augustin am 25. April, das Grab seiner Mutter zu besuchen. Er kam mit dem Schiff um fünf Uhr morgens an und klopfte unangemeldet an die Haustür Koudja Ben Abdallahs, mit dem Isabelle sich in Bône angefreundet hatte. Koudja, der ihn jetzt erst persönlich kennenlernte, staunte über die unverkennbare Ähnlichkeit mit seiner Schwester. Er begleitete ihn zum Grab Mme. de Moerders, wo Augustin haltlos weinte. Koudja schrieb Isabelle: »Ich habe große Angst um ihn, denn wie ich seinen Worten entnehmen konnte, hängt er nicht sehr am Leben.« Obwohl Augustin am selben Abend das Schiff zurück nach Marseille nahm, weil er sich »um den alten Herrn kümmern müsse«, wie er behauptete, ließ er sich erst vierzehn Tage später wieder in der Villa sehen.

Inzwischen litt Trofimowski unter ständigen, furchtbaren Halluzinationen. Nach Mlle. Guillermets Beschreibung aus zweiter Hand sah er »furchterregende Geister, die ihn bedrohten und die er mit bleichem Gesicht abzuwehren versuchte«. Er starb am 15. Mai 1899. Mme. Casson behauptete, »sein Leben endete auf armselige Weise, und mein Gatte war einer der wenigen, die ihm die letzte Ehre erwiesen. Isabelle Eberhardt war während seiner letzten Stunden nicht zugegen. Sie hatte sich weder in den vorhergehenden Tagen blicken lassen, noch kam sie zu seiner Beerdigung.« Seine Bestattung fand, wie er es gewünscht hatte, in aller Stille statt, und er wurde neben Wladimirs Grab beerdigt, »in dem billigsten Sarg, den es gab«.

Obgleich Mme. Casson angab, daß Isabelle sich in den Tagen vor Trofimowskis Tod überhaupt nicht in der Villa aufgehalten hatte, kam zwei Jahre später eine andere Version durch einen anonymen Brief ans Licht, in dem unter anderen Beschuldigungen gegen Isabelle behauptet wurde, sie hätte Trofimowski mit einer tödlichen Dosis Chloralhydrat vergiftet. Die Wahrheit liegt in diesem Fall ebenso im dunkeln wie beim Tod des Generals. Doch verraten auch die anderen Beschuldigungen starke Voreingenommenheit gegen Isabelle. Eine wohlwollendere Interpretation wäre, daß sie ihm — falls es tatsächlich so war — eine Überdosis gab, um ihn von seinen Qualen zu erlösen. Möglicherweise sogar auf seine eigene Bitte hin, da er sich »nach dem Tod sehnte«. Isabelle selbst schwieg über diese Sache, ebenso wie über vieles andere in der Villa, das das Leben nicht leichtgemacht hatte. Von da an idealisierte sie »Vava« in den wenigen folgenden Hinweisen als gütigen alten Philosophen, so, wie sie ihre Mutter in ihrem Tagebuch als die »große Weiße Frau« idealisierte, die unendlich gütige, unendlich leidende Mutterfigur.

Der Gedanke, auch nur eine Nacht länger als unbedingt nötig in dem »von Unglück heimgesuchten Haus« — wie Isabelle es später nannte — zu bleiben, war unerträglich. Deshalb bemühten sie und Augustin sich, alle Formalitäten schnellstmöglich zu erledigen. Trofimowski hatte die Villa Neuve Isabelle und Augustin auf Lebenszeit vermacht, doch nach ihrem Tod sollte der Erlös an eine wohltätige Stiftung im Andenken an ihre Mutter gehen. Der Patrizier in ihm flackerte flüchtig auf, als er, in einer völlig unanarchistischen Geste, mit der Durchführung dieses unmöglichen Planes die Großherzogin Elisabeta Feodorowna von Moskau betraute — eine Angehörige ebenjener zaristischen Familie, deren Macht er fast sein Leben lang zu untergraben versucht hatte.

Es wurde nie ein Versuch gemacht, die Bedingungen seines Testaments zu erfüllen. Kaum lag Trofimowski im Grab, kamen »rechtmäßige Erben« aus Rußland, um sich posthum für die ein Vierteljahrhundert zuvor begangenen Taten zu rächen. Trofimowskis Testament wurde vom russischen Konsul in Genf angefochten, der die Rechte sowohl von Trofimowskis eigener Familie in Cherson vertrat als auch die der restlichen de Moerders in St. Petersburg. Perez-Moreyra, der in den vergangenen zehn Jahren keinerlei Kontakt zur Villa gehabt hatte — er und Nathalie hatten inzwischen zwei Kinder, 1892 wurde Raphael und 1896 Camille geboren —, erschien jetzt in der Kanzlei von Trofimowskis Testamentsvollstrecker. Mit dem gleichen einschüchternden Auftreten wie früher forderte er Nathalies Erbteil und verlangte bei der Gelegenheit Einblick in die Polizeiakten über Trofimowski. Er hoffte, darin auf den Beweis dafür zu stoßen, daß Trofimowski den General vergiftet hatte. Außerdem hatte sich Nicolas de Moerder gerade eben erstmals mit ihm in Verbindung gesetzt, da sie eine gemeinsame Klage gegen den alten Hauslehrer hatten, und so drohte Perez, der nun Geschäftsleiter bei der Crédit Suisse war, der Polizei mit ernsten Schritten des russischen Außenministeriums, wenn sie ihn nicht Einblick nehmen ließe. Die Polizei ließ sich nicht einschüchtern. Er hätte in den Akten ohnehin nichts gefunden, außer den Widersprüchen und Ungereimtheiten, die für alles bezeichnend waren, das mit den de Moerders und Trofimowski zusammenhing, ihren Tod nicht ausgenommen.

Isabelle und Augustin, die keinen größeren Wunsch hatten, als die Villa und mit ihr die Vergangenheit hinter sich zu lassen, beauftragten M. Samuel mit dem Verkauf und der Klärung der bevorstehenden rechtlichen Probleme und bevollmächtigten ihn, ihre Angelegenheiten zu regeln. Sie beschlossen, Genf am 4. Juni, keine drei Wochen nach Trofimowskis Tod, zu verlassen. Am Tag ihrer Abreise besuchte Isabelle noch die beiden Gräber auf dem winzigen Friedhof von Vernier. Dabei fiel ihr die Inschrift auf einem nahen Grabstein auf: Gia non si deve a te doglia ni pianto/Chi so muori nel mondo nel ciel renasci — Nun gibt es weder Leid noch Schmerz mehr für dich/Ich weiß, daß man in dieser Welt stirbt, um in der nächsten aufzustehen.

# II. TEIL

## ZIELLOS

*Wenn ich nach Afrika reise, um einen psychischen Ort außerhalb des Europäers zu finden, so will ich unbewußterweise jenen Persönlichkeitsteil in mir auffinden, welcher unter dem Einfluß und dem Druck des Europäerseins unsichtbar geworden ist.*

CARL JUNG, *»Nordafrika«*
*Erinnerungen Träume Gedanken*

# 1.

## WIEDERGEBURT

Einige Wertbriefe aus Trofimowskis persönlichem Besitz, die er Isabelle und Augustin hinterlassen hatte, ermöglichten es Isabelle zumindest für die nächste Zukunft, zu tun, was sie wollte. Die plötzliche, fast vollständige Befreiung von allen Ketten ihres bisherigen Lebens versetzte sie in unerwartete Hochstimmung. Sie fühlte sich überglücklich, wenn auch ein wenig schuldbewußt, daß sie nun frei von allen Belastungen war, die sie viele Jahre bedrückt hatten. Infolgedessen war alles, was sie in den nächsten Monaten unternahm, mehr Reflexhandlung auf die vorausgegangenen Ereignisse, denn planvolles Tun. Die Villa Neuve war beinah ein Gefängnis gewesen — jetzt wollte sie unbeschränkte Freiheit. Genf war voll bespitzelnder und neugieriger Nachbarn gewesen, nun wollte sie sich in der Anonymität verlieren. Genf war kalt und klaustrophobisch gewesen, nun wollte sie die Sonne, die läuternde Hitze der weiten Wüste. Sie drückte ihre Gefühle in ihrer Beschreibung Rakhils ein paar Monate später aus: »In jeder Faser ihres Seins spürte sie eine neue, naive und unendlich physische Freude: Lebensfreude. Alle Schatten, die seit ihrer Kindheit auf ihre Seele drückten, hatten sich verflüchtigt, und ihr schien, als wäre sie an einem strahlenden Morgen vollkommen genesen, nach einem langen, schweren Schlaf voll schlimmer Alpträume erwacht.« Auch aus Isabelles Beschreibung von Dmitri Orschanoff in *Trimardeur* lassen sich ihre eigenen Gefühle herauslesen: »Er schämte sich sehr, daß er sich so frei und leicht fühlte, obwohl er . . . vor den Scherben all dessen stand, was er so sehr geliebt hatte, und vor ihm die Beerdigung seines Vaters lag, der Verkauf von Haus und Garten.« Isabelles Hochstimmung schwankte und unterlag manchmal düsteren Grabesphantasien. Doch sie nährte sich aus dem unbeschreiblichen Gefühl, neu geboren zu sein.

Nun konnte sie, ohne Rücksicht auf andere nehmen zu müssen, nach Nordafrika zurückkehren. Sie entschied sich für Tunis als Ausgangspunkt zu ihrer Odyssee, da Ali Abd El Wahab dort lebte und es das traditionelle Tor für Abenteurer auf dem Weg in den Sudan oder in die algerische Sahara war. Die Geschichte von Tunis, der prächtigen Hafenstadt, war Isabelle aus Trofimowskis Unterricht vertraut. Ägypter, »egoistische und wilde Phönizier«, wie Isabelle sie in ihrem Schulheft nannte, Griechen, Römer, Vandalen, Juden, Araber, Neger, Türken, Italiener und Spanier hatten diese Stadt geformt, wozu auch das alte Karthago gehörte, das Königin Dido nach ihrer Flucht aus Phönikien gründete. Der Legende nach sollte sie soviel Land bekommen, wie sie mit einer Ochsenhaut umspannen konnte, und indem sie die Haut in Streifen schnitt, umspannte sie eine ganze Menge. Tunis, das man auch die »weiße Stadt« nannte, war reich an arabisch-berberischen Mosaiken und bemalten Stukkaturen, »überall geschmückt mit Malerei und Schnitzwerk«, wie Leo Africanus schon vor drei Jahrhunderten schrieb. Seit damals befand sich Tunesien unter osmanischer Herrschaft, doch 1881, nachdem ein paar unbedeutende Rinderdiebstähle des Stammes der Khmir Frankreich den ersehnten Vorwand zum Einmarsch gegeben hatten, wurde das Land französisches Protektorat, unter anderem auch, um der blühenden Piraterie seiner Korsaren ein Ende zu machen. Die Türken waren nicht mehr stark genug, um Widerstand zu leisten, und Lord Salisbury hatte Frankreich 1887 gegenüber durchblicken lassen, daß Britannien Frankreich freie Hand in Tunesien lassen würde, wenn es sich seinerseits nicht in britische Angelegenheiten in Zypern und Ägypten einmischte. 1890 schreibt er in einem Hinweis auf das gesamte Nordafrika: »Wir haben dem gallischen Gockel eine enorme Sandfläche überlassen. Soll er darin nach Belieben scharren.«

Doch während Algerien als integrierter Teil Frankreichs angesehen wurde, blieb die Herrschaft über Tunesien scheinbar in den Händen der Beis, die jedoch wie alle eingeborenen Beamten in Tunesien »unter dem wachsamen Auge« und der »unauffälligen Überwachung« durch französische Beamte regierten. Der Bei wurde durch den französischen General-Residenten »beraten«. Auch zeigte die Tatsache, daß die Marine sowie das Außen- und Finanzministerium von Frankreich geführt wurden und daß der kommandierende General der französischen Armee die Befugnis des Kriegsministers übernahm, wie sehr es sich um eine Marionettenregierung handelte. Jedoch muß darauf hingewiesen werden, daß die Franzosen anfangs, wie viele Invasoren vor ihnen, zum Wohlstand des Landes beitrugen, indem sie Eisenbahnlinien bauten, die Landwirtschaft förderten und Bergbau betrieben. Doch profitierte davon nicht die einheimische Bevölkerung insgesamt, vor allem nicht, wenn sie Moslems blieben wie die meisten, da drückende Steuern erhoben wurden.

Als Isabelle Genf verließ, nahm sie den Nachtzug nach Marseille und stieg im Hotel Beauveau ab. Am nächsten Tag hob sie Geld von ihrer Bank ab und besorgte sich ihr Visum im russischen Konsulat. Die folgenden beiden Tage verbrachte sie in Toulon und St. Mandrier, wie sie in ihren Reisenotizen schreibt, »mit Matrosen des Schiffes *Admiral Duperre*«, das im Hafen lag.

Diese knappe Eintragung verrät nichts von Isabelles spezieller Schwäche, die später als Promiskuität ausgelegt wurde und tatsächlich viel mit Sexualität zu tun hat: Verrufene Stadtviertel übten eine unwiderstehliche Anziehungskraft auf sie aus. Vor allem Hafenstädte mit ihrer Geschäftigkeit, der ständigen Ankunft neuer Gesichter, der allgegenwärtigen Atmosphäre von Abschied und Aufbruch, der lärmenden Fröhlichkeit, der derben Männlichkeit und schnellen Liebe und vor allem dem vielfältigen Leid. Wie Dostojewski fühlte sie sich nur wirklich lebendig, wo es Leid gab und wo die Umstände die Menschen zu einem primitiven Leben nach ihren Instinkten zwangen. Sie suchte unwillkürlich den Reiz, den das Leid dem Leben verlieh, um sich aus der ihrem Wesen eigenen Schwermut zu lösen, ebenso wie sie andere Extreme suchte: leuchtende Farben, Wüstenlandschaften, leidenschaftliche Liebe ohne Bindung. Wahrscheinlich trug sie in Gesellschaft der Matrosen von Toulon und St. Mandrier ihre Arbeiterkleidung, die lose blaue Leinenjacke, dazu Hose und Mütze. Wenn sie mit den Matrosen intim wurde, was wahrscheinlich viel weniger oft der Fall war, als die entrüstete Bourgeoisie später behauptete, dann als Mädchen, doch als eines, das ihnen physisch ebenbürtig war. Ihre

Männerkleidung verschaffte ihr Zugang zu Lokalitäten, die ihrer Klasse und ihrem Geschlecht üblicherweise verschlossen blieben, und erfüllte ihr andere Wünsche: Es war allein ihre Entscheidung, zumindest bildete sie es sich ein, wie und wann sie Männern ihr wahres Geschlecht offenbarte. Und sie konnte den Kitzel genießen, für ein »leichtes Mädchen« gehalten zu werden, während sie doch ihre Unabhängigkeit bewahrte. Sie konnte, mit anderen Worten, lieben und leben zu ihren eigenen Bedingungen, ohne Verantwortung, ohne Kinder, ohne Gefühlsbindungen. So wie ihre Landsmännin Marie Baschkirtschew, der Isabelle in vielem ähnlich ist, es sich ersehnt hatte, als sie 1879 in ihr Tagebuch schrieb: »Wonach ich mich sehne, ist die Freiheit, mich ohne Begleitung überallhin begeben zu können.«

Am 9. Juni kehrte Isabelle nach Marseille zurück, um M. Samuel zu treffen, der an diesem Tag aus Genf angekommen war. Am folgenden Tag nahm auch Augustin an der Besprechung teil. Am 12. machten sie und Augustin die 42-Stunden-Überfahrt nach Tunesien, zufällig auf der *St. Augustin*, und wurden von Ali Abd El Wahab abgeholt. Nach einigen Tagen kehrte Augustin nach Marseille zurück, während Isabelle ein großes, altes, einst prächtiges türkisches Haus in Bab-Menara, im alten arabischen Viertel von Tunis fand. Es stand in der Rue Bou-Khrous, fast auf der Kuppe des Berges, von der aus man die ganze Bucht überblicken konnte. Die Gegend war ruhig, die alten Häuser bewohnt, doch »streng vor der Außenwelt abgeschlossen«. Isabelle zog dort mit einem schwarzen Spaniel ein, den sie nach dem Labyrinth malerischer Straßen, die für die Stadt charakteristisch waren, »Dédale« nannte, und mit der fünfundsiebzigjährigen, tauben und altersgebeugten, maurischen Dienerin Khadidja, die ihr ganzes Leben für die besten Familien in Tunis gearbeitet hatte und die ihr wahrscheinlich Ali besorgt hatte.

Isabelle sprach von diesem Haus als ihrem »Palazzo«. Sie verbrachte in der beruhigenden Stille seiner Räume fast einen ganzen Monat in friedlicher Verträumtheit. Es war eine Zeit der Zurückgezogenheit, ähnlich den Wochen der Untätigkeit nach dem Tod ihrer Mutter. Jeden Nachmittag, die heißeste Tageszeit, verbrachte sie in ihrem kleinen arabischen Bett, in dem riesigen, reichverzierten Zimmer, dessen Läden immer geschlossen blieben. Sie hing ihren Gedanken nach und genoß »die Atmosphäre des alten Orients«, während sie die farbenprächtigen alten Porzellanmosaiken an den Wänden bewunderte, die goldene Kuppeldecke, umgeben von Gesimsen in exquisitem, durchbrochenem Muster. Khadidja saß während dieser Zeit in einer Ecke, ließ die schwarzen Perlen ihrer Gebetsschnur eine nach der anderen durch die Finger gleiten und murmelte mit farblosen Lippen die neunundneunzig arabischen Namen Gottes — Glückseligkeit, der Einzige, der Barmherzige — bis zum hundertsten: Gott. Dédale »streckte sich gelangweilt aus, legte die Schnauze auf seine kräftigen Pfoten und verfolgte dann und wann aufmerksam den müden Flug einer einsamen Fliege«. Die Tage vergingen in »süßem Nichtstun und angenehmer Monotonie«, und nur fünfmal am Tag wurde die Stille vom Muezzin unterbrochen, der die Gläubigen zum Gebet rief.

Isabelle schrieb Essays über diese Zeit, die vier Jahre später in Paris in der berühmten *Revue Blanche* veröffentlicht wurden, und zwar unter dem Titel: »Heures de Tunis«. Es handelt sich dabei um kurze, anschauliche Skizzen über das Leben ringsum, mit feinem Gespür für seine Eigenheiten und seine befriedigende, tägliche Sinnlichkeit, jedoch durchzogen vom roten Faden ihrer Faszination durch den Tod. Arabische Friedhöfe besaßen eine besondere Anziehungskraft auf sie: »Ich bin immer gern in der egalitären Gewandung der Beduinen durch moslemische Friedhöfe spaziert, wo alles friedlich und mit sich eins ist und wo nichts, das europäische Friedhöfe so traurig macht, den Tod entstellt.« Tatsächlich unterschieden sich arabische Friedhöfe beachtlich von der düsteren Leere des Friedhofs von Vernier. Beispielsweise kamen freitags Frauen und Kinder mit Myrte, um jene zu besuchen, die »in Gottes Gnade eingegangen waren«. Die Frauen saßen in ihren weißen Gewändern plaudernd in kleinen Gruppen auf den Fliesen der Grüfte, tranken Kaffee und aßen Süßigkeiten unter den Feigenbäumen, während die Kinder spielten. Eine arabische Stadt war von ihrem Friedhof umgeben, so daß man an den Toten vorbeimußte, um zu den Lebenden zu gelangen. Diese Bilder des Todes, der so natürlich ins Leben eingefügt war, war Balsam für Isabelle. Die letzte ihrer Geschichten von »Heures de Tunis« handelt von der unglücklichen Liebe zwischen einem feinsinnigen jungen Mauren, der in seinem Verkaufsstand aus geschnitztem Holz im Parfüm-Souk saß und arabische Gedichte las, und einer schönen jungen maurisch-algerischen Prostituierten. Der Vater des jungen Mannes ist gegen eine Verbindung der beiden. Das Mädchen wird des Landes verwiesen und stirbt. Ihr Grab, das der junge Mann entdeckt und besucht, liegt in dem moslemischen Friedhof von Bône, hoch auf einem Berg über dem Hafen. »Nichts ist bedrückend und nichts traurig an diesem Friedhof mit seiner Blumenpracht, seinen Büschen und Kletterpflanzen ... Alles strömt wundervolle Ruhe und Frieden aus und eine unerschütterliche, tröstliche Überzeugung.« Dieser Friedhof war natürlich der, auf dem Mme. de Moerder lag, und der Name des Mädchens ist ein Teil ihres moslemischen Namens, Manubia.

Nordafrika bot Isabelle auch ein Schauspiel, in dem sie das Symbol für ein anderes Thema sah, das der Wiedergeburt: den Sonnenuntergang und den Sonnenaufgang. Sie war gebannt von dem »herrlichen irisierenden Spiel des Lichtes bei Sonnenaufgang und diesen purpur-goldenen Abenden, welche die alten arabischen Geschichtenerzähler und Dichter inspirierten«. Vor allem der Sonnenaufgang hatte es ihr angetan, der Augenblick, »da etwas unendlich Strahlendes in der klaren, noch frischen Morgenluft liegt, etwas, das in Leib und Seele dringt und die Sinne berauscht, ein beglückender Augenblick neu entdeckter Jugend und der Wiedergeburt der Hoffnung«.

In dem letzten Essay befaßt sie sich mit einem Vorfall, zu dem sie in ihrem Tagebuch zu einem späteren Zeitpunkt zurückkehrt: Mit einem Augenblick, als sie durch die Straßen wanderte, am frühen Morgen, noch vor Tagesanbruch, und von einer unerklärlichen Unruhe erfüllt war. Ein Fensterladen schwang klappernd hoch oben auf, und die Stimme des Muezzins rief die Gläubigen zum Gebet, der »weltlichen Bestätigung der göttlichen Allmacht«: »Gott ist allmächtig! Allahu akbar!« erklang es wie Fanfarenschmettern, gefolgt von anderen, einfallenden Stimmen und dann vom morgendlichen Vogelchor in einem nahen Garten: »Beten ist besser als schlafen!«

Sie liebte des Muezzins schöne Regelmäßigkeit, so wie sie die innere Abgeschiedenheit der arabischen Häuser mochte, die ineinander verschachtelt waren und das private Leben der Bewohner durch ein geschicktes System von Ein- und Ausgängen schützten. Sie liebte das arabische Wesen, »stolz, undurchschaubar und diskret«, mit seiner »schroffen Würde — Träumer und Krieger«. Diese dreieinhalb Wochen in Tunis verbrachte sie damit, ihre sorgenbeladene europäische Identität abzustreifen und »mit allen Fasern ihres Seins«, wie Rakhil, ihre neue arabische Identität aufzunehmen. Die scheinbaren Widersprüche im arabischen Wesen paßten perfekt zu ihren eigenen: Frieden und Abenteuer, Träumen und Kämpfen, Religion und Sinnlichkeit.

In ihrer neuen Umgebung wurde sie als »der junge Mann mit dem Hund« bekannt, da sie mit Dédale Spaziergänge auf die Hügel der Umgebung machte oder hinunter zu der seichten Lagune El Bahir, dem See von Tunis, der sich zum Golf und dem Meer hinaus öffnete. Sie zog gern die »egalitäre Gewandung« der Beduinen an, doch ebensogern den prächtigeren Staat der Tunesier. Sie trug einen Burnus, den losen Mantel aus feiner weißer Wolle, den Tunesier und Algerier bevorzugten, jeder traditionsgemäß aus der Wolle von sieben Schafen gewebt, über einer dünnen seidenen Gandura (einem voluminösen Hemd), darunter ein hellblaues, langärmeliges Hemd und eine Weste mit einem rot-grün-gestreiften Gürtel und darunter Pluderhose, weiße Strümpfe und gelbe Schuhe. Sie hatte ihren Kopf nun auf moslemische Weise völlig geschoren und mit einem Fes bedeckt. Die Farben, schrieb sie, waren nicht grell, sondern leuchtend und »sehr geschmackvoll«. Und dank ihrer Größe, ihrer geschmeidigen Figur, ihrer Gewohnheit, sich als Mann auszugeben, ihres Mangels an weiblicher Koketterie, trotz ihrer Augen, die unterschiedlich als schwarz, grau, grün, ja sogar gelb beschrieben wurden und die einen auffallend dunklen, feuchten Glanz hatten, ganz wie die der Araber, hielten flüchtige Bekannte sie für einen jungen Mann. Sidi Mahmoud Saadi war Wirklichkeit geworden.

# 2.

# OASE I

Anfang Juli war Isabelle bereit, von Tunis in die Wüste aufzubrechen. Sie beabsichtigte, westwärts nach Algerien zu reisen und zu versuchen, die südliche Oase Ouargla an der Nordgrenze des Tuareg-Gebiets zu erreichen. Am 7. Juli 1899 war sie bereits um halb drei Uhr früh mit einem arabischen Freund, möglicherweise einem Liebhaber, auf den Beinen und genoß das verwahrloste Hafenviertel von La Goulette. Um acht Uhr am nächsten Morgen reiste sie nach Algerien ab. Sie nahm den Zug von der Place de la Gare du Sud und unterbrach ihre Fahrt, um in Beja zu Mittag und in Guelma zu Abend zu essen. Um dreiundzwanzig Uhr fünfzehn kam sie in El Khroub in Algerien an und verbrachte die Nacht in einem Hotel in Bahnhofsnähe.

Am nächsten Tag fuhr sie viereinhalb Stunden mit dem Zug nach Batna und übernachtete dort im Hotel Continental. Am 11. brach sie um drei Uhr früh, noch vor Morgengrauen auf, um die vierundzwanzig Kilometer nach Timgad auf dem Maultier zurückzulegen. Salah, ein Führer, den sie am Tag zuvor verpflichtet hatte, begleitete sie. Er erwies sich allerdings als nicht sehr geeignet, denn sie verirrten sich und mußten einen Teil der Nacht in einer geistlichen Anstalt in Lambessa verbringen, südlich statt östlich von Timgad. Am nächsten Vormittag gelangten sie in Timgad an. Das letzte Stück der Rückreise nach Batna im vollen Galopp bei Mondschein machte für Isabelle alle Widrigkeiten der Hinreise wett. Den Abend verbrachte sie mit Salah und einem »Spahi« — einem einheimischen, von den Franzosen ausgebildeten Kavalleristen. Sie begegneten ihm im village nègre, begaben sich von dort zum Abendessen ins Spahi-Café, dann tranken sie den üblichen dicken, bitteren Kaffee bei einem arabischen Freund Salahs und besuchten schließlich zu später Stunde die artesischen Brunnen südlich von Constantine, an denen wegen der großen Tageshitze nachts gebaut wurde. Am 13. ritten sie und Salah nach Biskra und von dort nach Sidi Okba, wo sie im Innenhof des Scheichs auf arabische Art auf Matten schliefen. Am nächsten Tag besuchten sie die Moschee und das Café, wo sich Isabelle lange mit einem arabischen Kadi und einem Lehrer unterhielt.

Isabelles algerisches Umgangsarabisch war inzwischen so gut, daß sie in dieser Gegend keinerlei Verständigungsschwierigkeiten hatte. Doch sie folgte auch einer Route, die von französischem Militär frequentiert wurde, welches Standorte von Batna bis Ouargla im Süden hatte. Die Anwesenheit des französischen Militärs während des vergangenen halben Jahrhunderts hatte nicht nur Alkohol und Bordelle in dieses moslemische Gebiet gebracht, sondern auch die französische Sprache. Die meisten Araber, die mit den Franzosen zu tun hatten wie die Spahis, die einheimischen Beamten und Lehrer, beherrschten sie zumindest für den Alltagsgebrauch.

Nachdem sich Isabelle mit dem Kadi unterhalten hatte, besuchte sie den Kommandeur der Tuggurt-Spahis, Smaïn Ben Hattab. Als arabischer Offizier in der Eingeborenen-Abteilung der französischen Armee wußte Brigadier Smaïn offenbar, woran europäische Abenteurer in einem »orientalischen« Land interessiert waren, und daher machte er Isabelle mit den sybaritischeren Aspekten des arabischen Lebens bekannt. Er zeigte ihr einige der legendären jungen Mädchen vom Stamm der Uled Naïl, die als Tänzerinnen und Prostituierte arbeiteten, bis sie genügend Geld für ihre Mitgift beisammenhatten, und die bei ihren Tänzen mit den Händen flatterten wie ein Jagdfalke mit den Flügeln. Dann rauchte er kef (Haschisch) mit ihr, was zu dieser Zeit noch erlaubt war. Erst einige Jahre später wurde es im Land verboten. Der Name kef leitete sich von dem die Wirkung der Droge bezeichnenden arabischen Wort kayf her. Sir Richard Burton beschrieb sie in seinem Bericht über seine Mekkareise eindrucksvoll als »Ergötzen am Animalischen; als passives Schwelgen in nichts als Gefühl; als angenehme Trägheit, verträumte Ruhe, ein Sichverlieren in Luftschlössern«. Es war, ihren Aufzeichnungen nach, Isabelles erste Begegnung mit Rauschgift, obwohl es durchaus möglich ist, daß sie kef bereits zwei Jahre zuvor in Bône probierte und Opium in Genf mit Augustin, ehe sie anfing, seine Lebensweise zu mißbilligen.

Sie war auch, wie Trofimowski, gewohnheitsmäßige Zigarettenraucherin und neigte seit ihrer Kindheit zum »Sichverlieren in Luftschlössern«.

Smaïns Verhalten gegenüber Isabelle war aufschlußreich, da er ihr Männervergnügungen anbot, als wäre sie tatsächlich der Mann, als der sie sich ausgab. Doch er behandelte sie wahrscheinlich nur aus arabischer Höflichkeit als das, was sie sein wollte, während er diese Maskerade insgeheim genoß, die reizvolle Ablenkung in die Eintönigkeit des militärischen Lebens an diesem abgelegenen Ort brachte. Europäische Naivität war es wohl, die Isabelle die Augen gegenüber der Tatsache verschließen ließ, daß die Araber sich häufig nur aus Takt nicht anmerken ließen, daß sie ihre Verkleidung durchschaut hatten. Sie war beispielsweise überzeugt, daß Salah und ihre anderen Führer sie für Sidi Mahmoud Saadi hielten und tatsächlich glaubten, sie sei ein junger Tunesier, der von sawija zu sawija reiste, um nach alter Studentensitte koranische Weisheit zu finden. Doch der sehr realistische Randau behauptete später, was Isabelle schließlich auch selbst bewußt wurde, daß die Araber in ihrer Begleitung durchaus erkannten, daß sie eine Frau und eine Europäerin war und daß sie nur aus Takt ihr Spiel mitmachten. Das war ein Takt, wie ihn die pragmatische britische Reisende Gertrude Bell beschrieb, die im selben Jahr ihre Reise in den Nahen Osten machte: »Im Osten ist die persönliche Freiheit weniger von künstlichen Ketten beschränkt, und die größere Verschiedenheit schafft eine größere Toleranz... Ein Mann kann sich in der Öffentlichkeit bis zu den Augen verhüllt zeigen, oder, wenn es ihm beliebt, nur im Lendentuch: Es wird niemand ein Wort darüber verlieren. Warum auch? Wie jeder folgt er lediglich seinem eigenen Gesetz.« Tatsächlich wurde die »größere Toleranz« der Araber gegenüber Formen der Sexualität und Leidenschaft zur Anregung für viele Individualisten und Außenseiter des neunzehnten Jahrhunderts — einschließlich Burton, Flaubert, Gide und Loti sowie Isabelle —, in den »Orient« zu gehen, um »eigenen Gesetzen zu folgen«, statt den immer strikteren europäischen Konventionen in der Sexualität.

Natürlich konnte man Isabelle für einen jungen Mann halten, wie die Aussage Mme. Cassons in Genf bewies. Ihr ganzes

Auftreten machte es möglich, daß man sie für einen jungen Araber hielt, »inkognito unter den Einheimischen«, wie sie sein wollte. Das allein war schon eine ungewöhnliche Leistung, vergleichbar nur mit der Burtons, der als Derwisch verkleidet Mekka betrat. Isabelle hatte eine gewisse animalische Anpassungsfähigkeit. Ihr fehlte die charakteristische Gezwungenheit und Unbeholfenheit des Europäers in primitiveren, alten Kulturen — Jung nannte es den »Hauch von Einfältigkeit, der Europäern anhaftet«. Das ermöglichte ihr bei ihren Reisen, so zu leben wie die Menschen, unter denen sie sich bewegte.

Doch für sie war die Maskerade mehr als nur ein Mittel, sich in andere Gesellschaftsformen einzuschmuggeln, mehr als nur koloniale Neugier. Für sie war sie eine Identität, die sie wirklich annehmen wollte. Ihr ganzes bisheriges Leben hatte mehr und mehr den einen Wunsch geweckt, der »andere« zu werden — nicht als amüsante Täuschung, sondern weil es sie zutiefst reizte. Andere, mehr oder weniger zeitgenössische Reisende — Kingslake, Doughty, Bell, Bird, Kingsley, North, ja sogar Burton — waren im Grund genommen Kolonialisten mit starkem Gefühl für ihre eigene nationale Identität und gewöhnlich auch Überlegenheit, das nie den Wunsch aufkommen ließ, der »andere« zu werden.

Isabelle mag sich mit ihrer Annahme, daß niemand ihre Maskerade durchschaute, selbst etwas vorgemacht haben, doch der Wunsch, als der »andere« akzeptiert zu werden, war echt. Sie wollte »mit dem Leben der Einheimischen eins werden, welches das einzig wirklich Charakteristische eines Landes in unserer Zeit ist, in der die privilegierten Klassen nichts als eintönige Gleichheit anstreben«, und die »Seele eines Landes, einer Rasse« kennenlernen. Es war zum Teil diese Einstellung, auf die ihre Reisegefährten instinktiv ansprachen.

Doch in ihrem Trachten, in einer anderen Lebensweise aufzugehen, bewies Isabelle eine weitere europäische Naivität: Sie achtete nicht genügend auf die Tatsache, daß sie sich allmählich — und gewöhnlich, ohne es zu ahnen — einen Ruf schuf. Aufgrund ihrer jüngsten Vergangenheit mußte sie das Gefühl haben, daß Nordafrika jungfräuliches Territorium war, eine unbekannte Weite. Doch in zunehmendem Maß eilten ihr französische Militär- und Polizeiberichte und mündliche Hinweise der Einheimischen voraus.

Am 15. Juli besuchte Isabelle den Leiter des Arabischen Bureaus in Biskra, Oberstleutnant Fridel, um sich die Genehmigung für Reisen tiefer in den Süden geben zu lassen. Das Gebiet südlich von Biskra wurde nicht zivil verwaltet wie die Küstengebiete des Tellatlas seit 1870, sondern von den militärischen Arabischen Bureaus. So nannte man widersinnigerweise diese Ämter, die die alleinige Macht hatten, Ausländern die Weiterreise in den Süden zu genehmigen. Obwohl sie arabische Männerkleidung trug, sah sich Isabelle gezwungen, sich ihres Reisepasses wegen als Mädchen zu erkennen zu geben. Fridel war von dieser charmanten und klugen jungen Frau eingenommen. Er lud sie zum Mittagessen in sein Haus ein und später zum Diner ins Hotel de l'Oasis. Beim Diner lernte sie einen gewissen Hauptmann Adolphe-Roger de Susbielle von der französischen Armee kennen, der sich auf dem Rückweg zu seiner Garnison in Tuggurt befand. Er schlug begeistert vor, daß sie sich am nächsten Morgen ihm und seinem Trupp anschließe. Da Isabelle ohnehin nach Tuggurt wollte, fand sie diese Einladung unwiderstehlich, obwohl sie ihre Bedenken wegen seines dreisten Benehmens und seiner Brutalität ahnenden Physiognomie hatte. Tatsächlich war de Susbielle aggressiv, und er war sich der Diskrepanz zwischen seinen vornehmen Ahnen und hehren Hoffnungen und seinem eigenen geringen Format, sowohl in charakterlicher wie körperlicher Hinsicht, durchaus bewußt. Trotz aller Bemühungen seiner Familie, die mit Generalen prunkte, war er mit siebenunddreißig nur Hauptmann, denn seinen Vorgesetzten war es nicht entgangen, daß er nicht nur ein Weiberheld, sondern auch faul, arrogant und sadistisch war. Schon in seiner Beurteilung als Kadett stand, daß er einen »schlechten Charakter und verwerfliche Neigungen« habe.

Später an diesem Abend kam Isabelle mit einem einheimischen Araber und mit Brigadier Smaïn zusammen, die ihr von Batna gefolgt waren. Die beiden Männer machten sie auf de Susbielles »üble Absichten« ihr gegenüber aufmerksam, auch auf seine notorische Grausamkeit gegenüber Moslems. Als de Susbielle sie am nächsten Morgen abholen wollte, erklärte ihm

Isabelle, daß sie doch nicht mitkommen könne, weil sie noch auf Geld warten müsse, das von ihrem Bruder unterwegs sei — das tatsächlich jedoch bereits an diesem Morgen eingetroffen war. Er bat sie, sich zu beeilen und ihm nachzukommen, und versicherte ihr, daß er bei Chegga auf der Straße nach Tuggurt auf sie warten würde. Isabelle ließ zwei Tage verstreichen, ehe sie mit Salah und einem anderen Führer aus Bou Saada aufbrach.

Auf dem Weg nach Chegga übernachteten sie in einem Innenhof, in dem es, wie Isabelle feststellte, von Skorpionen wimmelte. Zwei Tage lang war außer Brot nichts zu essen zu bekommen, und sie litt während der ganzen Reise unter hohem Fieber und quälendem Durst. Sie lernte jedoch Abd El Kader ben Aly kennen, den Scheich eines Chaamba-Stammes (nomadische Tuaregs aus dem Süden Algeriens), »ein Muster an Zuvorkommenheit«, der sich erbot, sie ohne Bezahlung in seiner Karawane nach Ouargla mitzunehmen. In Chegga angekommen, stellten sie fest, daß de Susbielle bereits weitergezogen war, doch in der nächsten Ortschaft wurden sie auf eine Order hingewiesen, die ihr untersagte, sich dort länger als vierundzwanzig Stunden aufzuhalten. Verärgert über ihre Abweisung, hatte er sich mit seiner Amtsbefugnis gerächt — zum ersten, doch nicht zum letzten Mal.

Isabelles Reise nach Tuggurt war, wie auch die der Araber, ein Leben von der Hand in den Mund. Ihr machte nicht nur die Wasserknappheit zu schaffen, sondern auch anhaltendes Fieber und gelegentlich Erbrechen und Schwindelanfälle. Ihr Pferd litt Durst, und die Esel wurden krank. Es kam zu Streitigkeiten mit Leuten, denen sie unterwegs begegneten, zu kurzlebigen Freundschaften mit Mitreisenden, und sie schlief zum erstenmal auf Wüstensand, nur in ihren Burnus gehüllt. Sie und ihre Führer suchten eine Stunde lang im Licht von Zündhölzern nach einem Brunnen. Sie hatten Erfolg und fanden den einzig guten von Ourlana. Ihr Führer von Bou Saada versuchte eine Zigarette mit einem Schuß aus seiner Pistole anzuzünden. Er hatte damit zwar keinen Erfolg, aber es war unterhaltend. Es folgten noch viele kleine Abenteuer und Begegnungen, wenn Reisende nach Biskra den Weg der südwärts Ziehenden kreuzten.

In Tuggurt kamen sie am 23. Juli um dreiundzwanzig Uhr an. Für die Strecke von zweihundertfünfzehn Kilometern hatten sie acht Tage gebraucht. Isabelle schlief den ganzen folgenden Tag hindurch. Brigadier Smaïn tauchte am Tag darauf wieder auf. Wahrscheinlich folgte er ihr, weil es ihm Spaß machte und um auf sie aufzupassen. Als in allen Vergnügungen versierter Führer nahm er sie am Abend in ein Freudenhaus mit, wo sie die lasziven Tänze und Liebesvorspiele beobachten konnte. Isabelle behauptete, »künstlerische Neugier« veranlasse sie zu derartigen Ausflügen. Die Voyeuse von »sepulkraler Sinnlichkeit« fand ihre neue Maskerade besonders trefflich.

Am nächsten Vormittag wurde sie aufgefordert, vor de Susbielle im Amt zu erscheinen. Die zwei Stunden dauernde Unterredung war zunächst »heftig«, dann auf eisige Weise höflich. Der Hauptmann weigerte sich, ihren Führern die Genehmigung zu erteilen, sie nach Ouargla zu begleiten. Isabelle versuchte daraufhin, den Chaamba zu finden, der sich erboten hatte, sie dorthin zu bringen. Aber um zweiundzwanzig Uhr erfuhr sie, daß der Scheich bereits aufgebrochen war, offenbar in der Annahme, sie habe andere Arrangements getroffen. Er ließ ihr ausrichten, daß er sie herzlich grüßen lasse.

Am nächsten Morgen suchte sie noch einmal das Arabische Bureau auf. Sie bat darum, daß ihre Führer sie in das Souf begleiten dürften, jenes riesige Gebiet weißer Dünen und Salzsümpfe östlich von Tuggurt, das sich bis zur tunesischen Grenze erstreckte. Diese Genehmigung erhielt sie, hauptsächlich wohl, weil das Soufgebiet für Reisende etwas weniger gefährlich war als der Süden, der zum sandigen Grab mehrerer Europäer geworden war, die die Sitten der einheimischen Tuareg mißverstanden hatten.

Von Tuggurt nach El Oued waren es fünfundneunzig Kilometer. Isabelle und ihre Führer brauchten dafür fünf Tage. Sie kamen durch die engen, sich verändernden Täler und über die gefährlichen, schwindelerregend schmalen Kämme der Dünen nur langsam voran. Einen ganzen Tag verbrachten sie bei einem Scheich in Ourmès. Obgleich das Arabische Bureau auf amtliche Weise für die Reisenden zuständig war, lag die wirkliche Macht doch, wie jeher, seit das Land moslemisch geworden war, in der Hand der örtlichen geistlichen Führer. Offenbar akzeptierten die Scheichs Isabelle, wohin sie auch kam, voll und ganz, und dies vor allem war ihr wirklicher Passierschein in diesen gefährlichen Gebieten. Die Art, wie sie gastfreundlich weitergereicht wurde, schützte sie nicht nur, sie ermöglichte es ihr auch, eine Reise zu unternehmen, die noch kein Europäer vor ihr mit solcher Mühelosigkeit geschafft hatte. Ihre Gespräche mit den religiösen Scheichs, die von den Franzosen marabouts genannt wurden — eine Entlehnung des arabischen Wortes Marabut, das Einsiedler oder Heiliger bedeutet —, waren angeregt und engagiert und befaßten sich mit der Verfälschung von Mohammeds hadith (Aussprüchen), die, wie Isabelle meinte, Jahrhunderte der Orthodoxie dem Islam überliefert hatten. Es lag an ihrem festen Glauben und ihren Kenntnissen der Geschichte des Islams und koranischer Dogmen, die einem Gelehrten Ehre gemacht hätten, daß sie so bereitwillig akzeptiert wurde. Im Gegensatz zu Richard Burton auf seiner Reise nach Mekka, oder Jane Digby, die sich als Beduine verkleidete, aber Christin blieb, oder Lawrence von Arabien, oder gar dem asketischen Bruder Charles (Vicomte de Foucald) in Marokko, war Isabelle in diesen Ländern keine »Ungläubige«, was auch immer ihre anderen Fehler gewesen sein mochten: das war die einzige Empfehlung, die hier zählte. Ihre Reisen, genau wie jene der Araber, folgten den Oasen und Brunnen, sie waren ebenso eine Route von sawija zu sawija, und sie holte sich physische Erfrischung aus dem einen und geistige aus dem anderen.

Isabelle und ihr kleiner Trupp kamen bei Sonnenuntergang am 3. August 1899 in El Oued an. Zwei Jahre danach beschrieb sie diesen Augenblick in einem Essay, »Au pays des sables«:

*»Es gibt gewisse besondere Zeiten, gewisse auf unerforschliche Weise erwählte Augenblicke, da ein Land, intuitiv und flüchtig, seine Seele, sein innerstes Wesen, offenbart. Dann sehen wir es auf eine einmalige Weise ganz klar, wie es selbst nach Monaten intensivsten Studiums nicht möglich wäre. Doch in diesen besonderen Augenblicken entgehen uns verständlicherweise die Details, und wir können lediglich einen allgemeinen Eindruck aufnehmen. Liegt das an unserer besonderen geistigen Verfassung in diesem Augenblick oder an einer besonderen Eigenschaft der Orte, die flüchtig und immer unterbewußt*

*wahrgenommen werden? Ich weiß es nicht ... Doch meine er-*
*ste Ankunft in El Oued war eine vollkommene, endgültige Of-*
*fenbarung des rauhen und herrlichen Landes, welches das Souf*
*ist, eine Offenbarung seiner ureigenen Schönheit, seiner unend-*
*lichen Schwermut.«*

Sie sah die Sonne über den unzähligen kleinen Kuppeldächern
von El Oued untergehen, die sie rosig tönte und aus denen sich
das Minarett von Sidi Salem hervorhob. Alles war eingebettet
»in die schläfrigen Wellen des gewaltigen, grauen Sandmee-
res«. El Oued, die »graue Stadt, verloren im Grau der Wüste,
zeigt sich flammend und bleich, wie die Wüste und Teil der Wüste, rosig und golden im magischen Morgenerwachen, weiß
und blendend in der glühenden Tageshitze, purpur und violett
an den leuchtenden Abenden ... und grau, grau wie der Sand,
aus dem sie hervorging unter dem fahlen Winterhimmel!«
Auch den Friedhof vergißt sie nicht. »Dann, ganz in unserer
Nähe, lag Grab an Grab, eine weitere ganze Stadt, eine Stadt
der Toten, die beginnt, wo die der Lebenden endet.« Während
dieser Metamorphose, dieser Apotheose der Stadt, deren Kuppeln nun in den letzten Sonnenstrahlen aufflammten, herrschte
absolutes Schweigen. Kein Laut war zu hören, niemand zu sehen. Dann, in dem Moment, als die Sonne unterging, erklan-
gen die Stimmen der Muezzins von allen Moscheen herab, »Allahu akhbar!« Und aus den scheinbar verlassenen kleinen Tälern und Dünen erschienen Menschen, alle in Weiß, und alle begaben sich ruhig im Gänsemarsch hinunter zu den Moscheen
und sawijas, um zu beten.
Isabelle verbrachte drei Tage in dieser Oasenstadt, die sich
als schicksalsträchtiger für sie erweisen sollte, als sie hätte ahnen können. Spätere Hinweise deuten darauf, daß sie sich mit
einem arabischen Dichter aus El Oued traf, mit dem sie in
Briefwechsel gestanden hatte und der nun ihr Geliebter wurde.
Daß er alt und versoffen war und sie sich bald nach »kraftvol-
leren einheimischen Liebhabern« umsah, war zweifellos wahr,
doch übertrieben, denn sie verbrachte nur drei Tage in dieser
Stadt. Als sie von El Oued aufbrachen, schloß sie sich mit ihren
Führern einer Karawane an, die von zwei nach Batna zu ihrem
Standort zurückkehrenden französischen Offizieren — Leut-

nant Toulat und Major Mauviez — geleitet wurde. Diese Karawane bestand außer ihnen aus neun Kamelen, zwei Chaamba, mehreren Spahis und einem Schwarzen, wahrscheinlich aus dem Sudan. Die Reise dauerte dreizehn Tage und brachte das übliche Fieber, Schwierigkeiten, Wasser zu finden, und Streitigkeiten unterwegs mit sich. Ein Kamel der Offiziere ging an Sonnenstich ein, und eines Abends, als die Offiziere nicht anwesend waren, mußte Isabelle dazwischentreten, als die Spahis die Einheimischen niedermetzeln wollten, die sie wahrscheinlich als Marionetten der Franzosen beschimpft hatten.

Am 19. August waren sie bereits in Batna, wo Isabelle eines Tages in einem Begeisterungstaumel und aus Verachtung für den Materialismus Geld aus dem Fenster warf, was verständlicherweise einen dauerhaften Eindruck auf alle machte, die es sahen. In Batna traf sie auch endlich Eugène Letord. Diese erste Begegnung beim Abendessen im Hotel Continental besiegelte ihre Freundschaft, und falls sie auch verliebt waren, dann nur sehr oberflächlich, denn sie sahen sich nur gelegentlich wieder. Trotzdem erwähnte Isabelle später, daß Letord der einzige Europäer war, den sie je anziehend gefunden hatte.

Inzwischen hatte neun Tage zuvor, am 10. August 1899, in Marseille frühmorgens um sechs Uhr ein bedeutendes Ereignis stattgefunden. Marie Madeleine Long, bekannt als Hélène, war es endlich geglückt, Augustin de Moerder dazu zu bringen, sich mit ihr im Rathaus, in Anwesenheit ihrer Eltern und der erforderlichen Zeugen, trauen zu lassen. Vor vier Jahren hatte Hélène Long Isabelle den von geringer Bildung kündenden Brief geschrieben, in dem sie sich beschwerte, daß Augustin sich nicht bei ihr hatte sehen lassen. Jetzt erntete sie die zweifelhaften Früchte ihres geduldigen Wartens.

Isabelle kehrte nach einigen weiteren Reisen in der Gegend am 28. August nach Batna zurück und fand Augustins Telegramm vor, in dem er ihr die Neuigkeit mitteilte. Er hatte hinzugefügt, daß er mit Hélène am 30. des Monats nach Bône kommen würde und daß er sie dort zu treffen hoffte. Isabelle setzte sich sofort in den Zug und besuchte nach ihrer Ankunft in Bône als erstes das Grab ihrer Mutter.

Am nächsten Abend trafen Augustin und Hélène ein. Isabelles knapper Erwähnung der Tatsache ist zu entnehmen, daß die beiden Frauen nicht viel für einander übrig hatten. Augustins Wahl einer so prosaischen Gattin, »Jenny l'ouvrière«, wie Isabelle sie abfällig nannte, bedeutete für sie die endgültige Aufgabe der gemeinsamen poetischen Träume ihrer frühen Jugend.

Den nächsten Tag verbrachte sie mit arabischen Freunden, deren Bekanntschaft sie bei ihrem letzten Aufenthalt in Bône gemacht hatte. Am 2. September fuhr sie nach Tunis und fünf Tage später nach Marseille, um mit Augustin und M. Samuel den bedauerlichen Umstand zu besprechen, daß sich noch immer kein Käufer für die Villa gefunden hatte. Nach zwei Tagen kehrte sie nach Tunis zurück, um dort den Herbst zu verbringen und sich über ihre weiteren Absichten klarzuwerden.

# 3.

## STEUERN UND SEX

Da Isabelle inkognito reiste, als Moslem unter Moslems, so daß sich ihre Reisebegleiter »dank der Abwesenheit von Frauen« ungezwungen »ausstreckten und schliefen« und ihr wirkliches Gesicht zeigten, konnte Isabelle immer wieder entsetzt feststellen, wie schlecht die französischen Besetzer die einheimische Bevölkerung behandelten. Die französischen Soldaten waren Waffengefährten der hiesigen Spahis gewesen, die so tapfer mit ihnen auf der Krim, in Mexiko, Italien und Frankreich gekämpft hatten. Trotzdem behandelten auch sie, wie Isabelle bestürzt bemerkte, die Spahis mit Verachtung. Das macht ihren nächsten Schritt um so überraschender.

Im Herbst 1899 reiste sie mit der Eisenbahn nach Sousse und Monastir an der Südostküste von Tunesien, »ohne dort jemanden zu kennen, ohne bestimmte Absicht, ohne die geringste Eile und vor allem ohne einen festen Plan. Ich war ganz ruhig und bereit für die überwältigenden Empfindungen bei der Ankunft in einem neuen Land.« Doch als sie in Monastir eintraf, lernte sie einen schüchternen, schlanken jungen khalifa kennen, Sidi Larbi Chable, dessen Aufgabe es war, die medjba einzutreiben, eine Kopfsteuer, welche die Franzosen den einheimischen Bauern auferlegten. Sie beschloß, sich ihm anzuschließen, um auf diesem Wege Land und Leute kennenzulernen. Er war ein gutherziger junger Mann, doch genau wie die Spahis wurde er von den Einheimischen als einer angesehen, der sich an die Franzosen verkauft hatte und den Interessen der Moslems zuwiderhandelte. Daß sich Isabelle mit ihm zusammentat, zeigt, daß die Schriftstellerin und Beobachterin in ihr über ihre Solidarität mit der Sache der Moslems triumphierte. Sie brachte zwei Monate in seiner Gesellschaft zu und konnte sich mit den herzzerreißenden Szenen nicht abfinden, zu denen es bei dem unliebsamen Geschäft der Steuereintreibung kam. Jene, die ihre rückständige Steuer nicht bezahlt hatten, mußten in ihren Ortschaften öffentlich vor ihnen erscheinen. Wenn sie nicht bezahlt hatten, weil sie zu arm waren, um das Geld aufzubringen, wurden sie ins Gefängnis gesteckt und zu Zwangsarbeit verurteilt. Wenn sie einen Besitz zugaben — eine baufällige Hütte, eine Ziege oder ein paar Schafe, wurden sie wieder auf freien Fuß gesetzt. Aber die rotuniformierten Spahisoldaten, mit denen Isabelle und Larbi reisten, beschlagnahmten bald darauf diese Habe. »Und doch stammen diese Männer in den prächtigen Uniformen aus demselben Volk, dessen Armut sie nur zu gut kennen, da sie sie am eigenen Leib erfahren haben. Aber der Spahi ist kein Beduine mehr und bildet sich tatsächlich ein, seinen Stammesbrüdern überlegen zu sein, weil er Soldat ist.« Isabelles Rolle war es, die Namen der Angeklagten nacheinander von einer Liste aufzurufen und sie zur Vernehmung zu zitieren. Nicht überraschend war, »wohin wir auch zu den kaum auffindbaren und armen Stämmen kamen, wurden wir mit Feindseligkeit empfangen«. Isabelle schreibt, daß »Sidi Larbis gutes Herz vor Mitleid für sie blutete und wir uns dessen, was wir taten — er in Pflichterfüllung und ich aus Neugier —, schämten, als begingen wir die schlimmsten Taten«. Doch schon mit dem nächsten Satz schüttelt sie es ab. »Trotzdem verbrachte ich dort unten einige zauberhafte Stunden.«

Sie hatte einer Pariser Zeitschrift ein paar Reiseberichte über Südtunesien versprochen und einem Verleger in Rußland einige Artikel. Zu dieser Geschäftsverbindung hatten ihr ihr russischer Briefpartner Masjew und ein alter Freund der Familie, ein ältlicher Lehrer namens Reppmann, verholfen. Trotzdem blieb ihr Notizbuch zunächst so gut wie leer. »Wieder einmal hat das beruhigende, freie und einfache Beduinenleben voll und ganz von mir Besitz ergriffen, daß mir alles andere nicht mehr so wichtig erscheint. Schreiben — wozu die Mühe?« Es waren vor allem die täglichen Rituale des Nomadenlebens, die ihr zusagten: Das Aufstellen der langen, niedrigen Ziegenfellzelte, das Erwachen am Morgen zum Duft bitteren Kaffees, der über dem Feuer aufgegossen wurde. »Ich empfand ein herrliches Gefühl von Freiheit, Frieden und Wohlergehen, das für mich untrennbar mit den vertrauten Dingen des Nomadenlebens verbunden ist.«

Gegen Ende ihres Aufenthalts im Sahel schrieb Isabelle einen Bericht über diese Episode, der schließlich in *Notes de route* als »Notes sur le Sahel tunisien« veröffentlicht wurde. Darin behauptet sie, Sidi Larbi und die Spahis hätten sie die ganzen Wochen, die sie mit ihnen verbrachte, für einen jungen Mann gehalten. »Sidi Larbi ahnte nicht, daß ich eine Frau bin, er nannte mich seinen Bruder Mahmoud. Und ich teilte zwei Monate lang sein nomadisches Leben und seine Arbeit mit ihm.« Sie war für alle diese jungen Männer, wie sie schrieb: »Sidi Mahmoud Saadi, der kleine Türke, der sein französisches College schwänzte.«

Wieder einmal machte sich Isabelle offenbar vor, daß man sie für einen Mann hielt. Es ist jedoch interessant, daß sie glaubte, sie hätte diesen jungen Männern keinerlei Hinweis auf ihr Geschlecht gegeben, obwohl sie zwei Monate ununterbrochen mit ihnen zusammenlebte. Sie hatte im Lauf der Jahre viele ihrer weiblichen Merkmale verloren. Sie sah robust und jungenhaft aus, ihre Bewegungen hatten nichts Feminines an sich, ihr Kopf war geschoren und ihre lose arabische Kleidung eine gute Tarnung. Aber was war mit ihrer Menstruation? Die Tatsache, daß sie in so enger Gemeinschaft, beim Schlafen in den Ziegenfellzelten, schwer zu verbergen gewesen wäre, läßt darauf schließen, daß Isabelle möglicherweise amenorrhoisch war, wahrscheinlich aufgrund einer gewissen Anorexie, wie es angeblich bei Johanna von Orleans der Fall gewesen war. Die Indizien sprechen dafür: Nicht nur hatte Isabelle keine Kinder, trotz ihres freien und oft wahllosen Geschlechtsverkehrs, sie schien auch nur ein einziges Mal die Möglichkeit in Betracht gezogen zu haben, daß sie schwanger werden könnte: mit achtzehn, als sie sich Informationsmaterial über die neo-malthusischen Praktiken schicken ließ. Der ungewöhnliche Freiheitsdrang, der all ihr Handeln beherrschte, einschließlich ihres Liebeslebens, lag offensichtlich in ihrer Erziehung begründet. Sie sagte später: »Ich wollte sichergehen, daß zumindest für mich Freiheit kein leeres Wort war, und ich nutzte sie in jeder Hinsicht.« Vielleicht war aber auch ihre körperliche Erscheinung mit eine Ursache.

Gewiß hatte sie durch Trofimowskis Erziehung, und vielleicht auch als Abwehr gegen ihn, nie die üblichen kulturbedingten Vorstellungen von Weiblichkeit. Ihre innere Abwehr könnte sich physisch als anorexischer Widerstand gegen ihre Menstruation ausgewirkt haben. Oder ihre Periode könnte zeitweilig ausgesetzt haben, zu der Zeit bedingt durch ihre Lebensweise: Ihr Zigaretten- und Haschischrauchen, ihr mangelndes Interesse am Essen, ihr unregelmäßiges Leben und die körperlichen Anforderungen könnten ausgereicht haben, daß ihre Menstruation zumindest unregelmäßig war. Auch ihre Körperkraft könnte zur Amenorrhöe beigetragen haben, wie das häufig bei Sportlerinnen der Fall ist. Es gibt keine sichere Antwort darauf, doch wenn Isabelle tatsächlich eine anomale Menstruation hatte, war es zweifellos ein weiterer Grund, weshalb sie glaubte, anders als der Rest der Menschheit zu sein — eine Klage, die sich wie ein roter Faden durch ihre Tagebücher zieht.

Es wurde allerdings noch ein weiterer Grund genannt, weshalb Isabelle keine Kinder bekam und weshalb sie sich als Junge verkleidete. Françoise d'Eaubonne schrieb in *La Couronne de sable:* Daß sie körperlich geliebt werden wollte, als wäre sie ein Junge, also ausschließlich durch analen Verkehr. Diese Theorie behauptet auch, daß sie als Liebespartner Araber vorzog, weil Araber angeblich mehr an *Vénus inverse* mit beiden Geschlechtern gewöhnt sind als Europäer. D'Eaubonne vermutet, daß der anale Verkehr ein beabsichtigter, wenn auch unterbewußter Versuch war, den Bürden des Kinderaufziehens zu entgehen, da sie das keineswegs verlockende Beispiel ihrer Mutter vor Augen hatte.

Viele kleine Anhaltspunkte zeigen jedoch, daß diese Erklärung zu simpel und zu theoretisch ist, ganz abgesehen davon, daß nicht vorstellbar ist, wie solch eine intime Täuschung funktionieren soll. Die Wahrheit ist, daß Isabelle zwar die Freiheiten eines Mannes in Anspruch nehmen wollte, sich sexuell aber als Frau fühlte, was alle ihre engeren Beziehungen mit Männern bestätigen. Isabelles späterer Freund, der Schriftsteller Robert Randau, war nie ihr Liebhaber, jedoch ein guter Beobachter der menschlichen Natur. Er schrieb: »Sie war vor allem eine Frau.«

Obwohl Isabelle zu einem späteren Zeitpunkt zu Randau sagte: »Ich bin viel mehr Frau, als Sie sich vorstellen können«, war doch etwas an ihr deutlich maskuliner als bei den meisten. Es war allerdings nicht Vorliebe für analen Geschlechtsverkehr, genausowenig war es weibliche Homosexualität. In allen ihren Hinweisen auf den Geschlechtsakt, in *Trimardeur*, in ihren Geschichten und in ihren Tagebüchern, geschieht er von vorn und mit einem Mann (»Ich sehne mich danach, meinen Gebieter in den Armen zu halten und an mein Herz zu drücken«).

Isabelles Sexualität war auf eine andere Weise »maskulin«, und selbst da nur nach der bourgeoisen Einstellung der Europäer ihrer Zeit. Das ist der Grund, weshalb sie Geschlechtsverkehr mit Arabern oder in Arbeiterkreisen vorzog: Sie wollte eine physisch aktive Rolle übernehmen und ohne Verpflichtungen geschlechtlich verkehren — auch ohne Liebe, nur »aus Liebe zum Akt der Liebe«, wie ihr Biograph Claude-Maurice Robert schrieb. Ihre spätere Biographin, Cecily Mackworth, die noch Leute interviewen konnte, die Isabelle persönlich gekannt hatten, erzählte mir, daß ihre Liebhaber sie als »unermüdlich« beschrieben. Wie Isabelle selbst es sah, lag ihr Verhängnis nicht in irgendeiner sexuellen Abartigkeit, ja nicht einmal in Promiskuität, sondern darin, daß sie hin und wieder von einer »ungehemmten Lust« übermannt wurde, die manchmal in Brutalität ausartete. Die Art, wie sie von der Blutlust während des Aufstands in Bône erregt wurde, deutet auf diesen Sadomasochismus hin. Das war es, weshalb sie sich manchmal danach ihrer Sinnlichkeit schämte, sie als separaten, unwürdigen Teil ihres Selbst sah, etwas, das sie veranlaßte, sich in ihrem Tagebuch als »verderbt« und »verkommen« anzuklagen. Isabelle offenbart zweifellos ihr eigenes Wesen in der Beschreibung von Dmitris Reaktion auf einschlägige Szenen in *Trimardeur:* »Diese Atmosphäre gewalttätiger Ausschweifung mißfiel ihm nicht. Wie sehr hatte er sich schon seit langem wegen seiner Neigung zu sexueller Gewalt verachtet, mit der er so vertraut war und die ihn oft zu Abenteuern verführte, deren er sich später schämte.«

Darin liegt vielleicht die Erklärung für die widersprüchlichen Hinweise auf Isabelles Geschlechtsleben, das auf ihrer Reise nach El Oued am zügellosesten gewesen war. Einerseits behaupten die, die sie gekannt haben, daß ihr Benehmen immer schicklich und nie sexuell herausfordernd war. Andererseits waren die Gerüchte nicht zu überhören, daß sie an wilden Orgien teilnahm und wahllos mit Männern schlief. Der Grund dafür war, daß sie ein zweifaches Leben führte: Jene, mit denen sie näher zu tun hatte, wußten, daß sie immer wieder längere Zeit sexuell abstinent lebte, so wie im Sahel — wenn man zwei Monate eine längere Zeit nennen kann. Doch aus den weniger vornehmen Stadtvierteln kamen Gerüchte von Leuten, die wußten, daß sie an Orgien teilgenommen hatte, bei denen durch kef die Atmosphäre angeheizt wurde. Harmlos genug, doch da jene, die Bescheid wußten, sich selbst in Verdacht gebracht hätten, wenn sie Genaueres verraten hätten, bauschten sich diese Gerüchte unwidersprochen auf. Im Entwurf der unveröffentlichten Geschichte »La Zaouïya« beschreibt Isabelle, wie sie selbst diese Aufspaltung sah. »...das seltsame zweite Leben, das Leben von Wollust, von Liebe. Diese heftige und schreckliche Trunkenheit der Sinne, intensiv und quälend, ganz anders als mein alltägliches, so ruhiges, so besinnliches Dasein... Welch ein Rausch! Welch trunkene Liebe unter dieser heißen Sonne!«

Intuitiv spürte Randau diese beiden Seiten Isabelles, verstand sie jedoch nicht völlig. Er schrieb: »...bei dieser Russin löste das Thema Leidenschaft immer eine panische Reaktion aus; häufig war die Liebe für sie eine Form von Intellektualität.« Gleichermaßen schrieb er später über Isabelle, daß »karnale Bedürfnisse in bedauerlichem Maß auf ihr innerstes Ich übergriffen, das bisher allein ihr Verstand regiert hatte.«

Natürlich »erklärt« Isabelles Sexualleben ihren Charakter nicht, der schon immer reich an Widersprüchen gewesen war. Wenn ihre körperliche Erscheinung oder ihre sexuellen Neigungen in irgendeinem Grad ihre Lebensweise diktierten, dann kann umgekehrt auch angenommen werden, daß andere Aspekte ihres Lebens in gleichem Maß Einfluß auf ihre Sexualität hatten. Doch unabhängig von ihren physischen Charakteristiken, von den Wunden ihrer Vergangenheit, von ihren sexuellen Gelüsten, rührte ein guter Teil des Impulses, sich als Mann auszugeben, von dem Beobachter, dem Schriftsteller in ihr her. Und auf gewisse Weise übertrug sie in ungewöhnlich hohem Maß die Allwissenheit und die Androgynie, die andere Schriftsteller in ihrer Phantasie annehmen, ins wirkliche Leben.

# 4.

# PARIS: FIN DE SIÈCLE

Als Isabelle nach den zwei Monaten der Steuereintreibung nach Tunis zurückkam, sah sie sich unangenehmen Tatsachen gegenüber. Sie hatte sich nicht um den Schutz der Villa gekümmert, was zu unerfreulichen Folgen geführt hatte. Da die Villa unverkäuflich war, bis die Erbrechte geklärt waren, hatte Samuel das Haus zusperren und die Fensterläden schließen lassen. Dadurch waren Einbrecher darauf aufmerksam geworden, daß es leer stand, und hatten es ausgeräumt. Samuel hatte von vornherein erklärt, daß er nichts gegen Diebstahl oder Schäden unternehmen könne, solange Isabelle und Augustin nicht bereit waren, einen Wächter dafür anzustellen, der dort wohnen konnte — wozu sie jedoch nicht imstande waren. Er selbst zog nach Bern um. Das Geld, das Trofimowski den beiden hinterlassen hatte, war so gut wie aufgebraucht, und Isabelle mußte ihre Lage ernsthaft überdenken. Die Anwaltsgebühren und sonstigen Ausgaben stiegen, und den einzigen Besitz, den sie hatten, die Villa, zu Geld zu machen wäre nicht ohne weitere hohe Ausgaben möglich gewesen.

Isabelle machte sich Gewissensbisse wegen ihres Dolcefarniente während der vergangenen sechs Monate. Sie hatte vorgehabt, viel mehr zu schreiben, als sie tatsächlich getan hatte, und die Basis für eine schriftstellerische Karriere zu schaffen. Aber mit *Rakhil* war sie erst halb fertig, und mit ihren Reisebeschreibungen war sie auch nicht weit gekommen. Bei ihren Reisen mit Salah hatte sie sich mehr als einmal in Gasthäusern vollaufen lassen, und ihr wurde bewußt, daß das und ihre Vorliebe für zweifelhafte Viertel viele veranlaßte, sie lediglich für eine »versoffene, abartige Schmiererin« zu halten. »Ich setze für das Publikum die geborgte Maske des Zynikers auf, des verdorbenen Herumtreibers. Noch niemandem ist es je gelungen, durch sie hindurch mein wirkliches inneres Ich zu sehen, das empfindsam und rein ist und sich weit aus dem erniedrigenden Schmutz hebt, in dem ich mich aus Verachtung für Konventionen suhle und auch aus einem seltsamen Bedürfnis zu leiden.«

Jetzt, da das Jahrhundert zu Ende ging, kam es zur Abrechnung. Daß sie in ihrem Glücksüberschwang in diesem Sommer in Batna Geld aus dem Fenster warf, hatte bei den Einheimischen nachhaltigen Eindruck hinterlassen. Aber jetzt, da sie ohne Mittel war, bereute sie es. Sie mußte konzentrierter arbeiten. Sie entschloß sich, nach Paris zu fahren und Bonneval und andere Zeitschriftenherausgeber aufzusuchen und wen immer ihr sonst möglicherweise behilflich sein könnte, wie Abu Naddara.

Ihr Freund Ali Abd El Wahab hatte vor, Ende des Jahres nach Paris zu reisen, und sie beabsichtigten, sich dort zu treffen. Doch zuerst mußte sie zu Augustin nach Marseille, um die Sachlage mit ihm zu besprechen. Anfang Oktober verließ sie Tunis. Zwei Tage lang war sie in Marseille voll damit beschäftigt, Briefe zu schreiben: an Ali, Sidi Larbi, Leutnant Toulat sowie andere Freunde, an ihre Moskauer Bank, an Nicolas in Rußland mit der Bitte, die Abwicklung der Erbsache zu beschleunigen, an ihren russischen Anwalt, an ihren Schweizer Anwalt, an den russischen Konsul in Genf und an den Konsul der Vereinigten Staaten in Tunis. Sie wohnte nicht bei Augustin und Hélène, sondern in einem billigen Hotel. Augustin, der schon immer leicht zu beeinflussen war, sah Isabelle nun mit den Augen seiner Frau als Exzentrikerin, deren Anwesenheit peinlich war. Hélène wollte, daß Augustin sich von seinem alten, lasterhaften Leben löste und der achtbare Mann wurde, der er, wie sie fand, seiner Erziehung gemäß sein müßte. Sie war der Meinung, daß Isabelle die unstete Seite seines Charakters wachrief. Zu ihrer Beruhigung stellte Hélène jedoch bald fest, daß ihre Schwägerin ihre Gesellschaft offenbar ebenso mied.

Isabelle, die Bedürfnis nach gleichgesinnter Gesellschaft hatte, schrieb Vera Popow in Genf und bat sie, zu kommen und ein paar Tage zu bleiben. »Pop« kam am 20. Oktober an, und sie hatten einander viel zu erzählen, während sie die Sehenswürdigkeiten der Stadt besuchten. Isabelle erzählte Vera von ihrer Frustration bei ihrer schriftstellerischen Arbeit, und während sie die Kirchen von Notre-Dame de la Quai und St. Victor und das Château d'If besuchten, beklagte sie sich über das mal du siècle, die freudlose Hohlköpfigkeit der Gesellschaft, die so offensichtlich war — mit ihrer schalen Vergnügungssucht und gottlosen Leere. Vera ermunterte sie, darüber zu schreiben, es helfe ihr vielleicht aus ihrer schriftstellerischen Sackgasse, da ihr dieses Thema offenbar am Herzen lag. Vera kehrte nach drei Tagen nach Genf zurück, und Isabelle verfaßte innerhalb von vier Tagen den Artikel »Das Zeitalter der Leere«.

Obwohl es sich dabei um eine leidenschaftliche Anklage handelt, ist er doch eine recht treffende Diagnose der Übel des beginnenden zwanzigsten Jahrhunderts und Isabelles deutlichste Abrechnung mit der Gesellschaft. Sie benutzte einen Theaterbesuch mit Vera als Ausgangspunkt und schreibt von ihrer Bestürzung über die gierigen Gesichter und verschleierten Augen des Publikums, vor allem der Frauen. »Bourgeoise Frauen, die durch ein bedeutungsloses und engstirniges Leben ohne geistiges Interesse vorzeitig verbraucht sind und sich alle merkwürdig ähnlich sehen.« Sie beschuldigt die moderne Gesellschaft, alle natürlichen Instinkte des Menschen pervertiert zu haben.

*»Zivilisation, dieser große Betrüger unserer Zeit, hat dem Menschen versprochen, daß sie durch die Komplizierung seiner Existenz seine Freuden vervielfachen würde ... Zivilisation hat dem Menschen Freiheit versprochen, wenn er alles aufgibt, was ihm lieb und teuer ist, was sie arrogant als Lügen und Einbildungen abtat ... Von Stunde zu Stunde wachsen die Bedürfnisse und bleiben fast immer unbefriedigt, und die Zahl der unzufriedenen Rebellen wächst mit ihnen. Das Überflüssige ist zur Notwendigkeit geworden und Luxus zum Muß.«*

Sie vergleicht die sittliche Verworfenheit der europäischen Gesellschaft ihrer Tage mit dem Moloch, mit dem untergehenden Rom, mit der Verderbtheit Byzanz', selbst mit dem Mittelalter. »Nie war einer Gesellschaft der erschreckende Kult bekannt, dem die moderne Zivilisation jetzt huldigt, unterwürfig auf den Knien vor dem drohenden Geist des Nichts.« Auf ganz und gar apokalyptische Weise beschwört sie nun »die schwarzen Massen von morgen, die aus den grauen Massen von heute hervorgegangen sind« und sich wie Lemminge dem Abgrund entgegendrängen, einem Abgrund, den sie durch ihre Mißachtung menschlicher Werte, wie Hoffnung, Liebe, Opferbereitschaft, Mitleid und Reue, selbst geschaffen haben. Vor allem hat der Atheismus diese Gesellschaft hervorgebracht, die »verdammt ist, sich selbst in nacktem und schrecklichem Elend zu verschlingen«. Sogar zu den schlimmsten Zeiten der Vergangenheit bekannten sich die Menschen zum »Dualismus in den Naturkräften«, »zum Kampf des Lichtes gegen die Finsternis«. Nun gibt es es keinen Halt mehr, an den die Menschheit sich klammern kann, nur noch eine »Leere, von der sie ein Teil zu sein glaubt«, und »blasierte Langeweile, der Schatten, den die Leere auf das Leben wirft«, sowie »Entsetzen, das Gefühl, keinen Boden unter den Füßen zu haben«. Viele »ziehen es vor, sich selbst in den Tod zu stürzen, um diese Qual zu beenden«. Der Artikel endet schließlich mit plumpem Optimismus, mit der Hoffnung, daß »ein neuer, strahlender Morgen über den rauchenden Ruinen der alten untergegangenen Welt« erwachen möge, »geläutert durch Blut und Leid«. Sie schließt: »Aus jeder Ruine sprießt neues Leben, und alles, was stirbt, wird wiedergeboren.«

Isabelle datierte diesen Artikel 9. 11. 1899, unterschrieb mit »Mahmoud Saadi« und schickte ihn an die *L'Athénée* in Paris, in der er im März 1900 veröffentlicht wurde. Eine Übersetzung davon sandte sie ihrem russischen Briefpartner Reppmann, einem gütigen alten Herrn, den dieser Essay erschreckte. »Ihr Artikel machte mich traurig. Ein solcher Pessimismus in Ihrem Alter! Natürlich ist er durch das Leben, das Sie führten, zu erklären. Ich bin achtundsechzig, aber immer noch Optimist und Idealist, und ich fange an, mich zu fragen, ob das einem Mangel an Beobachtungsgabe und Intelligenz zuzuschreiben ist.«

Isabelle bat ihn auch, ihr Geld zu leihen, womit er sich ziemlich bedrückt einverstanden erklärte. Damit und mit dem, was sie für Nachhilfeunterricht erhielt, den sie einem kleinen Araberjungen in Marseille gegeben hatte, reiste sie am 20. November 1899 nach Paris ab, um in dieser lebensprühenden Stadt das neue Jahrhundert zu begrüßen.

Paris und Isabelle hätten zu dieser Zeit gut miteinander auskommen können, da das gesellschaftliche und künstlerische Leben aus seiner bisherigen Salonexistenz auf die Straßen und in die Cafés kam, und Isabelle hätte eine echte boulevardier sein können. Doch Paris war auch eine noch radikalere Version aller Dinge, die sie im »Zeitalter des Nichts« verdammt hatte. Seit Victor Hugos Beerdigung 1885, als die Stadt nicht nur einen Mann begraben hatte, sondern auch vorzeitig, und ganz bewußt, ein Jahrhundert, war Pomp auf dem Vormarsch. Die Verschönerung der Stadt von 1880 durch Baron Haussmann hatte mit den neuen, breiten Boulevards, die sternförmig durch das bisherige Durcheinander von Straßen schnitten, die Weichen für das neue Selbstbewußtsein gestellt. Die Weltausstellung von 1889 hatte der Stadt sowohl Edisons neue Erfindung gebracht, die nun Cafés und Theater und bois in helles Licht tauchte, in dem die Damen sich von ihrer feinsten Seite zeigten, als auch den Eiffelturm, der der Stadt ein neues Symbol und eine neue Attraktion bescherte. Die Künstlichkeit dieses Straßenlebens war nichts für Isabelle, und zweifellos fand sie den Eiffelturm, genau wie Dumas d. J. und andere, einen besonders sinnlosen »Turmbau von Babel«, ein Monument für die blinde Hoffnung auf den Fortschritt als Selbstzweck.

Als Isabelle in Paris ankam, fand sie ein Zimmer in der Studentenpension Louna in der Rue Cadet im Montmartre, unweit von Abu Naddara. Ali Abd El Wahab traf ein paar Tage später ein, aber am 16. Dezember schrieb Isabelle kurz und bündig in ihr Tagebuch: »Streit mit Ali. Schluß gemacht.« Obwohl sie geplant hatte, »viele Monate« in Paris zu bleiben, führte ihr Streit mit Ali zum plötzlichen Entschluß abzureisen. Da sie an einer Fin-de-siècle-Melancholie von der Art litt, die Gauguin zwei Jahre früher dazu getrieben hatte, auf eine Leinwand zu schreiben »Woher kommen wir? Was sind wir? Wohin gehen wir?« — woraufhin er eine Dosis Arsen genommen hatte, an der er aber nicht starb —, mochte sie sich, ebenfalls wie er, entschlossen haben, dem neuen Jahrhundert zu entfliehen, das sich auf so unerfreuliche Weise ankündigte.

Am 17. Dezember nahm sie den Schnellzug nach Marseille und stieg wieder im Hotel Beauveau ab. Irgendwann während der nächsten zehn Tage lernte sie jemanden kennen, von dem sie meinte, »das Schicksal hat ihn mir genau im Augenblick einer Krise geschickt«. Mit diesem Jemand stieg sie am 29. Dezember in einen Zug nach Livorno über Genua. Sie verließen Livorno um Mitternacht am 31. Dezember 1899 und kamen am 1. Januar 1900 in Cagliari, der Hauptstadt von Sardinien an. Ihr Begleiter, dessen Namen sie zwar nicht angibt, war Abd El Asis Osman, ein junger Tunesier, der wegen seiner politischen Einstellung vom Bei von Tunis ins Exil verbannt worden war, obwohl er mütterlicherseits mit ihm verwandt war. Isabelle und er teilten dieselbe Leidenschaft für den Islam, und beide waren abenteuerlustig und radikal. Obwohl sie die nächsten viereinhalb Monate miteinander lebten und obwohl Osman, nach eigenen Worten, Isabelle »mit Leib und Seele« liebte, machte sie sich nie romantische Illusionen über ihn. Sie behandelte ihn als engen Freund und war ziemlich sicher, daß er sie, trotz seiner Schwüre, sie ewig zu lieben und ihr Bild unlöschlich in seinem Herzen zu tragen, vergessen würde, sobald sich ihre Wege trennten. Soweit stimmte es, doch es war Abd El Asis, der den nächsten Schritt auf ihrem Weg für sie bestimmte.

## 5.

# JANUAR 1900

Der Tag, an dem sie auf Sardinien ankam, war ein vielversprechendes Datum: der Anfang eines neuen Jahrhunderts. Isabelle begann ein neues Tagebuch und schrieb mit einem eleganten Schnörkel in ihrer ebenmäßigen, graziösen Handschrift:
Premier Journalier. Cagliari, le 1er janvier 1900. Es war allerdings nicht wirklich ihr erstes Tagebuch, denn schon 1895 hatte
sie Augustin gegenüber ein »altes Tagebuch« erwähnt. Allerdings ist es das erste von vier, die erhalten blieben. Die früheren
hatte sie wahrscheinlich vernichtet. Sie wählte das Wort »journalier« statt des üblichen »journal« und griff damit die Neben-
bedeutungen »Taglöhner« und »täglich« auf. Das spiegelte
ihre derzeitige Philosophie wider, jeden Tag zu nehmen, wie er
kam, die in dem moslemischen Gebot wurzelte, Gott zu vertrauen, daß er für einen sorgte. Die Wahl eines solch einschnei-
denden Datums war nur allzu verständlich, vor allem, da mit
dem alten Jahrhundert durch Augustins Heirat auch die Bande
zu ihrer eigenen Vergangenheit abgerissen waren. Ebenso beeinflußte sie ihre derzeitige Lektüre: das *Journal des Goncourts*, das an einem Tag begann, der sowohl für die Gebrüder
persönlich als auch für die Allgemeinheit unter einem guten
Stern stand — an diesem Tag hatte Louis Napoléon die Macht
ergriffen, und sie hatten ihren ersten Roman veröffentlicht. Im
Gegensatz zu jenen der Goncourts waren ihre eigenen Tagebücher eine sehr private Sache, in denen sie den moralischen Fortschritt ihres inneren Selbst beschrieb, das nicht einmal Augustin kannte, wie sie meinte. Sie sind verblümt und unklar. Sie
schrieb: »Ein Fremder, der die Seiten dieses Tagebuchs läse,
würde sie größtenteils unverständlich finden.« Und in einem
Brief an Augustin ein Jahr später: »Ich bin die einzige, die
mein Tagebuch von Nutzen finden kann, wenn es darum geht,
vergangene Gefühle wachzurufen ... Mein Tagebuch ist nur

eine Reihe von Anspielungen auf Personen und Begebenheiten, die dortselbst nicht aufgeführt sind.« Da sie sie las, um Trost zu finden oder ihren »moralischen Fortschritt« zu überprüfen, beweist es die melancholische, introspektive Seite ihres Charakters, des körperlosen »Tagebuch-Ichs«, das sich häufig in Tagebüchern offenbart.

An diesem ersten Tag des neuen Jahrhunderts blickte sie aus dem chronologischen und geographischen Adlerhorst Cagliari auf ihr Leben zurück und mit stoischem Pessimismus in die Zukunft. »Ich bin allein (je suis seul)«, schreibt sie und benutzt für sich das Maskulinum, gleitet jedoch auch hin und wieder ins Femininum. »Ich sitze und blicke auf die ungeheure graue Weite des wogenden Meeres ... Ich bin allein ... allein, wie ich immer und überall war und immer sein werde in diesem schönen und trügerischen Universum ... allein, nach einem Leben voll Enttäuschung und Desillusion, allein mit Erinnerungen, die mir von Tag zu Tag mehr entgleiten und fast unwirklich werden.« Ihr einziger Trost ist, daß die Prüfungen der vergangenen Monate sie moralisch gestärkt haben. »Ich fühle, daß meine Seele nun für immer gehärtet ist, unzerstörbar, ungebeugt selbst von den schlimmsten Stürmen, Verheerungen oder Verlusten.« Voll Sehnsucht denkt sie an die Wüstenreisen im vergangenen Herbst, an das »bittersüße Glück, das mein verwaistes Herz durchflutete, während dieses chaotischen Lagerlebens unter meinen Zufallsbekanntschaften, den Spahis oder Nomaden, von denen keiner die verhaßte und verschmähte Persönlichkeit ahnte, mit der das Schicksal mich beladen hat.« Jetzt hat sie wie immer nur den einen Wunsch: »Mich wieder in diese vertraute Persönlichkeit zu hüllen, die im Grund genommen meine wirkliche ist, und nach Afrika zurückzukehren. Ich sehne mich danach, in der kühlen, tiefen Stille unter Sternen zu liegen, mit nichts als dem unendlichen Himmel als Dach und einem warmen Boden als Bett.« Sie liebte dieses Leben, denn es war ihre Vorstellung von dem, was sie für ihre wahre Bestimmung hielt: »Frei und ohne Bindungen zu sein, in diesem Leben zu kampieren, in dieser großen Wüste, wo ich nie etwas anderes als ein Fremder und Eindringling sein werde.« Sie glaubte, das wäre das einzige Glück, welches das Schicksal für sie bereithielt, denn »mir ist das wahre Glück, jenes, dem die

Menschheit keuchend hinterherjagt, versagt«. Doch ob ihre körperliche oder geistige Veranlagung daran schuld war, erwähnt sie nicht. Ihre Verbundenheit mit dem Islam ist das einzige, was ihr ein geistiges Zuhause bietet, und das einzige, wonach sie sich sehnt, ist, eines Tages »das heiße Blut, das durch meine Adern fließt, zu vergießen«.

Während der Januar voranschritt, wandten Isabelles Gedanken sich immer mehr der Vergangenheit zu, besonders der Villa mit ihren guten wie schlechten Stunden. »Ich sage, auch die guten, denn ich darf dem armen alten Haus gegenüber nicht ungerecht sein, nun da alles tot und vergangen ist. Ich darf nicht vergessen, daß es Mutters Güte und Sanftheit beherbergte, und Vavas gute Vorsätze — die nie Erfüllung fanden . . . Seit ich dieses Haus verlassen habe, wo alles vorzeitig dahingerafft wurde, war mein Leben nichts als ein blitzschneller, traumgleicher Zug durch verschiedene Länder, unter verschiedenen Namen und verschiedenen Masken.« Die Vergangenheit hatte sie gefangengehalten, wie sie vage andeutet. »Etwas freut mich: Je weiter ich mich von den Scherben der Vergangenheit entferne, desto mehr wird mein Charakter genau auf die Weise gestärkt, die ich mir erhoffe. Was sich in mir entwickelt, ist die zäheste und unbezwingbarste Energie und ein aufrechter Geist, zwei Eigenschaften, die ich mehr als irgendwelche anderen schätze und die bedauerlicherweise bei einer Frau sehr selten sind.« Sie hatte besondere Absichten mit diesen Eigenschaften: Sie wollte »jemand werden . . . und allein dadurch mein heiliges Lebensziel erreichen: Vergeltung! Glücklicherweise hat mein ganzes Leben mich gelehrt, daß friedliches Glück nichts für mich ist und daß ich, allein unter Männern, zu einem unerbittlichen Kampf gegen sie bestimmt bin; daß ich, sozusagen, der Sündenbock für alles bin, was drei Menschen zum Verhängnis wurde: Mutter, Wladimir und Vava.«

Zu der Zeit, da sie, niedergedrückt von den Geistern der Vergangenheit, diese Worte schrieb, machte sie auch Notizen und Pläne für eine Sammlung ihrer Stories, mit einem Vorwort von Bonneval, wie sie hoffte, die »Apostolat« enthalten sollte, eine Geschichte, deren ersten Entwurf sie in Cagliari geschrieben hatte. Obwohl sie sie nie in dieser Form vollenden sollte, finden sich Anklänge in *Trimardeur*. Es ging dabei um eine Gruppe russischer Agitatoren, die versuchten, den Anarchismus unter der Arbeiterklasse von St. Petersburg zu verbreiten. Kyrillow, ein junger Mann, lädt in *imitatio Christi* die Sünden der anderen auf sich und wird in ein Strafarbeitslager geschickt, obwohl er im Grund genommen unschuldig ist. Isabelle endet mit dem Satz: »Wer leidet, aber unschuldig ist, sollte nicht bedauert werden.« In diesem Stadium hat sie offenbar das Gefühl, daß auch sie die Sünden nicht nur einer Familie, sondern fast eines Jahrhunderts auf sich lud. Das erinnert daran, daß man als Kind oft gesehen hatte, wie sie Sachen schleppte, die viel zu schwer für sie waren.

# 6.

## ZIELLOS

Isabelle verließ den sardinischen Winter, der so mild wie ein Pariser Sommer war, ohne in ihrem Tagebuch ihren Begleiter Abd El Asis Osman zu erwähnen. Sie reiste nach Marseille und weiter nach Genf, um sich noch einmal auf »eine unheilvolle und unerbittliche Schlacht um eine Gruft, die seit acht langen Monaten versiegelt ist« einzulassen. Sie ersuchte die Moskauer Bankiers, ihr Abschriften der Briefe zu schicken, die Trofimowski ihnen vor seinem Tod gesandt und von denen er sich erhofft hatte, sie würden »die Zukunft von Nathalie Nicolajewnas Kindern sichern, die nach Wladimirs Tod noch übrig waren«. Als Isabelle diese wohlgemeinten Schreiben las, muß sie innerlich gestöhnt haben, als sie erkannte, durch wie viele Hintertürchen ihnen ihr erwartetes Erbe entschlüpfen konnte. Organisation war nie Trofimowskis starke Seite gewesen. Die Villa selbst, die sie sich noch einmal ansah, bestätigte ihre schlimme Ahnung. Sie war nun nur noch »die beklagenswerte Behausung, leer und still, im Gestrüpp versunken, wie in einem unendlich trostlosen Traum begraben«. Nichts hielt sie mehr in Genf, und alles deutete darauf hin, daß sie sich selbst um Mittel für ihre Zukunft sorgen mußte, und zwar rasch.

Sie kehrte nach Paris zurück und wohnte während des ganzen Frühjahrs in der Pension Louna, zusammen mit Osman und einer Gruppe Studenten, von denen sich viele, auch Studentinnen, in sie verliebten und es ihr, nachdem sie abgereist war, in Briefen gestanden. Sie lebte während dieser Zeit »täglich« und »intim« mit Osman, obwohl sie ihm erklärt hatte, daß sie nur »aus Mitleid« seine Geliebte blieb. Das ist lediglich aus einem Liebesbrief bekannt, den er ihr am 2. Mai schrieb, dem Tag, an dem sie sich trennten, und den er sie bat auf ihren Reisen an sich zu tragen. Isabelle selbst erwähnte diese Affäre nicht, außer in ihrer Tagebucheintragung vom 2. Mai, wo sie eine kurze Andeutung machte über den »Tunesier mit den dunklen Samtaugen, den ich liebte, der mich jedoch nicht verstand«.

In ihrem Pensionszimmer in Paris hatte Isabelle eine einfache Straßenkarte von Bône, die Koudja Ben Abdallah ihr als Andenken geschickt hatte, an die Wand geheftet. Der Friedhof, in dem ihre Mutter lag, war als cimetière indigène eingetragen. Diese beiden Worte verursachten ihr einen »inneren Schauder, eine Erinnerung an die tote Vergangenheit, die für mich eine der wesentlichen Bedingungen für eine moralische Gesundheit ist«. Sie meinte, sie würden ihr Leben lang ein moralischer Prüfstein für sie sein. Sie war überzeugt, wenn sie sich nur an die Lektion hielt, die sie aus Trauer und Leid, verkörpert durch die drei Gräber in Bône und Genf, gelernt hatte, würde sie großer Dinge fähig sein. »Dem Himmel sei Dank für Traurigkeit und Schwermut, meine göttliche Inspiration!« Denn sie ließen sie die »große Seele« ahnen, die, wie sie oft spürte, in ihr erwachte. Ihre Gefühle reflektierten, was Dostojewski schrieb, daß Leiden für den Menschen von Vorteil ist und daß das Leben eine Suche nach Selbstbestimmung ist, bei der die Freude überflüssig ist. Der Tod hatte für sie eine mystische Verbindung zum Leben, die der Schlüssel war, mit dem sich das Rätsel des Universums lösen ließe. »Dem Himmel sei Dank für die stille Gruft, die nicht nur das Tor zur Ewigkeit für jene ist, die es durchschreiten, sondern auch das Tor zur Erlösung für die wenigen Auserwählten, die seine geheimnisvolle Tiefe zu deuten vermögen.« Doch sie spürte eine unwillkommene Spaltung in sich: »Fort mit dieser vulgären und sinnlichen Seite, die kein Teil von mir sein dürfte! Sie überwältigt mich, wenn ich verwirrt bin, und ist mein Verhängnis.« Einen Monat später, Ende März, spürte sie, daß ihr Leben in Paris ein »schlimmer Traum« war. Sie beschwor die großen Vorstellungen der Vergangenheit herbei und die des Islams, »der Seelenfrieden ist«, um »dieses unerklärliche Drama, das mein Leben ist und das ich bis zum Ende spielen muß«, in die richtige Bahn zu lenken. Je gespaltener ihr Leben wurde, desto mehr suchte sie die heilende Einheit einer einzelnen Idee, eines absoluten Wertes, ob es nun das Bild einer Gruft war, die Vorstellung Allahs, die Unkompliziertheit der Wüste oder die Sonne, dieser große monolithische Heiler und das Symbol der Wiedergeburt.

Inzwischen war »Das Zeitalter der Leere« am 3. März in der *L'Athénée* erschienen, und Bonneval sandte ihr eine Woche später einen ermutigenden Brief, in dem er um weitere Artikel bat und schrieb, er sei überzeugt, »daß Sie uns etwas Sensationelles schicken werden«. Isabelle sandte auch eine »algerische Geschichte« an *La Fronde* — die feministische Zeitschrift, die von Séverine herausgegeben wurde —, die jedoch dort nicht erschien. »Ziellos«, wie sie war, brauchte Isabelle einen Mentor, und der gütige Abu Naddara gab ihr ein Empfehlungsschreiben an die bekannte russische Reisende und Schriftstellerin Lydia Paschkoff, die sich nun auf der Krim aufhielt. Lydia war nicht nur eine erfahrene Reisende in den nahöstlichen Ländern, sondern sah sich auch als aufgeschlossene Frau. Ihre Beziehungen in Paris, meinte Abu Naddara, könnten Isabelle von Nutzen sein. Ihr erster Brief an Isabelle, den sie am 18. März 1900 in Jalta schrieb, enthielt folgenden Rat:

*»Mademoiselle, ich verstehe Sie und sympathisiere völlig mit Ihrer Liebe zum Reisen. Reisen bedeutet, einem Traum nachzujagen. Und was tun wir hier schon, wenn nicht träumen! Ich spreche von Intellektuellen. Doch leider! Der Körper ist ein Ballast. Das werden Sie selbst feststellen, da Sie in Frankreich eingetroffen sind (wie ich 1889 von Ägypten), um im Journalismus Fuß zu fassen, dem ich den Rücken gekehrt habe, denn Abu Naddara und ich wissen, daß er nur zum Vegetieren und zu billiger Publicity führt.«*

Journalismus, schreibt sie, kann eine Frau in Frankreich nicht ernähren, sofern sie nicht Französin ist, einen Liebhaber in einem Zeitschriftenverlag hat oder einen Gatten, der für sie sorgt. Selbst George Sand, schreibt sie, hätte es ohne Sandeau, Musset usw. nicht weit gebracht. Sie selbst, bemerkte sie, mißbillige solche Umwege. Sie meinte, Isabelle könne sich in Paris einen Namen machen, aber nicht davon leben. Sie könnte jedoch versuchen, Reiseaufträge von verschiedenen Seiten zu bekommen, und schlug vor, daß Isabelle sich an Fürst Roland Bonaparte, den Präsidenten der einflußreichen Geographischen

Gesellschaft, wende sowie an den Grafen Leontieff, den Fürsten Henri d'Orléans und den Fürsten von Monaco, die sie vielleicht finanziell unterstützen würden. »Nur müssen Sie sich Ihnen auf eine Weise vorstellen, daß Sie nicht für eine Abenteurerin gehalten werden.« Weiterhin warnt sie Isabelle, daß die Franzosen, »trotz allem sehr pot-au-feu sind und möchten, daß das Frauchen kocht. Die intellektuelle Frau ist in ihren Augen ein nutzloses Phänomen.« Lydias Brief endet gebieterisch: »Schreiben Sie mir. Wie alt sind Sie eigentlich? Meiden Sie die *Libre Parole* wie die Pest. Es ist wichtig, sich mit den Israeliten zu befreunden, sie sind intelligent.«

Isabelle schrieb offenbar zurück und erzählte Lydia von sich und ihrer Familie — eine aufschlußreiche Geschichte, auf die wir jedoch nur aus Lydias Antwort vom 7. April rückschließen können.

*»Liebe Mademoiselle, ich lernte Ihre Frau Mutter im Haus ihrer Schwägerin kennen (die Gemahlin von General de Moerder, Befehlshaber des Regiments in Preobrajensk — sie war eine geborene Gräfin Apraxine.) Ihre Mutter kam sehr oft nach Pawlowsk und liebte Pferde. Ihr alter Freund ist hier in Jalta gut bekannt. Er war vor längerer Zeit der Verehrer von General Charembergs Gemahlin. Er wurde hier nicht verstanden, was nichts zu sagen hat, da man in Jalta nichts anderes für wichtig hält als die systematische Ausbeutung der Leute, die dumm genug sind hierherzukommen. Doch nun zu Ihnen. Alles, was Sie mir schrieben, beunruhigt mich. Sie haben denselben träumerischen und leidenschaftlichen Charakter wie ich, die gleiche Ungeduld, dieselbe Sehnsucht nach der Wüste und dem abenteuerlichen Leben. Ich habe für dieses Bedürfnis nach einem Leben der Gefahr und Freiheit bitter bezahlt. Wie Lady Stanhope und Lady Ellerborough liebte ich den Orient, und wie sie verlor ich dort mein Vermögen. Wie der arabische Dichter sagt, gibt es kein größeres Glück, als den Besitz eines guten Pferdes, eines guten Sattels und weites Land ringsum zum Reiten. Doch um dieses Leben zu führen, achtete ich nicht auf mein Vermögen. Ich war eine Grille, und die Ameisen von Jalta sind die Sieger in unserem prosaischen Jahrhundert.«*

Sie rät Isabelle, Paris ein Jahr zu opfern, um sich zu etablieren, aber sie mahnt:

*»Meiden Sie die Russen. Dazu haben Sie guten Grund: Ihre Mutter hat einen Moslem geheiratet und wurde selbst Moslime. Russen würden Ihnen nur schaden. Hüten Sie sich vor ihnen, und halten Sie sich von ihnen fern. Sie sind eine Türkin. Moslems nehmen einander unter sich auf. Glauben Sie mir, ich betrachte Sie als Adoptivtochter. Setzen Sie sich für Freundschaft zwischen Moslems und Christen ein. Das ist Ihre offensichtliche Aufgabe. Sie sind auf sich selbst gestellt, das ist es, was so schlimm ist und einen schlechten Eindruck macht. Schreiben Sie jedem, den Sie kennenlernen möchten, zunächst einen Brief, in dem Sie um ein Treffen bitten. Erklären Sie, daß Sie eben erst aus der Sahara zurückgekehrt sind, die Sie in Männerkleidung bereisten, und daß Sie die Tochter von General de Moerders Gemahlin und des türkischen Doktors sind. Benutzen Sie den Namen, den Ihr Vater Ihnen gab. Sie müssen sich bei allem, was Sie berichten, an die Wahrheit halten.«*

Dieser unabsichtlich ironische Rat verrät, wie Isabelle nun ihre Eltern vorstellt — ihr Vater war nicht nur ein Moslem, sondern auch Türke.

Sie war zu dieser Zeit so versessen darauf, türkisch zu sein, daß sie im Mai, als sie von Paris nach Marseille fuhr, an Abu Naddara schrieb, der, um die Dinge noch mehr zu verwirren, seine Briefe an sie mit »Ihr ägyptischer Papa« unterschrieb, und ihn fragte, ob er ihr einen türkischen Paß besorgen könne. Er antwortete, daß kein Tag verginge, in dem nicht ihr Name in seinem Haus widerhalle, »so muß wohl ständig ein Telephon in Ihren Ohren klingeln«, aber daß er ihr in dieser Sache nicht helfen könne.

*»Ich kenne niemanden im türkischen Konsulat in Marseille, und selbst wenn ich dort Freunde hätte, könnte ich ihnen nicht sagen, daß Sie türkische Eltern haben, auch nicht, daß Sie Mahmoud Saadi sind, denn ich darf keinen Vertreter des Sultans irreführen, das wäre ein ungeheurer Fauxpas. Außerdem glaube ich nicht, daß es in diesen Gebieten irgendeinen Unter-*

*schied machen würde, denn für einen Jungen ist dort, wie Sie*
*wissen, die Gefahr nicht geringer als für ein Mädchen. Ich flehe*
*Sie an, sich nicht, ohne sich alles genau überlegt zu haben, auf*
*solch gefährliche Abenteuer einzulassen. Ich versichere Ihnen,*
*daß Sie mir so teuer sind wie meine Kinder Louli und Hilmi und*
*daß es diese väterliche Zuneigung ist, die mich so offen zu Ih-*
*nen sprechen läßt.«*

Der Briefwechsel zwischen Lydia und Isabelle wurde während
des Frühjahrs und Sommers 1900 mehr und mehr zum Aus-
tausch von Gefühlen, da die beiden feststellten, daß sie so viel
gemein hatten, einschließlich ihrer Abneigung gegen Paris —
»eine Fabrik«, schrieb Lydia, und gegen Weltausstellungen.
Sie interessierten sich auch beide für Mystizismus, in Lydias
Fall Okkultismus, obgleich sie sich beklagte, daß sie »keine
Freunde in der anderen Welt« habe. »Jene meiner Verwandten, die gestorben sind, waren tief unter meinem intellektuellen
Niveau.« Lydia bewunderte Isabelles »Mut und Trachten: die
bourgeoisifizierende Bourgeoisie unserer Zeit versteht solche
Tugenden nicht«. Isabelle nannte sich bald Lydias »Kind«,
und Lydia versicherte sie ihrer »mütterlichen« Gefühle für sie
und schrieb, daß sie sie als den »Abendstern ihres Lebens« liebte. Im Juni schlug Lydia vor, daß sie den Winter miteinander
in Alexandrien verbringen sollten. »Wir könnten mit nur einer
Lampe und einer Kasserolle auskommen.«
    Indes hatten inzwischen andere Ereignisse Isabelles Leben zu
bestimmen begonnen, und sobald es klar wurde, daß sie ihren
eigenen Weg gehen würde, verlor die Freundschaft an Bedeutung. Jedenfalls nutzte Isabelle nur wenige von Lydias Empfehlungen. Von allem anderen abgesehen, mangelte es ihr an der
passenden Kleidung, um die fürstlichen Forscher aufzusuchen,
und sie war nicht genug Exhibitionistin, um Lydias Rat zu folgen und allein des Effektes wegen ihre arabische Gewandung
zu tragen.

# DIE DE-MORÈS-VERBINDUNG

Lydia hatte Isabelle geraten, »*La Libre Parole* wie die Pest zu meiden«, denn sie war eine bösartig antisemitische und nationalistische Zeitung mit dem Motto »Frankreich den Franzosen« und hatte bei der Provokation der Dreyfusaffäre die Hand im Spiel gehabt. Sie war 1892, zwei Jahre vor Dreyfus' Verhaftung, von Edouard-Adolphe Drumont gegründet und herausgegeben worden. Drumont, ein Exhistoriker, hatte 1886 mit der Veröffentlichung seines antisemitischen Buches *La France juive* eine nationalistische Welle verursacht. Jules Delahaye, ein Redakteur der Tageszeitung, war durch eine der bizarrsten Episoden in der Geschichte der Sahara mit Isabelles Liebhaber Abd El Asis Osman bekannt. Obwohl sie inzwischen vier Jahre zurücklag, soll sie ungekürzt erzählt werden, denn gerade diese Episode ist die Ursache für vieles, was Isabelle schließlich in Nordafrika zustieß und was sie fast das Leben gekostet hätte. Außerdem macht diese ungewöhnlich schwarze Farce Isabelles Leistung deutlich, die die Bereisung dieser Wüstengebiete darstellt.

Im Frühjahr 1896 hatte es sich ein großspuriger Abenteurer mit Namen Antoine de Vollombrosa, Marquis de Morès et de Montemaggiore, in den Kopf gesetzt, eigenhändig für Frankreich eine Karawanenstraße bis zum Tschadsee in Zentralafrika zu schaffen. Nach der demütigenden Niederlage 1871 durch Bismarck und dem Verlust seines Einflusses in Ägypten und Britannien 1882, brauchte Frankreich einen Sieg, um seinen Stolz wiederzugewinnen, und de Morès war entschlossen, der Mann zu sein, der dafür sorgte.

Als extremen Nationalisten hatte de Morès Britanniens Besetzung Ägyptens besonders empört. Napoleons ägyptischer Feldzug von 1798—1799, obwohl ein militärisches Desaster, hatte in Ägypten französischen Einfluß geschaffen, der mit dem Bau des Sueskanals 1865 seine Krönung fand. Nach de Morès' Meinung hätte Ägypten ein Eckpfeiler des Französischen Reiches sein müssen, ein Gegenstück zu Britanniens Indischem Reich, so wie Napoleon es sich vorgestellt hatte. Nun hatte die Dritte Republik, die er verachtete, Ägypten dem Rivalen überlassen. Er verachtete auch die Gründe, welche die Regierung dazu veranlaßt hatten — die Interessen ihrer weitreichenden Diplomatie gegen Deutschland und eine ungeschriebene Vereinbarung von 1878 mit Britannien, daß Frankreich dafür freie Hand in Tunesien haben sollte. Was Frankreich 1881 nutzte und Tunesien zum Protektorat erklärte.

Als Monarchist war de Morès, wie viele andere Monarchisten, über die Machtlosigkeit seiner Partei seit dem Ende des Zweiten Kaiserreichs zutiefst enttäuscht. Die Monarchisten hatten aus taktischen Gründen 1871 ihre Macht an die Republik abgetreten, da sie es für besser hielten, sie die Steuern für die Kriegsentschädigung eintreiben zu lassen. Sie hatten vorgehabt, die Macht wieder an sich zu bringen, sobald das geschehen war. Aber das Land stand zur Regierung, die, wie es fand, stetig an der Wiederherstellung von Frankreichs Ansehen arbeitete. Die Monarchisten kamen nicht ins Spiel, was um so enttäuschender für sie war, weil sie sich untereinander gespalten hatten. Da sie zu Hause machtlos waren, nahmen sie sich Eroberungen im Ausland zum Ziel, und ihr Schlachtruf war der Aufbau einer Handelsroute von Algerien in den Sudan. Es war eine idée fixe, kein realistischer Plan, vor allem, weil die Handelsroute keinen entwicklungsfähigen Handel bringen würde. Eisenbahnlinien zu bauen oder Karawanenstraßen, um sudanesisches Gummiarabikum oder Rizinusöl nach Frankreich zu transportieren und französische Güter in den Sudan, würde dem Reich keine neue Größe bescheren. Sie wollten ihren nationalistischen Traum eines Frankreichs wahrmachen, das ohne Unterbrechung vom Westen zum Osten reichte, von Senegal zum Roten Meer. Genau wie Cecil Rhode und Britannien von einem britischen Afrika träumten, das sich vom Norden bis zum Süden erstreckte, von Kairo bis zum Kap.

Unweigerlich mußten französische und britische Träume aufeinanderprallen, und das taten sie auch zwei Jahre später bei Faschoda: Als de Morès sich auf den Weg zum Tschadsee machte, brach Hauptmann Marchand im Kongo zu einer Reise auf, um die französische Fahne im ägyptischen Sudan zu hissen.

In seiner wechselvollen Karriere hatte de Morès den Kampf häufig gesucht. Er war ein Aristokrat französisch-spanischer Abstammung, der vor allem in Amerika durch Schlachthäuser und die Verschiffung von Fleisch ein Vermögen gemacht und wieder eingebüßt hatte. In Amerika hatte er einen Grislybären getötet, in Indien mehrere Tiger, und in Duellen auf verschiedenen Kontinenten drei Männer, die ihn beleidigt hatten. Selbst sein Gesicht mit dem kantigen Kinn, dem gewichsten Schnurrbart und den verschleierten Augen drückte Großspurigkeit aus.

Die französische Regierung war auf seine Absichten aufmerksam gemacht worden und distanzierte sich von ihm. In Algerien hatten französische Offiziere versucht, ihm das Unternehmen auszureden, das nur zu seinem Tod führen konnte, entweder durch das heimtückische Terrain oder die Tuaregs. Der Marquis lachte verächtlich über ihren Rat. Er war überzeugt, daß er die Tuareg durch sein Charisma bezwingen könne, und er schrieb in einem Brief an einen Oberst: »Tuareg? Wundervolle Menschen!«

Mit seiner reichen amerikanischen Gattin kam er im März 1896 in Tunis an und hielt eine Versammlung ab, an der etwa zweitausend Personen teilnahmen, darunter auch Beamte der französischen Verwaltung. Er beschwor die Vision eines moslemischen Aufstands in Ägypten und Indien gegen Britannien herauf, und »von Dünkirchen bis zu den Tälern des Oberen Nils werden Offiziere dem Ruf ›Frankreich und Freiheit!‹ folgen«. Er sagte, er würde der Königin von England »eine Art Kriegserklärung senden«. In ihren Berichten schrieben die französischen Regierungsbeamten in einer nüchternen Einschätzung: »Im großen ganzen erweckte de Morès mit seinen paradoxen Vorstellungen und unwahrscheinlichen Fakten den Eindruck eines Fanatikers ohne jegliches gesunde Urteilsvermögen.« Es wurde nichts mehr von ihm gehört, bis er am 23. April bekanntgab, daß er seinen ursprünglichen Reiseplan geändert habe. Der Militärattaché, Oberstleutnant Rebillet, wurde beauftragt, Näheres über de Morès' Absichten herauszufinden und zu versuchen, ihn zurückzuhalten. Rebillet fielen das »Fehlen jeglicher Vorbereitungen und selbst der elementarsten Kenntnisse über die Sahara« auf. Der Marquis hatte naives Vertrauen in einen Talisman, den irgendein Nomade ihm gegeben hatte, und glaubte, dieser würde ihn sicher durch die Sahara führen. Er warnte Rebillet auch, daß er einer mächtigen Gesellschaft von dreißigtausend Mitgliedern angehöre, die zur absoluten Solidarität verpflichtet war und ihn auf »spektakuläre Weise« rächen würde, falls ihm etwas zustieße. »Rothschilds und des Prinzen von Wales Köpfe werden für meinen rollen«, drohte er. Der Resident verweigerte ihm die offizielle Erlaubnis und verbot ihm strikt, durch Südtunesien zu reisen, da die tripolitanische Grenze noch ungefestigt und unsicher war. De Morès erklärte sich einverstanden, statt dessen durch Südalgerien zu ziehen, hatte jedoch keinesfalls diese Absicht. Die französischen Beamten erhielten die Anweisung, »keine Verantwortung für de Morès zu übernehmen; sich nur neutral zu verhalten und ein Auge auf ihn zu haben«. General de la Roque, der die Division im Departement Constantine befehligte, »befürchtete das schlimme Ende einer so schlecht organisierten Expedition«.

Im Mai kam de Morès mit dem Schiff in Gabès an und traf seine Vorbereitungen für den Aufbruch. Der Kadi der Nefzaouas, der ihm mit schurkischen Hintergedanken Unterstützung zusagte, besorgte ihm einen Führer, der ein »bekannter Bandit« war und de Morès ins Verhängnis führen sollte. Die Franzosen haben möglicherweise nur untätig zugesehen, als de Morès so trefflich zu seinem eigenen Untergang beitrug. Es ist jedoch möglich, wie aus Indizien hervorgeht, daß sie selbst den Kadi ermutigten, ihn aus dem Weg zu räumen. So brach de Morès im Mai — einer ausgesprochen ungünstigen Reisezeit in diesen Gegenden — von Gabès in Tunesien westwärts in Richtung algerische Grenze auf. Seine Karawane war groß und wohlausgerüstet mit allen europäischen Utensilien, die Räuber nur so anlocken mußten: Konserven, Schmuck, Geschenke, Schußwaffen aus Bond-Street-Läden. Er reiste mit zwanzig Männern, vierzig Kamelen und einem Dolmetscher.

De Morès machte diese Reise bestgelaunt. Er lachte und scherzte mit seinen Dienern und vertraute voll auf seinen Charme. Er hatte ein prächtiges Zelt für sich allein, und ein Negerdiener bemerkte später ehrfurchtsvoll, »mit richtigem Bett, Tafelbesteck und Tisch«. Er hatte auch ein noch größeres Prunkzelt mitgenommen, das er nur zweimal benutzte, als er Stammeshäuptlinge empfing. Die Karawane machte in Hassi Mechiguig an der tunesisch-algerischen Grenze Station und zog dann weiter zu der großen Ebene von El Ouatia, wo sich bereits ein großes Lager von Berberstämmen befand. De Morès war alsbald von Tuareg und Chaamba umringt, die ihre Verehrung bekundeten. Darin sah er seine Bestätigung, daß er sich im »Rapport« mit diesen »wundervollen Menschen« befand. Er schickte seine tunesischen Führer und seine Kamele weg, da die Tuareg ihm bessere versprochen hatten. Ohne sie gesehen zu haben, bezahlte er für sie und schenkte dem Tuaregführer Bechaoui seine eigene Winchester von Holland & Holland aus der New-Bond-Street. Mit diesen drei simplen Handlungen hatte er sich ihrer Gnade ausgeliefert. Tage vergingen, ohne daß die versprochenen Kamele eintrafen, denn es gefiel den Tuareg, daß de Morès festsaß und sich gezwungen sah, sie weiter mit Geschenken zu bestechen, um an die versprochenen Kamele zu kommen. Nach vier Tagen wurde de Morès das Ausmaß ihres Betrugs klar, und er drohte, nach Tunis zurückzukehren. Am nächsten Tag trafen die Kamele ein. Sie waren unterernährt und für seine Zwecke ungeeignet, trotzdem brach die Karawane nach Ghadamès auf — jene Gegend, die zu betreten de Morès untersagt worden war. In ihrer Begleitung befanden sich achtundzwanzig Tuareg und Chaamba, die sich ungebeten angeschlossen hatten — ein Risiko, das zu Wüstenreisen gehörte. De Morès schickte sie alle zurück, trotzdem bestanden drei darauf, ihn »noch ein kurzes Stück« zu begleiten. Bald darauf, noch in Sichtweite der weggeschickten Tuareg, saßen die drei von ihren Kamelen ab, um sich »von ihm zu verabschieden«. Einer streckte die Hand aus, und während de Morès sich hinabbeugte, um sie zu schütteln, traf ihn ein Säbelhieb quer über Gesicht und Handgelenk. Der Marquis versuchte sein Kamel anzuhalten, um sich zu verteidigen, aber es gelang ihm nicht. In seiner Wut erschoß er es und erreichte damit, daß das sterbende Tier direkt auf sein letztes Repetiergewehr fiel. Inzwischen hagelten Hiebe der immer größer werdenden Schar von Tuareg und Chaamba auf seinen Kopf und die Schultern. Endlich glückte es ihm freizukommen, und er stellte sich blutüberströmt den Angreifern. Er hatte noch seinen Revolver mit fünf Schüssen, damit gelang es ihm, fünf Gegner zu töten oder zu verwunden — eine erstaunliche Leistung in seinem Zustand. Die Tuareg suchten »entsetzt« das Weite. Sie liefen zu den anderen, die zurückgeblieben waren. De Morès und sein Dolmetscher plagten sich verzweifelt, aber vergebens, das Gewehr unter dem Kamel hervorzuziehen. Schon in kurzer Zeit kehrten die Tuareg in größerer Zahl zurück. Ein Chaamba, El Kheir ben Abd El Kader, kroch um den Jujubebaum herum, an dem der wie durch ein Wunder immer noch lebende de Morès lehnte. Mit einem Gewehr, das der Marquis ihm geschenkt hatte, schoß er ihm eine Kugel in den Nacken, die durch die Kehle wieder herauskam und ihn tötete. Sein Dolmetscher und sein Führer wurden ebenfalls umgebracht, die Neger dagegen verschont. Die Tuareg und Chaamba hatten daraufhin eine fünf Stunden dauernde blutige Auseinandersetzung um die Beute. Später stellte sich heraus, daß El Kheir bereits einen Scheich ermordet hatte, dessen Führer er gewesen war.

Das also war das Gebiet, von dem Isabelle im Frühjahr 1900 in Paris träumte, als sie die Stadt verfluchte und sich nach dem einfachen Wüstenleben sehnte. Keine rächende Hand ließ die Köpfe des Prinzen von Wales und Rothschilds für den Mord an de Morès rollen. Obgleich die Affäre während der nächsten Jahre politisch ein heikles Thema für die Franzosen blieb, war der einzige, der für de Morès eine Lanze brach, Jules Delahaye von *La Libre Parole*. Er hatte den Marquis zwar selbst nicht sehr gut gekannt, behauptete jedoch, von de Morès' Witwe beauftragt worden zu sein, seinen Tod zu rächen. Delahaye übernahm diese undankbare Aufgabe mit fanatischer Hingabe, angespornt durch seine Überzeugung von einer jüdischen Verschwörung. Zehn Jahre nach de Morès' Tod wartete er mit drei dicken Bänden über die Affäre auf, in denen er zu beweisen versuchte, daß französische Regierungsbeauftragte — jüdisch-französische Agenten — den Tod de Morès' arrangiert hatten. Das war der Mann, der ein enger Kollege von Isabelles Liebhaber Abd El Asis Osman war.

Osman empfand Sympathie für de Morès, weil er sich für den Islam eingesetzt hatte. Osmans Großvater hatte als General auf der Krim gekämpft, die Familie seiner Mutter war mit den Beis verwandt, und er selbst hatte acht Jahre in der französischen Armee gedient. Doch jetzt sah er sich als »Kämpfer für den Islam« und setzte sich so aktiv für die islamische Sache ein, daß ihn der Bei im Mai 1899 nach Kerkenna in Osttunesien ins Exil geschickt hatte. Während man ihm Handschellen anlegte, bat er seine Freunde, falls er unterwegs verschwand, den Franzosen mitzuteilen, wer dafür verantwortlich war: »René Millet, der Resident Minister, der bereits des Mordes an de Morès beschuldigt wird«. Es gelang ihm im Juli 1899, aus seinem Exil nach Frankreich zu fliehen und sich dort zu verstecken. Sechs Monate später lernte er Isabelle kennen. Unter diesen Umständen ist es nicht verwunderlich, daß Isabelle den Namen ihres Begleiters in Cagliari und Paris nicht nannte, nicht einmal in ihrem privaten Tagebuch. Durch ihren Umgang mit Anarchisten war Isabelle sehr verschwiegen, da es um politische Geheimnisse ging.

Osman erzählte Isabelle de Morès' Geschichte und erklärte ihr, daß er Delahaye half, die wahren Schuldigen zu finden. Er hatte persönliche Freunde unter den Scheichs von Algerien und Tunesien und war in Algerien bereits einmal Dolmetscher für Delahaye gewesen. Er wußte, daß Isabelle eine Möglichkeit suchte, in die algerische Sahara zu kommen, und sie unterhielten sich, wie es sich ermöglichen ließe, so daß sie sowohl Freunde unter den Scheichs vorfinden würde, wenn sie eintraf, als auch für die Reise bezahlt würde. Sein persönlicher Freund dort war der naïb von Ouargla, Sidi Mohammed Taïb Ben Brahim, das Oberhaupt der religiösen Bruderschaft der Qadrja. Aber es gab noch eine andere Möglichkeit: Er und Delahaye versuchten eine Expedition zu organisieren, die die Marquise finanzieren würde, um den Scheich von Nefta, Sidi Mohammed Taïbs Vater, zu interviewen. Sie vermuteten, daß er Näheres über den Mord an de Morès wußte. Sie hätten ihn gern in Algier gesprochen, da Osman nicht nach Tunesien zurückkonnte. Aber da der Scheich nicht mehr der Jüngste war, würde ihm die Reise möglicherweise zu beschwerlich sein. Hier sollte Isabelle einspringen, und zwar an Abd El Asis' Stelle als Dolmetscher, falls das Interview in Tunesien stattfinden mußte. Bis dahin mußten sie auf Nachricht vom Scheich warten.

Das war der Grund, weshalb Isabelle von Paris nach Marseille fuhr, und von dort am 2. Mai nach Genf, um ihre Angelegenheiten zu ordnen, damit sie, wenn nötig, sofort abreisen konnte.

# 8.

## ZIMMER ZU VERMIETEN

Zum Zeitpunkt, als sie abreiste, hatte Isabelle sich auszusöhnen begonnen mit »diesem Paris, das ich anfange zu lieben«. Sie beschrieb es: ». . . geschmückt in leuchtende Farben. Alles strahlt und wirkt festlich.« Sie war so guter Stimmung, daß sie sogar Marseille und die familiäre Situation ihres Bruders erträglicher fand, vor allem, da das junge Paar ein Kind erwartete und Augustin »sich nicht mehr in diesem schrecklichen Zustand befand wie bei unserem letzten Wiedersehen«.

Doch während sie in Marseille war, erhielt sie einen Brief von Osman, in dem er ihr mitteilte, daß sein Freund Sidi Mohammed Taïb einem Anschlag zum Opfer gefallen war, wodurch eine ihrer Routen in die Wüste nicht mehr in Frage zu kommen schien. Er schrieb: »Wenn er noch lebte, würden alle Qadrjas es für ihre Pflicht erachten, Dich sicher zu ihm zu bringen — aber nun, da er tot ist, wer garantiert da für eine sichere Reise? Ich befürchte sehr, daß Du in der Wüste in eine schlimme Lage geraten würdest . . . so allein und mittellos.« Er schlug ihr vor zu warten, bis sie vom Scheich von Nefta hörten. Aber er warnte sie auch: Um ihr zu einem Auftrag zu verhelfen für eine Berichterstattung über ihre bevorstehende Reise, hatte er an einen Pariser Zeitungsverleger geschrieben und sie empfohlen. Inzwischen hatte sich herausgestellt, daß dieser Verleger auf Millets Seite war. ». . . und da die Affäre de Morès der Alptraum der Regierung ist, könnte man dafür sorgen, daß Dir behördlicherseits alle möglichen Steine in den Weg gelegt werden, noch ehe Du überhaupt in Afrika angekommen bist.« Das gab Isabelle zu denken, und die Vorstellung einer Wüstenreise unter solchen Bedingungen schreckte sie ab. Obgleich sie zwangsläufig mit der Welt politischer Intrigen vertraut war, haßte sie sie und wollte auf keinen Fall, daß ihre Ankunft in Afrika von politischer Bedeutung würde.

Mitte Mai fuhr sie erneut nach Genf, das letztemal, wie sich erweisen sollte, und wohnte bei befreundeten Studenten in der Rue de l'Arquebuse. Sie besuchte wieder die zwei Gräber und grübelte schwermütig darüber, daß ihr Tagebuch bisher nur »eine endlose Beschreibung der unermeßlichen Traurigkeit am Grund meines Herzens ist, am Grund meines Lebens«. Und wieder einmal, daß der einzige Trost in ihrer »zunehmenden islamischen Schicksalsergebenheit« zu finden sei. Mitte Juni schrieb sie, daß sie niemals von der »Freude, etwas erreicht zu haben«, angezogen würde, sondern immer nur von Leuten, die unter »dieser besonderen und fruchtbaren Qual des Zweifels an sich selbst oder am Durst nach dem Ideal litten«. Vor dem Fenster ihres kleinen, spartanischen Zimmers mit nur einem Feldbett, einigen wenigen Zeitschriften und noch weniger Büchern hing ein Schild, das ihr wie der Inbegriff ihres Lebens erschien: Zimmer zu vermieten. »Nichts könnte in diesen wechselnden Wohnstätten meine tiefe Einsamkeit, meine absolute Verlassenheit in diesem unendlichen Universum besser ausdrücken.« Sie verbrachte eine schlimme, schlaflose Nacht. Doch am nächsten Morgen kam ihr eine Idee, die ihr klarmachte, was sie als nächstes tun könnte: daß sie sich ganz einfach, ohne vom Auftrag Osmans und der Marquise abhängig zu sein, auf dem Weg nach Ouargla machen mußte, jener Oase im Süden, die sie das letztemal nicht erreicht hatte. Es gab nichts, was sie davon abhalten könnte. Sie hatte gerade genug Geld, um es bis dorthin zu schaffen, und ihre Bedürfnisse würden gering sein.

Am 8. Juli erfuhr Isabelle, daß Augustins Tochter, Hélène Nathalie, um ein Uhr morgens gesund zur Welt gekommen war. Sie war erleichtert: Vielleicht war es ein Signal, daß sich die Wolken endlich auflösten, die in den vergangenen Jahren über ihr und Augustin gehangen hatten. Sie beschloß, ihre Angelegenheiten in Genf so rasch wie möglich abzuschließen und nach Marseille zu fahren, um sich ihre kleine Nichte anzusehen, und dann nach Afrika aufzubrechen. Mit der Villa hatte sich immer noch nichts getan, und die »Unbeugsamkeit und Arroganz« von Nicolas, Perez-Moreyra und Nathalie sowie die Spitzfindigkeit und Geldgier der Anwälte überzeugten sie, daß diese Stadt nur Unannehmlichkeiten und Feindseligkeit für sie bereithielt. Der einzige Trost war, daß Samuel, der sich als Betrüger entpuppt hatte, jetzt nichts mehr mit ihren Angelegenheiten zu tun hatte.

Die letzten Tage in Genf verbrachte sie mit langen, nostalgischen Gesprächen mit ihren russischen Freunden, vor allem mit Vera und dem Armenier Archavir Gasparian. Er und Isabelle hatten eine düstere Lebensanschauung und eine gewisse intellektuelle Eigenwilligkeit gemein, gepaart mit hemmungsloser Sinnenlust. Das führte sie zu unterschiedlichen Folgerungen: Archavir war der Ansicht, daß man seine Bedürfnisse erforschen und steigern sollte, um seine ganze Energie zu ihrer Befriedigung einzusetzen. Isabelle meinte, daß Bedürfnisse auf ein Minimum reduziert werden sollten, um die schmerzhafte, verbitternde Wirkung der Enttäuschung zu vermeiden. Sie war charakteristischerweise an einer Befriedigung durch Mäßigung, Klarheit und Echtheit interessiert. Er suchte sie in Erweiterung, Abwechslung und hoher Erwartung. Einig waren sie sich darin, daß die unabhängige Fähigkeit eines jeden einzelnen, seine eigenen Bedürfnisse zu befriedigen, der Ausgangspunkt moralischen Wachstums war.

Um Mitternacht des Tages, ehe sie Genf verließ, wanderte Isabelle »wie ein Schatten« vor ihrer Unterkunft herum. Sie war sich bewußt, daß sie wahrscheinlich nie wieder hierher zurückkommen würde. Der nächste Tag war grau und stürmisch, und sie schrieb klagend in ihr Tagebuch: »Wohin gehe ich? Meinem Schicksal entgegen!« In den frühen Morgenstunden des folgenden Tages kam sie in Marseille an und wurde von einem herrlichen Sonnenaufgang begrüßt, der sie an Afrika erinnerte. Sie deutete jetzt die Zeichen — der Sonnenaufgang, die glückliche Geburt ihrer Nichte, Samuels Verschwinden von der Bildfläche —, und ein vorsichtiger Optimismus regte sich in ihr, daß das Schicksal vielleicht nur in den kleinen Dingen unfreundlich zu ihr und Augustin war, ihnen in den wichtigeren jedoch wohlgesinnt. Sie erkannte die Wichtigkeit ihres nächsten Schrittes: »Diese Reise könnte entweder zum schrecklichen Schiffbruch meiner ganzen Zukunft werden oder zum Beginn meiner moralischen und materiellen Rettung, je nachdem, ob es mir gelingt, alles richtig in den Griff zu bekommen.« Sie war entschlossen, disziplinierter an ihre schriftstellerische Arbeit heranzugehen, wie Vera es ihr geraten hatte. Die Woche, die sie in Marseille blieb, wohnte sie bei Augustin und seiner Familie in ihrem neuen Zuhause am Boulevard Mérentie. Dank ihres neuen Vorsatzes — und vielleicht, weil sie und Hélène sich auch jetzt, trotz des Babys, nichts zu sagen hatten, beendete sie nun *Rakhil* nach vier Jahren des Schreibens und Überarbeitens, ebenso wie eine Novelle, die sie »El Moukadira« nannte.

Ihr Traum war nun, sich in Ouargla ein »abgeschiedenes Eulennest« zu schaffen, »weitab von allen Leuten. Ich möchte meine Seele monatelang von jeglicher menschlichen Gesellschaft isolieren... Ich muß mich auch dazu bringen, eine innere Welt der Gedanken und Gefühle zu erschaffen, die mir in meiner Einsamkeit und Armut Trost gibt und in der Abstinenz von ästhetischen Freuden, die in meiner gegenwärtigen Lage ein zu großer Luxus wären. Vor allem aber muß ich um jeden Preis meine Theorie der Reduzierung meiner Bedürfnisse soweit wie möglich in die Tat umsetzen.« Sie beabsichtigte, mindestens sechs Monate in der Wüste zu bleiben, um ihre Berichte über den tunesischen Sahel in Russisch zu beenden, und dann vielleicht den französischen Truppen zu folgen, um »detaillierte Notizen« zu machen, falls sie tatsächlich in Marokko einrückten — was die Gerüchte für möglich erscheinen ließen.

Dann wollte sie, falls die Villa verkauft war, nach Paris zurückkehren und versuchen, sich dort mit den Früchten ihrer Arbeit in der Wüste, auf professionellere Weise als bisher, als Schriftstellerin zu etablieren. Das waren ihre Träume und Vorsätze im Juli 1900.

Am 20. Juli verbrachte sie wieder eine letzte Nacht auf einem Feldbett, diesmal in Augustins Haus, fast ganz oben auf dem Hügel, der hinter dem Marseiller Hafen steil ansteigt. Sie blickte aus dem vergitterten Wohnzimmerfenster auf die Platanen, welche die schmale Straße davor einsäumten, und hörte dem Kanarienvogel zu, der in die untergehende Sonne trillerte. Wieder wurde es eine fast schlaflose Abschiedsnacht, dann reiste sie in der glühenden Hitze des folgenden Nachmittags an Bord der *Eugène Pereire* nach Algier ab.

Augustin hatte sie zum Schiff gebracht, und sie sah ihn am Kai stehen in Gehrock, Hose und Hut, ganz in Schwarz — Symbole seiner »endgültigen Wahl eines gemessenen und seßhaften Lebens«. Sie schrieb in ihr Tagebuch: »Ich breche ins Unbekannte auf. Er bleibt zurück. Wir blicken einander an, getrennt durch die Reling, und denken, wie seltsam unser Geschick ist und wie nichtig alles Planen. Was ist aus diesen wunderschönen Träumen geworden, die wir früher im Land unseres Exils miteinander träumten, als unsere Augen sich zum erstenmal der bitteren Wirklichkeit des Lebens öffneten?« Das Heulen der Schiffssirene zerriß die Luft, der Kai schien sich wegzubewegen, das graugrüne Wasser wurde aufgewühlt, und das Schiff dampfte hinaus. Isabelle beobachtete Augustins »vertraute Silhouette« auf dem Kai, bis sie außer Sicht verschwunden war. Noch eine Weile lehnte sie sich an die Reling und blickte auf Marseille, das allmählich in der Ferne verschwand. Sie dachte, daß sie es, wie Paris, in dem Augenblick verließ, als sie anfing, es zu mögen — oder mochte sie beide gerade deshalb, weil sie sie verließ?

Widerstrebend ging sie zum Essen zum Kapitänstisch hinunter und fühlte sich in ihrem Moslemfes unbehaglich und fehl am Platz. »Sie sehen mich alle an, als wäre ich ein seltenes Tier.« Nach dem Diner stieg sie wieder an Deck, auf dem sie allein war, weil der Wind die Passagiere ins Innere vertrieben hatte. Sie streckte sich auf einer Bank aus, blickte zu den zwei Schiffsschornsteinen hoch und zum Sternenhimmel. Das Schaukeln des Schiffes lullte sie ein, und sie schlief friedlich. »Ich fühle mich allein, frei, und losgelöst von allem auf der Welt, und ich bin glücklich.«

# III. TEIL

## SÜDEN

*Savoir se libérer n'est rien;*
*l'ardu, c'est savoir être libre.*

ANDRÉ GIDE,
*L'Immoraliste*

# 1.

## OASE II

Als Isabelle in Nordafrika ankam, fühlte sie sich, als wäre sie nach Hause zurückgekehrt. In letzter Minute hatte sie Algier statt Bône als Ausgangspunkt gewählt, hauptsächlich, weil ihr »Freund Eugène« dort war. Und als sie am 22. Juli 1900 eintraf, besuchte er sie sofort in ihrem Zimmer. Auch Letord war an einem Scheideweg seines Lebens angelangt. Sein Vater war unerwartet im März in Lyon gestorben, und er hatte ein paar Wochen Urlaub genommen, um heimzureisen und seine Mutter zu trösten. Jetzt mußte er sich entscheiden, ob er nach Frankreich ins Zivilleben zurückkehrte oder in Algerien als Hauptmann bei der Armee blieb. Falls er nach Lyon zurückkehrte, hatte er Isabelle im Frühjahr geschrieben, würde er so bald wie möglich heiraten, weil er »genug vom Junggesellenleben« hatte. Obgleich er, wie Isabelle schrieb, der einzige Europäer war, den sie anziehend gefunden hatte, und er ihr ein treuer Freund war, der ihr in schwerer Zeit oft Geld lieh, begannen sich ihre Wege zu trennen. Er war erleichtert, die Wüste bald verlassen zu können, während Isabelle ihr voll Hoffnung entgegensah.

Als Eugène fort war, ging Isabelle auf die Straße hinaus. Sie kam zurück und holte ihren Fes, damit sie »am moslemischen Leben teilhaben könne«. Sie genoß das arabische Straßenleben, die friedliche Frische der weißen Bogen in der Dschemaa-el-Kebira mit ihrem durchbrochenen Muster; einen Besuch der bläulichen sawija auf der Bergkuppe, wo sie Wasser mit Jasmingeschmack trank; eine Begegnung mit einem ehrwürdigen Greis von der Moschee, »ohne falsche oder indiskrete Neugier«; eine Mahlzeit an der Ecke der Straße, in der sie wohnte. »Die Freude, wieder in diesem afrikanischen Land zu sein, war intensiv. Ich fühle mich ihm nicht nur durch die schönsten Augenblicke meines Lebens verbunden, sondern auch durch diesen eigenartigen Zauber, den es schon vor Jahren in der abgeschiedenen Villa auf mich hatte, lange ehe ich es sah.«

Später ging sie mit ihrer Dienerin Ahmed zum Abendgebet in die gewaltige Moschee von Dschema Dschedid. Die klare junge Stimme eines Novizen wechselte mit der dunklen, brüchigen des alten Imams ab. »Ein fast ekstatisches Gefühl schnürte mir die Kehle zu, und mein Herz schlug den himmlischen Sphären entgegen, aus denen diese zweite Stimme in einem Ton melancholischer Freude, voll heiterer Gelassenheit und innerem Frieden zu klingen schien.« Dieses Erlebnis wurde durch eine unwillkürliche Erinnerung an Tunis vertieft, an den Ruf eines Muezzins zum Morgengebet: »Beten ist besser als schlafen!«

An diesem Abend kam sie auf dem Rückweg zu ihrem Zimmer an einem Laden vorbei, dessen Besitzer davor auf einer ovalen Matte lag und geistesabwesend »unendlich langsame« Bewegungen machte. Aus eigener Erfahrung erkannte sie, daß er kef geraucht hatte. Angeregt durch seine Gelöstheit und das Leben ringsum, zu dem sie gehören wollte, kaufte sie etwas kef und ihre erste kleine Pfeife. Sie verbrachte vier weitere Tage in Algier, und die »vielen Augenblicke intensiven Daseins, so voll orientalischen Lebens«, übten ihren Zauber auf sie aus.

Am frühen Morgen des 27. Juli machte sie sich auf den Weg in den Süden. Ouargla war ihr Ziel. Sie reiste dritter Klasse durch Constantine nach Tuggurt, mit Eisenbahnen, welche die Franzosen mit einheimischen Hilfskräften erbaut hatten. Sie kam durch die schroffen Berge der Kabylei und die Oase von Ourlana, deren umzäunte Gärten nach Salpeter und Feuchtigkeit rochen. Von Biskra aus reiste sie mit einem Führer, Habib, nach Tuggurt, und schlief im warmen Sand unter hellem Sternenlicht. In Algier war sie von Freude über die Seele des Landes überwältigt gewesen, nun begeisterte sie sich für seine Landschaft: »O Sahara, bedrohliche Sahara, du verbirgst deine schöne, ernste Seele unter deiner trostlosen Leere. O ja, ich liebe dieses Land aus Sand und Steinen, dieses Land der Kamele und einfachen Menschen und gefährlichen, riesigen Salzsümpfe.«

Als sie am 31. Juli in Tuggurt ankam, hatte sie sich bereits entschieden, doch nicht nach Ouargla zu reisen, sondern lieber nach El Oued, der Oasenstadt, die es ihr vor einem Jahr so angetan hatte. Sie hielt es für ihre Gesundheit für weniger riskant, da Typhus, Krätze, Malaria und Syphilis, die man sich zwar überall in Afrika holen konnte, in den südlicheren Gebieten geradezu als Seuchen auftraten. Am 1. August, unterwegs nach El Oued mit Maultier und Kamel, schrieb sie: »Wie froh ich bin, daß ich Europa verließ und mich — gestern — für El Oued entschieden habe. Wenn nur meine Gesundheit mitmacht, werde ich so lange wie möglich in El Oued bleiben. Vor allem hoffe ich, daß diese Zeit nicht vergeudet sein wird, besonders im Hinblick auf meine moralische und intellektuelle Entwicklung.« Während der gesamten drei Tage ihrer Reise litt sie unter leichtem Fieber, trotzdem genoß sie das Spiel des Lichtes und die Geräusche der Wüste, »die unbeschreibliche Sanftheit und Reinheit der Töne«. Sie sah den zunehmenden Mond den halben Himmel mit seinem feinen bläulichweißen Schein überziehen, während die andere Hälfte noch golden von der untergehenden Sonne war.

Bei Sonnenuntergang am 2. August kam sie in El Oued an und verbrachte die Nacht im Haus von Habibs Familie. Um halb fünf stand sie auf und mietete von einem Kadi ein Haus in der Stadt, gegenüber einer alten Festung. Dann schrieb sie einen Brief an das Arabische Bureau, in dem sie ihre Ankunft mitteilte und ersuchte, vom Amtsleiter, Hauptmann Cauvet, empfangen zu werden. Cauvet, der es vorzog, Neuankömmlinge in ihren eigenen vier Wänden zu besuchen, machte ihr später an diesem Tag seine Aufwartung. Obwohl der vierzigjährige Junggeselle bei Isabelles Aufenthalt vor einem Jahr nicht in El Oued gewesen war, wußte er eine Menge über sie, was sie jedoch nicht ahnte. Bei seiner Rückkehr hatte man ihm von dieser Frau erzählt, die sich als Mann verkleidete, von mysteriöser Herkunft war, angeblich reich, vielleicht sogar aristokratisch war, rasch die sexuelle Energie des hiesigen Dichters erschöpft und ein Faible für einheimische Liebhaber hatte. Bei einem solchen Ruf mußte sich Isabelles Vorstellung von diesem Ort als ihrem »einsamen Eulennest« als sehr naiv erweisen.

Gaston Cauvet war ein vorsichtiger, intelligenter und leicht exzentrischer Mann mit stechenden Augen und einem Schnurrbart, dessen Spitzen in die Luft gezwirbelt waren. Auf seine ruhige Art interessierte er sich weitaus mehr als nur beruflich für das Leben um ihn herum. Er war Amateurmaler und hatte sich selbst Arabisch und Berberisch beigebracht. Er bildete sich seine eigene Meinung, doch da er selbst ein wenig leidenschaftlicher Mann war, verstand er die verwirrenden fleischlichen Ausschweifungen anderer nicht. Er fand Isabelle »recht gebildet« und schrieb einige Monate später in einem Bericht an seine Vorgesetzten:

*»Abgesehen von ihrem exzentrischen Benehmen und ihrer Gewandung, sie kleidet sich wie ein junger Eingeborener aus dem Tellatlas, gibt es nichts, was sie gesagt oder getan hat, das nicht völlig korrekt war. Aus allem, was ich sah und hörte, schließe ich, daß Mlle. Eberhardt sehr fortschrittliche Ansichten hat und mit kontemporären feministischen und sozialistischen Bewegungen in Berührung ist.«*

Er fügte jedoch beißend hinzu: »Physisch ist sie Neurotikerin und triebhaft. Ich glaube, sie ist hauptsächlich nach El Oued gekommen, um ungehindert ihre ausschweifenden Neigungen und ihre Vorliebe für Eingeborene an einem Ort fernab von Europäern befriedigen zu können.«

Cauvet war Isabelle persönlich durchaus nicht übel gesinnt, aber seine harten Ansichten sind aufschlußreich. Einerseits nahm sich Isabelle Freiheiten heraus, die er mißbilligte: Sie war tatsächlich eine Sensualistin und hatte sich bei ihrer vorherigen Reise nach El Oued arabische Liebhaber genommen, wann immer ihr der Sinn danach stand. Andererseits war seine Ansicht nicht so sehr von Isabelles wirklichem Verhalten gefärbt als von der besonderen Art der kolonialen Situation in Algerien. Die meisten Kolonisten, die nach dem Historiker Jacques Berque »eine Zukunft in einer Sackgasse aufbauten«, glaubten die eine Halbwahrheit, daß sie Wohltäter des Landes wären. Und die meisten eingeborenen Algerier aller Rassen glaubten die andere Halbwahrheit, daß sie unterwürfig wären. So war etwas wie eine freiwillige Apartheid entstanden, um den unsicheren und im wesentlichen falschen Status quo zu bewahren, und dabei wurde die Sexualität zu einem doppelt heißen Eisen. Furcht vor der endemischen Syphilis hielt die Franzosen von Mischehen ab — und schützte sie vor der potentiellen sexuellen Vergeltung der Moslems für den Verlust ihrer Länder, Werte und Hierarchien —, aber auch die Angst, ihr »Anderssein« einzubüßen, auf dem ihre Macht beruhte. Deshalb fand man es nicht nur unschicklich, wenn eine Europäerin sich mit Arabern einließ, es bedrohte auch die prekäre Fiktion von europäischer Herrschaft und arabischer Unterwürfigkeit, auf die das koloniale Abenteuer in Algerien aufgebaut war. Cauvets giftige Bemerkung in der vertraulichen Armeeakte war ein Vorgeschmack auf das, was allmählich in immer stärkerem Maß auf Isabelle zukommen würde.

Cauvet hatte von dem Augenblick an, als Isabelle in El Oued ankam, für eine »diskrete Beobachtung« gesorgt, trotz des Umstandes, daß sie im vergangenen Jahr »als Touristin« hiergewesen und damit keine Fremde mehr war. Sie wußte, daß man sie nun, da sie beschlossen hatte, hier zu leben, genauer unter die Lupe nehmen würde. Aber sie hatte keine Ahnung, in welchem Ausmaß sie von jetzt an unter systematischer Beobachtung stand. Zu ihrem Unglück hatte sie auch vergessen, daß es bereits jemanden in der Armee gab, der eine alte Rechnung mit ihr begleichen wollte.

Am 4. August schrieb sie glücklich:

*»Hier bin ich — endlich am Ziel, das mir nicht immer erreichbar schien. Doch nun habe ich es geschafft, nun muß ich mit aller Energie ... an meinem Reisebericht arbeiten, in dem Marseille das erste Kapitel ist. Ich bin fern der Zivilisation und ihrer Heuchelei. Ich bin allein auf islamischem Boden, in der Wüste, frei. Die Bedingungen sind ideal. Die Ergebnisse meines Abenteuers hängen nun, von meiner Gesundheit abgesehen, ganz allein von mir ab.«*

# 2.

## IDYLLE

Isabelle war wahrscheinlich Slimène Ehnni, einem jungen arabischen Offizier aus dem Spahiregiment in El Oued, auf dem Weg von Tuggurt zum erstenmal begegnet. Sie wurden schnell und diskret ein Liebespaar auf die Art und Weise, wie Isabelle sich auf ihrer ersten Reise durch diese Gebiete Liebhaber genommen hatte. Doch etwas an Slimène erschien Isabelle außergewöhnlich, und sie fand, daß er ganz anders war als alle, die sie bisher kennengelernt hatte. Sie vertraute ihm instinktiv, auf eine Weise, wie sie seit der Beziehung zu Augustin in ihrer frühen Jugend niemandem mehr vertraut hatte. Dieses Vertrauen führte zur »großen Liebe meines Lebens«, wie sie bald empfand.

Slimène — Isabelle nannte ihn gewöhnlich bei dieser französischen Variante seines arabischen Namens Slimane oder Seliman — war dunkelhäutig und hatte offene, regelmäßige Züge, große, glänzende, schwefelfarbene Augen und einen eleganten Schnurrbart. Obwohl erst vierundzwanzig, war er nicht von robuster Gesundheit, und eine Verwundung, die er sich in einer Schlacht zugezogen hatte, machte ihm noch immer zu schaffen. Er war Moslem, doch aufgrund seiner Herkunft und Erziehung Verfechter der französischen Herrschaft in Algerien. Nicht nur nahm er jede Gelegenheit wahr, sich westlich zu bilden, er war auch bestrebt, die Rangleiter in seinem Regiment hochzuklettern. Seine Geschichte zeigt im kleinen, wie siebzig Jahre französische Besatzung einen großen Teil der einheimischen Bevölkerung verändert hatten.

Die Spahis waren ein Überbleibsel der langen türkischen Besatzung, ein Kavallerieregiment einheimischer Soldaten, das die Franzosen 1824 übernommen und französiert hatten. Sie wurden als Teil der französischen Armee rekrutiert, geködert mit den Vorteilen von Ausbildung, Uniform, nach Dienstjahren steigendem Sold, französischer Nationalität und einem höheren Status gegenüber ihren Landsleuten — als eine Art gallischer Ghurkas. Wegen der Spahis und später der Sahariens und der niedrigeren Fußsoldaten, der Tirailleure, hatten die Franzosen den Ruf erworben, daß sie das Erobern von ihren eroberten Völkern erledigen ließen. Vor allem junge Männer aus reicheren Familien meldeten sich als Freiwillige, da die Hälfte der Offiziere in den Spahiregimentern aus den Reihen der einheimischen Unteroffiziere und Mannschaften ernannt wurden und da jeder Rekrut sein eigenes Pferd beschaffen mußte. Brigadier Smaïn war ein solcher Offizier gewesen. Slimènes Familie war als eine der ersten dem Ruf der Spahis gefolgt.

Slimènes Vorfahren väterlicherseits kamen aus einer Constantiner Familie, deren Oberhaupt Sidi Mabru war; die seiner Mutter aus dem Stamm der Chaoui in der Khenchela-Gegend des Aurès, zwischen Bône und El Oued. Seine dunkle Haut verdankte er der mütterlichen Seite. Sein Vater, Ali Ben Mohammed Ben Hani (oder Ehnni), bekannt als Boudjemah, war 1853, nur zwanzig Jahre nach Ankunft der Franzosen in Algerien, dem 3. Regiment der Spahis beigetreten. Neun Jahre später war er mit einem »guten Führungszeugnis« ausgeschieden und zu den von den Franzosen neueingerichteten Polizeikräften in Bône gegangen. Die Spahis übernahmen eine informelle Polizeifunktion in ihren Gebieten, wie etwa bei Isabelles Steuereinziehungsreise. Er wurde dort Inspektor, dann amtlicher Dolmetscher. 1870 wurde er naturalisierter Franzose. Im selben Jahr rekrutierte er persönlich 258 einheimische Freiwillige aus Bône für den verhängnisvollen Krieg der Franzosen gegen die Preußen und im folgenden Jahr 400 weitere. Es waren Spahis wie diese, über deren schlechte Behandlung durch die Franzosen sich Isabelle so erregt hatte. 1882 war er bereits Polizeichef. Er starb 1889, und seine Frau, Slimènes Mutter Hemmouna Ben Lakhdar, vier Jahre später. Drei von Slimènes Onkeln hatten bei den Spahis für Frankreich gekämpft und Auszeichnungen erworben, und zwei waren gefallen.

Aus dieser Tradition heraus war Slimène ein évolué geworden, ein französierter Moslem. Er war am 12. Juni 1872 geboren, wenige Monate vor Isabelle, und die Naturalisierung seines Vaters hatte ihm automatisch die französische Staatsbür-

gerschaft gebracht. Mit siebzehn war Slimène in das 3. Spahiregiment eingetreten; im Januar 1895 erhielt er seine Beförderung zum Korporal, und als er Isabelle kennenlernte, war er
Sergeant.

Isabelle achtete darauf, Slimène anfangs nicht zu oft zu erwähnen, auch nicht in ihrem Tagebuch, da sie wußte, daß es ihr
Leben erschweren könnte, wenn ihre feste Beziehung zu einem
einheimischen Soldaten bekannt wurde. Als Hauptmann Cauvet sie das zweitemal besuchte, hatte sie ihn gebeten, ob er ihr
für ihre täglichen Ausritte ein Armeepferd zur Verfügung stellen würde, und er hatte ihr eines überlassen. Da Slimène bei der
Kavallerie war und ein Pferd besaß, trafen sie sich spätnachts
außerhalb der Stadt. Sie ritten gemeinsam über die Dünen und
verbrachten die frühen Morgenstunden an einer der kleinen Oasen ringsum. Häufig ritten sie zum Palmenhain von Bir
R'Arby, einem langen schmalen Sandkrater mit Brunnen und
hohen Palmen an einer Seite, die im grünlichen Mondschein
wie überdimensionale Federkiele aussahen und zwischen denen Kürbisse, Wassermelonen und Basilikum wuchsen. Das
Wasser aus diesen Brunnen war klar und frisch. Der Ziegenfell-
eimer senkte sich klatschend hinab, und der primitive Pumpen-
schwengel knarrte und quietschte, wenn sie ihn überschwapp-
end wieder hochzogen. Isabelle warf ihre chechia auf den
Sand, tauchte den Kopf in den Eimer und trank gierig, »mit
dem aufregend sinnlichen Gefühl, das kaltes Wasser einem hier
gibt«. Danach liebten sie sich und legten sich eine Weile in den
Sand.

Einmal ritten sie zu einer anderen Oase, wo der Brunnen leer
war. Dort setzten sie sich niedergeschlagen an seinen Rand. Ein
Teil von Isabelles Niedergeschlagenheit war Angst, die sie später als »prophetisch« bezeichnete, vor den »wirklich schrecklichen Auswirkungen, die es haben würde«, wenn die paar Leute, die von ihren Verabredungen wußten, indiskret wären.
Doch davon abgesehen war sie sich einer allgemeinen Traurigkeit bewußt, einer Quelle unergründlicher Melancholie, »nicht
analysierbar, ohne erkennbare Ursache, die aber das Wesen
meiner Seele ist«. Einen Monat später beschrieb sie es als
»Sehnsucht nach etwas, das ich nicht erklären kann, ein Heim-
weh nach einem Anderswo, für das ich keinen Namen weiß«.

Slimène, mit seiner »noch jungen Seele«, glaubte an ewige Liebe und sprach bereits von den nächsten gemeinsamen sieben Jahren. Wenn sie ihn so reden hörte, fühlte sie sich viel älter als er, viel vorsichtiger, und dachte noch nicht daran, daß eine Liebesbeziehung von Dauer sein könnte. »In dieser Hinsicht habe ich absolut keine Illusionen mehr, aber auch kein Bedürfnis nach Illusionen, kein Verlangen, überhaupt zu versuchen, diesen Dingen, die nur in ihrer Vergänglichkeit schön und gut sind, Dauer zu geben ... Aber diese Art von Dingen sind auch so persönlich, so sehr mein Problem, daß es unmöglich ist, sie verständlich zu erklären oder gar einem anderen verständlich zu machen.« Sie legten sich auf ihre Burnusse unter die Palmen und betteten die Köpfe auf Kissen aus Sand.

Isabelle war sich der potentiellen Gefahren ihrer Beziehung bewußter als Slimène. Slimène war stolz darauf, eine so forsche Europäerin zur Freundin zu haben, und genoß die Anzüglichkeiten seiner Kameraden. Er schrieb einem Kameraden in Biskra über Isabelle, und dieser antwortete: »Wir wünschen Dir alle viel Glück mit dieser türkischen Adeligen. Endlich sieht die Zukunft rosiger für Dich aus, mein teurer Freund.« Am 17. September hatte diese Nachricht auch einen Spahifreund in Tuggurt erreicht, der in Französisch schrieb, wie es zur Ausbildung Slimènes und aller Spahis gehörte: »Ich habe gehört, daß Du mehr Glück hast als ich und es Dir gelungen ist, eine Liebste in den Sanddünen zu finden. Ich gratuliere Dir aus tiefstem Herzen, denn ohne Freundin macht das Leben in diesen kleinen Dörfern keinen Spaß.« Ein anderer Freund in Tuggurt schrieb: »Nach allem, was sich so herumspricht, brauchst Du nicht zu schmachten und hast keine Langeweile in den Sanddünen. Glückspilz.«

In der »Stadt der tausend Kuppeln« vergingen August und September in einer Gluthitze, in der es schwerfiel, sich zu einer Arbeit aufzuraffen. Isabelle beklagte die Schwerfälligkeit, mit der sie sich bewegte, und schrieb zerknirscht, daß ihre allnächtliche Siesta mit Slimène »eine zu große Rolle« in ihrem Leben spielte. Viel der restlichen Zeit ging durch »die Maßnahmen gegen die Fliegen« verloren. Sie kam zu der Ansicht, daß im Süden ein eigenes Pferd unabdingbar sei. Und als sie durch Augustin eine kleinere Summe erhielt, erstand sie eines. Sie nannte es Souf und hing sehr an ihm. Es war lebhaft, ja feurig, wenn sie ausritt, und zu Hause »die Frömmigkeit selbst«. Sie hatte es im Innenhof untergebracht, aber es folgte ihr draußen wie ein Hund, streifte frei herum und stupste seinen »schönen, intelligenten Kopf« an sie und Slimène und knabberte an ihren Händen.

Im Oktober begannen die Morgen kühl zu werden. Isabelle wechselte ihre Unterkunft und zog in ein Haus im alten jüdischen Viertel im Nordosten von El Oued, in der Nähe einer Moschee. Dort ließ sie sich zu einem stillen, häuslichen Leben nieder, mit ihrer »ehrlichen, ruhigen, kefrauchenden Dienerin Khalifa«, mit Biskri, der täglich kam und ihr mit den Tieren half, und den Tieren selbst: Souf, eine Ziege — ihr »kapriziöses Nagetier« —, Hühnern, Tauben und Kaninchen. Immer, wenn er frei hatte, wohnte auch Slimène dort. Das Haus war innen ganz verputzt, selbst der Fußboden, der üblicherweise in den einfacheren arabischen Häusern nur aus Sand bestand. In ihrem großen Wohnraum hatte sie ihre Metallkoffer, einen wackligen Tisch, einen metallenen Stuhl, ihre blaue Wollmatratze mit einem Zelttuch darüber und ihre »berühmten afrikanischen Lederkissen«. An der Wand hingen Fotografien ihrer Freunde und Familie, einschließlich Trofimowskis und ihrer kleinen Nichte Hélène, ihr mit Amuletten verziertes Zaumzeug, ihre Sporen, ihr und Slimènes Revolver, ein Gewehr und ein roter Burnus mit goldener Borte. Nur etwas bedrohte ihre Seligkeit, schrieb Isabelle Augustin in einem Brief vom 10. November 1900, daß sie vor kurzem alle zu trinken angefangen hatten, einschließlich der Hausgehilfen, und jede Nacht aus der Kneipe geholt werden mußten. Doch damit war nun Schluß, da sie eines Nachts »so besäuselt« heimgekommen war, daß sie die Tür eingebrochen hatte. Khalifa hatte sie repariert, und danach waren sie alle beschämt zu einem nüchterneren Leben zurückgekehrt. Von dieser Sache abgesehen, versicherte sie Augustin, glaubte sie, daß sie wahrscheinlich ihren Hafen gefunden hatte, so wie er seinen. Sie beschrieb ihm Slimène: »Er ist von sanftem, fröhlichem Wesen und haßt Lärm, Ausflüge und Nachtclubs. Er liebt sein Zuhause, das er eifersüchtig vor Eindringlingen schützt. Slimène ist der ideale Gatte für mich, die ich immer nur trostlose Einsamkeit empfand, egal in wessen Gesellschaft ich mich befand.« Sie dachten daran, ihre Beziehung zu legalisieren, da sie sich in ihrer gegenwärtigen Lage, obgleich Cauvet nachsichtig mit ihnen war, der Gnade des »ersten Leiters eines Arabischen Bureaus« ausgeliefert sahen, »dem mein Gesicht nicht gefällt«. In ihr Tagebuch schrieb sie: »Slimène bedeutet mir von Tag zu Tag mehr und wird allmählich wirklich zum Familienmitglied oder vielmehr: zu meiner Familie.«

Am 10. November sah Isabelle El Oued nicht mehr als Sprungbrett zum Weg nach Paris und literarischem Ruhm, sondern als ihr eigentliches Ziel, den Dar El Islam. »Ich denke ernsthaft daran, meine Existenz mit dieser abgeschiedenen Oase zu verknüpfen, die mir immer mehr ans Herz wächst«, schrieb sie Augustin. Um das zu ermöglichen, mußte sie zusehen, daß sie ein Auskommen für die Zukunft hatte. Slimène war ohne eigenes Vermögen und erhielt von der Armee pro Tag drei Francs und zehn Centimes. Aber sie glaubte, er habe eine gute Chance, als Dolmetscher unterzukommen, das würde »relativen Reichtum und absolute Sicherheit« für sie beide bedeuten. Sie ihrerseits wollte, was immer ihr von dem Verkauf der »Ruine der Villa Neuve« zustand, in einen nahen Garten mit eigenem Brunnen stecken, um Gemüse und Feigen für den Verkauf auf dem Markt zu ziehen. Es war der alte Traum Trofimowskis, wenn auch in kleinerem Rahmen.

Isabelles Liebe zu Slimène war der Hauptgrund ihrer Zufriedenheit. Zustimmend zitierte sie seine Beschreibung ihrer »Nächte der Liebe und absoluten Geborgenheit in unseren Armen«. Aber ihr neuer innerer Frieden hatte auch noch eine geistige Ursache. Durch Abd El Asis Osman hatte sie Verbindung zu zwei Scheichs in der Nachbarschaft, die der Qadrja-Bruderschaft angehörten. Sie waren die schillernden Brüder von Sidi Mohammed Taïb Ben Brahim, Osmans Freund, der einem Anschlag zum Opfer gefallen war und dessen Schutz Osman Isabelle im vergangenen Frühjahr hatte anvertrauen wollen. Die beiden waren zwei der elf Söhne des kürzlich verstorbenen Sidi Brahim, des Großmeisters der Bruderschaft der Qadrja in Nefta in Südtunesien, den Isabelle als Dolmetscher hätte aufsuchen sollen. Sidi Brahim hatte seine Söhne beauftragt, auszuziehen und neue sawijas (Klosteransiedlungen) des Qadrja-Ordens zu gründen, was sie auch pflichtbewußt getan hatten — vier der Brüder in der Gegend um El Oued. Sidi El Hussein (Ben Brahim), nunmehr der älteste Sohn, hatte eine sawija in Guémar, etwa fünfzehn Kilometer nördlich von El Oued, und Sidi El Hachemi war Oberhaupt einer Loge acht Kilometer südlich der Oasenstadt in Amiche, in der Nähe eines weiteren Bruders, Sidi Elimam. Isabelle fand mit doppelter Empfehlung Aufnahme bei ihnen, einmal durch Osman und zum zweiten durch den Umstand, daß auch Slimène Angehöriger eines Qadrja-Ordens war. Anfang November wurde sie selbst ein khouan (eine Eingeweihte) der Qadrja-Loge von Sidi El Hussein — was eine beispiellose Ehre für einen Europäer war. Sie erhielt die schwarze Gebetsschnur des Ordens, die Cauvet in seinem Bericht erwähnt hatte, die sie, zusammen mit dem besonderen dhikr, dem rituellen Gebet des Ordens, ihren Quadrja-Mitbrüdern gegenüber als Angehörigen ausweisen würde, wohin sie sich in Algerien auch begab. Es bedeutete, daß sie sowohl mit ihrer praktischen wie auch geistigen Hilfe rechnen konnte.

Die Qadrja gehörten innerhalb des Islams den Sufis an und hatten im Gegensatz zu anderen Orden, etwa ihren Konkurrenten, den Tidjanjas, eine mystische Tradition. Sie waren der erste und älteste Sufiorden, mit Anhängern im Mittleren Osten, in Indien und noch weiter östlich. Dieser Orden hatte seinen Namen von seinem Gründer, dem Propheten Abd El Qadir Ben Abdallah El Djilani, der im elften Jahrhundert aus seiner Heimat Persien nach Bagdad ausgewandert war.

Das Ausmaß, in dem die Suche nach dem Mystischen Isabelles Leben von nun an beeinflußte, kann nur geraten werden, da sie den Sufismus in ihren Tagebüchern nie erwähnte und selten, mit einer bemerkenswerten Ausnahme, die mystische Erfahrung auch nur andeutete. Jedenfalls nicht über die vage, atavistische Sehnsucht hinaus, die seit ihren frühesten Aufzeichnungen und Arbeiten in ihrem Wesen erkennbar ist. Doch die schriftliche Überlieferung ist nicht das einzige Kriterium der Existenz, und die Mysterien der Initiierung ins mystische Leben waren traditionell geheim. Isabelle wäre nie von den Scheichs ins Vertrauen gezogen worden, wenn diese sie nicht für verschwiegen gehalten hätten. Sie wußten, daß sie eine Frau war, doch das war kein Hinderungsgrund in der Form des Islams, die sich in Algerien entwickelt hatte, wo die Frauen und Töchter von Marabuts hin und wieder, wenn es keinen männlichen Erben gegeben hatte, in ihre Fußstapfen traten und das Amt übernahmen.

Isabelles Initiation durch El Hussein, die sie in ihrem Brief an Augustin vom 10. Dezember kurz erwähnt, brachte sie in enge Berührung mit dem mystischen Leben, und die mystische Suche nach Authentizität und Simplizität deckte sich mit ihrer eigenen Suche. Trofimowskis Unterricht hatte unbeabsichtigt dafür den Weg geebnet, indem er ihr ein umfassendes Wissen in der Geschichte der großen Philosophen und Religionen vermittelt hatte. Selbst seine anarchistischen Ideen fanden Widerhall in der Lehre der Sufis, die Orthodoxie und Autorität verneinte: Beide waren für direktes, individuelles Handeln — der Anarchismus politisch, der Sufismus geistig. Allein vom Wesen her hätte Isabelle den mystischen Weg unwiderstehlich gefunden. Das Ziel der Sufis, die Zerstörung der Illusion des Selbst, war von besonderer Anziehungskraft für jemanden, der sein Ich so verwirrend und schmerzvoll empfunden hatte wie sie. Das andere Ziel der Sufis, der gute Tod und die tägliche Vorbereitung darauf, paßten ebenfalls zu Isabelles langjähriger Erkenntnis der Nähe des Todes. Die Möglichkeit des Mystizismus und der vielen formellen Stadien auf dem Weg dazu war von da an Teil ihres Denkens und Handelns und trat manchmal deutlich erkennbar an die Oberfläche. Doch so ernst sie diese Suche auch nahm, sie blieb sicherlich unerfüllt. Zu stark bestimmten zufällige Ereignisse ihr Leben, und zu stark war ihr Bedürfnis nach einer erkennbaren Bestimmung, um in ihrem so verwirrenden Leben einen Sinn zu sehen.


Ramadan, der Fastenmonat des Islams, kam. Isabelle verbrachte die Tage mit körperlicher Arbeit oder ritt zu den Scheichs in ihre sawijas, um sich mit ihnen zu unterhalten. Wann immer es möglich war, verbrachte sie die Nächte mit Slimène. An den Abenden saßen sie auf der Terrasse ihres Hauses und bewunderten den Sonnenuntergang: manchmal bleich und verschleiert, manchmal blendend wie ein Feuerwerk in Purpur,

Orange, Rosa, Violett, dann plötzlich, wenn die Sonne versank, fast grau über dem gesamten Dünenhorizont. Slimène und Sidi El Hachemis rechte Hand, der hiesige Schulmeister Abd El Kader Ben Saïd, saßen mit einer Zigarette zwischen den Fingern und warteten auf den Augenblick, da die Sonne verschwand, denn dann war das Fasten zu Ende — das auch das Rauchen einschloß —, und Khalifa sowie Aly, ihre Bediensteten, warteten darauf, ihre Pfeifen mit kef oder ar'ar zu stopfen. Isabelle machte sich gern einen Spaß mit ihnen und schwor, daß das Minarett der nahen Moschee von der Sonne noch rötlich schimmerte. Dann fluchten sie, und Abd El Kader revanchierte sich, indem er sie »Sidi Mahfoudh« nannte. Sie selbst verlängerte ihr Fasten, gebannt vom Nachglühen der untergegangenen Sonne. Manchmal ging sie zur Kaserne und wartete, daß Slimène in seinem roten Spahiumhang und den Stiefeln herauskam: »Nie sah ich den roten Schatten ohne ein wohliges Erschauern, mit einer süßen Erregung, die wollüstig und eigenartig traurig war.«

Sidi El Hussein besuchte sie mehrmals in der Woche und wurde eine Art Vaterfigur für sie. In ihrem Novemberbrief an Augustin schrieb Isabelle, daß sein Bruder, Sidi El Hachemi, »der unglaublichste Kopf, dem ich je begegnet bin«, bald von Paris nach Tuggurt zurückkehrte. Dann würden sie und Slimène sich seinen Brüdern und einer Menge Gläubigen anschließen, die ihm entgegenritten, um eine Fantasia zu veranstalten, eine der prächtigsten Unterhaltungen in der Wüste. Stolz schrieb sie: »Man wird dort auf einem feurigen kleinen Pferd einen Reiter sehen, in gandura und weißem Burnus, mit einem hohen, weißverschleierten Turban, einer schwarzen Gebetschnur um den Hals und die Rechte mit einem roten Tuch umwickelt, um den Zügel besser halten zu können. Dieser Reiter wird Mahmoud Saadi sein, der Adoptivsohn des Großen Weißen Scheichs, Sohn von Sidi Brahim.« Am Tag vor El Hachemis Ankunft ritten Isabelle und Slimène mit El Hussein nach Tuggurt, um ihn dort mit einem Geleit von Hunderten von Männern und Frauen zu erwarten. Sie waren alle in ihrem Festtagsstaat, und ihre Zahl wuchs von Minute zu Minute, während sie langsam, begleitet von Knallen und Pulvergeruch, lautem Pfeifen und Trommeln, auf der Straße nach Tuggurt zogen, wo sie schließlich auf El Hachemi und seine Begleitung trafen.

Im Gegensatz zu der farbenprächtig aufgeputzten Menge trug El Hachemi das strenge grüne Seidengewand, den grünen Turban und den langen weißen Schleier, wie es einem Abkömmling des Propheten El Djilani zustand. Die Menge begrüßte ihn mit den Rufen »Ja, Djilani!«

»Gleichmütig«, schrieb Isabelle in *Cahiers*, versuchte er seinen feurigen Schimmelhengst im Zaum zu halten. Die lebensfeindlichen Dünen ringsum schienen von Minute zu Minute neue Menschenscharen auszuspeien. Als Isabelle einmal hochblickte, sah sie über dem Meer von Köpfen die gebleichten Banner in Rot, Grün und Gelb der Qadrja auf einem Dünenkamm flattern: Sidi Eliman kam seinem Bruder mit einem Trupp khuans entgegen, nicht nur von seinem Orden, sondern auch von den Brüderschaften der Ramanja, Taibia und Aïssaouas, die alle auf El Djilani zurückgingen. Pferde bäumten sich auf und wieherten, verschreckt und aufgeregt durch den Kanonendonner, die Gegenwart des Rapphengstes des verstorbenen Sidi Mohammed Taïbs und den beißenden Rauch, der über ihnen in der Luft hing. Nur die heraldisch geschmückten Kamele blieben unbewegt. Sidi Eliman, ein »Riese« mit auffallend blauen Augen, kam mit seinem Gefolge laut betend hinter seinen drei Bannern hervor. Als alle versammelt waren, ritten sie auf eine mit Grabstätten übersäte, gewaltige Ebene, wo Pferde und Reiter, angeregt durch die leere Weite vor ihnen, schließlich zum Galopp ansetzten und, schrieb Isabelle: »dahinbrausten wie zum Ende der Welt«. Später bildete die Menge einen Kreis, und eine Gruppe von zwölf Reitern gab eine kriegerische Vorstellung. Sie schwenkten Gewehre und brüllten ihren Schlachtruf, während sie einen Angriff vortäuschten und dann eine Kugelsalve in den Sand feuerten.

Isabelles Stolz darüber, daß sie bei dieser Fantasia mitmachen durfte, war berechtigt, denn es war eine außergewöhnliche Leistung, sowohl was die Reitkunst betraf wie in der Anpassung. Zu seinem Bedauern war es nicht einmal ihrem Helden Loti, einem ausgezeichneten Reiter, gelungen, an einer teilzunehmen. Es ist durchaus möglich, daß Isabelle bis jetzt die einzige Europäerin ist, der das glückte.

Die Fantasia dauerte über zwei Tage, und zwei weitere war Isabelle vom Lärm noch fast taub. Doch diese unwiderstehliche Kombination von Frieden und Abenteuer war es, weshalb sie zu diesen südlichen Oasen gekommen war. Sie schrieb Augustin im Dezember: »Endlich hat der Himmel sich für mich aufgeklärt, und es gibt keine Anzeichen von Gewitter in näherer Zukunft.« Am 1. Dezember trug sie in ihr Tagebuch ein: »Ich habe das häusliche Glück gefunden, und statt daß es an Reiz verliert, wächst es von Tag zu Tag.« Doch sie fügte hinzu: »Lediglich die Politik bedroht es... Nur Allah weiß, was Himmel und Erde verbergen! Niemand kann in die Zukunft sehen.«

# GEFÄHRLICHE LIAISONS

Isabelles Intuition stimmte: Über ein Netz, das bis nach Rußland reichte und einige der zu der Zeit heikelsten Fragen in Europa berührte, holte die Politik sie ein.

Kaum einen Monat, nachdem sie in El Oued angekommen war, traf am 7. September 1900 ein anonymer Brief aus Paris bei General Dechizelle, dem Befehlshaber der Constantiner Unterabteilung der französischen Armee in Batna, ein. Isabelle erfuhr nie von der Existenz dieses Schreibens, das folgendermaßen lautete:

*»Ich, ein Freund der Armee, habe die Ehre, Ihnen folgende Fakten mitzuteilen: Zu Beginn des letzten Juli etablierte sich eine junge Frau, Isabelle Eberhardt — unehelich und von sehr zweifelhafter Moral —, als Mann verkleidet, unter dem Namen Mahmoud Saadi in El Oued. Sie ist dort im Auftrag der Pariser Zeitschrift L'Aurore und soll die Offiziere des Arabischen Bureaus bespitzeln, um Material für die hartnäckige Pressekampagne gegen das Arabische Bureau im besonderen und die Armee im allgemeinen zu beschaffen. Um an gewisse Informationen heranzukommen, hat sie sich an den Spahi-Sergeanten Slimène herangemacht, der vermutlich im Arabischen Bureau in El Oued arbeitet. Diese Frau ist in jeder Hinsicht gefährlich. Sie hat einen sehr schlechten Ruf bei den Behörden in Genf, wo sie geboren ist, und auch bei amtlichen russischen Stellen, da sie unter dem dringenden Verdacht steht, erstens Alexander Trofimowski, einen alten Mann und Bekannten ihrer Mutter, der zeit seines Lebens ihr Wohltäter gewesen war, vergiftet zu haben; und zweitens 140 000 Franken von diesem armen alten Mann gestohlen zu haben. Diese Summe war nach seinem Tod vor eineinhalb Jahren aus der Villa in einem Vorort von Genf*

*verschwunden, in der er gelebt hatte. Dieser Diebstahl geschah*
*zum Schaden der gesetzlichen Erben. Außerdem werden so-*
*wohl von russischen wie schweizerischen Stellen geheime Er-*
*mittlungen über sie angestellt.*

*Mon Général, der Freund, der Ihnen diesen Brief schreibt,*
*teilt Ihnen all dies mit, damit Sie wissen, mit welcher Art von*
*Frau Sie es hier zu tun haben. Sie werden bald feststellen, daß*
*sich eine Erkundigung nach ihren Aktivitäten in El Oued als*
*aufschlußreich erweisen wird. Diese Frau ist auch von tiefem*
*Haß gegen Frankreich erfüllt, und nichts würde sie mehr be-*
*friedigen, als die arabischen Untertanen Frankreichs gegen*
*Frankreich aufzuwiegeln. Um sich das Vertrauen von Moslems*
*zu erschleichen, gibt sie sich als Moslem aus, sie ist jedoch kei-*
*ner.*

*Mit besten Empfehlungen, mon Général, Ihr untertäniger*
*Diener, ein wahrer Freund der Armee.«*

Mit dem Brief beabsichtigte der Schreiber, den General in mehreren Punkten in höchstem Maß zu beunruhigen. Die Situation
der französischen Armee in den Saharagebieten war bereits so
prekär, daß der geringste Vorfall — oder eine »unberechenba-
re« Person — explosionsartige Schwierigkeiten für die Franzosen auslösen könnte. Aber in den höheren Regierungskreisen
der Dritten Republik herrschte eine noch größere Paranoia,
was die algerische Situation betraf, denn sie hatte eine symbo-
lische Bedeutung erlangt, die kaum noch Bezug zur Wirklichkeit hatte.

Wenn die Kolonisierung Nordafrikas zu einer Art Symbol
wiedererlangter Virilität für die Republik geworden war, war
sie es in noch höherem Maß für die Monarchisten, wie de Morès bewiesen hatte. Die Monarchisten hatten immer noch große
Pläne für einen franko-islamischen Pakt in Algerien und Tunesien. Doch in den vier Jahren seit de Morès' Tod hatte sich,
dank der Judenfrage, sowohl die Position der Monarchisten
wie der Armee beachtlich geändert.

Da sie »altes Geld« besaßen, konnten die Monarchisten sich
romantische Vorstellungen über ein natürliches Bündnis zwischen Bauern, Aristokraten und Katholiken gegen den »dekadenten« Einfluß des Kapitalismus leisten, der durch die repu-

blikanische Regierung, die Juden und die Engländer repräsentiert wurde. Das hatte kurioserweise dazu geführt, daß sich viele Monarchisten, unter ihnen de Morès, Sozialisten nannten. Sie lehnten den jüdischen Einfluß nicht nur im Ausland ab, sondern auch zu Hause, wo, wie sie behaupteten, die Deutschen beabsichtigten, ihre demütigende Macht über Frankreich zu erhalten, indem sie deutsche Juden in hohe Positionen der Regierung und Armee einschleusten. Durch die Machenschaften der Monarchisten und mit Hilfe ihres Organs, der antisemitischen *Libre Parole*, war der wohlhabende jüdische Offizier Alfred Dreyfus als Opfer ausersehen und des Hochverrats beschuldigt worden, und so hatte die berüchtigte Dreyfusaffäre ihren Lauf genommen.

Im zunehmend antisemitischen Klima von 1894 hatte die Armee nicht gezögert, Dreyfus zur Teufelsinsel zu deportieren. Doch der Druck für die Wiederaufnahme des Verfahrens wuchs, und 1900 war es dem größten Teil der Öffentlichkeit bereits bewußt, daß ihn das Kriegsministerium zum Sündenbock gemacht hatte und die wahren Verräter deckte.

Die bevorstehende Rehabilitierung warf ein schlechtes Licht sowohl auf die *Libre-Parole*-Monarchisten als auch auf die Armee. Dank Zolas Einsatz und durch die öffentliche Erregung wurde Dreyfus fast zu einem Nationalhelden, und den Monarchisten war der Wind aus den Segeln genommen. Mit Antisemitismus war nichts mehr zu gewinnen. Wenn sie in einem politischen Klima, das ihnen in der letzten Wahl des Jahrhunderts lediglich zwölf Prozent der Stimmen eingebracht hatte, noch etwas retten wollten, mußten sie sich statt auf die Judenfrage auf den islamischen Pakt konzentrieren.

Infolgedessen wurden Islam und Moslems für die Dritte Republik zu einem doppelt heiklen Thema. Sie hatte bereits die »rebellischen« Stämme am Hals, und nun, am Ende des Jahrhunderts, kamen die hetzerischen Monarchisten dazu, die für ihre eigenen Interessen die islamische Frage schüren wollten. Die Erwähnung des anonymen Schreibers, daß Isabelle »nichts mehr befriedigen würde, als die arabischen Untertanen Frankreichs gegen Frankreich aufzuhetzen«, reichte aus, um einen Armeegeneral an den Rand der Hysterie zu bringen.

Die seit dem preußisch-französischen Krieg schwache Position der Armee war durch die unerquickliche Rolle in der Drey-fusaffäre weiter untergraben worden. Vor allem, da diese einem anderen Debakel, der »Zentralafrikanischen Mission« auf dem Fuß gefolgt war. Diese Armeexpedition, zu der die Regierung unbedacht ihr Einverständnis gab, hatte den Tschadsee zu erreichen versucht und ein Jahr vor Isabelles Ankunft in El Oued ein schmachvolles Ende gefunden. Den verantwortlichen Offizieren, Voulet und Chanoine, hatte die Bedeutung der Mission und die Hitze der Wüste nach und nach den Verstand geraubt, so daß sie schließlich ein Blutbad anrichteten, bei dem sie sogar ihre eigenen Leute niedermetzelten. Berichte über diese erniedrigende Affäre hatten Paris im August 1899 mitten im Dreyfusprozeß erreicht und die Armee in denkbar schlechtes Licht gerückt. *Le Temps* gestand, daß die Ereignisse »uns Schamröte ins Gesicht treiben«, und Frankreichs »Mission zur Zivilisierung« in Afrika erschien selbst den Beteiligten jetzt ausgesprochen dubios.

Armee und Republik mußten Algerien erfolgreich »assimilieren«, doch ohne prahlerische Heldentaten. Ihre durch Galliéni und seinen Stellvertreter im Fernen Osten und auf Madagaskar entwickelte Taktik hieß »Pazifikation«. Die Armee sollte durch Handelsabsprachen die Kooperation der Scheichs, einen nach dem anderen, gewinnen, bis die südlichen Stämme zu schwach waren und die Franzosen den Sudan erreicht hatten. Die Monarchisten fanden ein solches Vorgehen »heuchlerisch und würdelos« und waren der Ansicht, daß die Regierung die Würde und Traditionen der Eingeborenen korrumpierte, indem sie diese zu Geschäftemachern degradierte. Wo blieb die Achtung vor der Größe islamischer Ansichten, vor ihrem gesellschaftlichen Gefüge, das den Monarchisten am Herzen lag, vor ihren Familientraditionen? Die französische Eroberung sollte durch eine Politik der gütigen, doch festen, schützenden Hand und durch die moralische Entwicklung gerechtfertigt werden.

Diese Welt politischer Intrige und Unsicherheit drang schließlich auch nach El Oued vor. Die Armee hatte dort im Stamm der Tidjanja und seinem Scheich Sidi El Arussi einen starken Verbündeten gefunden. Sie stellte ihn aufgrund dieser Tatsache als »integer« hin, während die traditionellen Rivalen der Tidjanja in diesem Gebiet, die Qadrja, mit Argwohn und als »nicht vertrauenswürdig« betrachtet wurden. Für die Monarchisten war das der Gipfel der Naivität. In ihren Augen hatten die Tidjanja sich an die Franzosen verkauft, die moslemische Sache verraten und waren nichts weiter als Marionetten. Das war vorhersehbar, fanden sie, da ein Gesetz ihrer Sekte verlangte, daß sie mit der jeweils herrschenden Macht voll kooperierten. Die Tidjanja waren eine neuere, nicht sufistische und nur auf Algerien beschränkte Sekte. Die Qadrja waren die älteste und am höchsten geachtete Bruderschaft des Islams. Sie nahmen die Herrschaft der Franzosen hin, weil Allah bestimmt hatte, daß diese vorübergehend Macht über sie haben sollten, und sie kooperierten in beschränktem Maß, doch ohne je ihre religiöse oder gesellschaftliche Autonomie aus den Augen zu verlieren.

Isabelle war eine Qadrja. Der anonyme Brief war ein paar Wochen vor ihrer Initiation geschrieben worden, doch Dechizelle sollte es bald erfahren. Es erhöhte sofort das Mißtrauen, das der Schreiber hatte säen wollen, und stellte sie auf eine Stufe mit El Hachemi, dem verstorbenen de Morès, den Monarchisten, dem Antisemitismus und einer möglichen französisch-islamischen Allianz, wodurch sie automatisch zur Gegnerin der Tidjanja, der Armee und der Dritten Republik wurde. Sie war eine Gefahr für die Armee in El Oued, und ihr »häusliches Glück« wurde tatsächlich, wie sie geahnt hatte, durch die Politik bedroht.


Dechizelle schickte eine Abschrift des Briefes an General Larrivet in Batna, der wiederum gab ihn auf dem Dienstweg weiter an General Pujat in Tuggurt, und dieser sandte ihn Hauptmann Cauvet. Er erbat Cauvets Meinung über Isabelle Eberhardt und befahl ihm, sie »genau, aber diskret« beobachten zu lassen.

Wie wir wissen, tat Cauvet das bereits von sich aus, schon seit Isabelles Ankunft. Doch sosehr er auch ihr sexuelles Benehmen mißbilligte und sie als Europäerin sah, die sich ihrer Verkleidung hauptsächlich bediente, um arabische Liebhaber zu finden, sprach er ihr nicht das Recht dazu ab, und seine ganze Einstellung blieb ihr gegenüber objektiv. Am 25. November 1900 beantwortete er das Schreiben lakonisch: »Bisher weist nichts darauf hin, daß die Befürchtungen der Armee in bezug auf die Anschuldigungen des anonymen Schreibers gerechtfertigt wären.« Und er glaubte auch nicht, daß sie gegen die Armee eingestellt sei. Er erwähnte ihre Liaison mit Slimène, bezeichnete diese jedoch als »diskret« und schrieb, »nur jemand, der sehr auf dem laufenden darüber ist, was in der Garnison von El Oued vorgeht, kann davon wissen«. Was die Probleme anging, die sie angeblich mit der russischen und Schweizer Polizei hatte, meinte er, das müsse »auf jeden Fall übertrieben sein«, denn sie sei keineswegs unter falschem Namen nach El Oued gekommen, und er habe auch keine Anfragen von ausländischen Behörden erhalten. Seine Meinung, im Grunde »nur eine Vermutung«, war, daß sie teilweise zumindest im Auftrag der Familie de Morès oder deren Beauftragten gekommen sei, um Erkundigungen über den Mord an dem Marquis einzuholen. »Ihre Reise nach Tuggurt, als der naïb der Qadrja von Ouargla dort durchkam, ihre Freundschaft mit Sidi El Hachemi und vor allem mit seinem Vertrauten, dem Schulmeister Abd El Kader Ben Saïd, bestätigen meines Erachtens diese Hypothese.« Wenn er damit recht hatte, meinte er, sollte man sie gewähren lassen, dann würde sie selbst herausfinden, daß die Anschuldigungen, El Hachemi, das Oberhaupt der Tidjanja (Sidi El Arussi) und der französische Resident in Tunis hätten die Hand bei dem Mord an de Morès im Spiel gehabt, nicht stimmten.

Aus dem Hinweis auf ihre Verbindung mit *L'Aurore* folgerte Cauvet scharfsinnig, daß der anonyme Schreiber verärgert über kürzliche Artikel in dieser Zeitschrift war, welche die Brutalität und den Sadismus von Hauptmann de Susbielle angeprangert hatten. Cauvet glaubte nicht, daß Isabelle die Verfasserin war, denn »eine so gut informierte Person würde nicht das Risiko eingehen, Offiziere des Arabischen Bureaus zu attackieren, solange sie in einem Gebiet unter Militärverwaltung lebt«. Cauvet schloß, daß der Brief von jemandem geschrieben war, der persönlichen Groll gegen Isabelle hegte. Der anonyme Brief, der zu den Militärakten gegeben wurde, war zwar nicht in de Susbielles Handschrift, doch er konnte sehr wohl der Initiator sein, wie Cauvet vorsichtig andeutete. Cauvet schrieb, daß er es persönlich nicht für angebracht hielt, Isabelles Korrespondenz durch das hiesige Postamt kontrollieren zu lassen, obwohl der General möglicherweise anderer Ansicht war.

General Pujat leitete Cauvets Schreiben an Dechizelle weiter, zusammen mit einem eigenen, in dem er ähnliche Schlüsse zog. »Offiziere, die sie kennen, halten sie für eine Spinnerin, doch nicht für gefährlich«, schrieb er, und er glaubte, daß sie eine »ahnungslose Komplizin« in El Hachemis Bemühungen sei, die Tidjanja und den tunesischen Residenten mit dem Mord an de Morès in Verbindung zu bringen. Zu diesem Zeitpunkt hielten weder Cauvet noch Pujat irgendwelche Maßnahmen für notwendig, und beide fanden, daß der Brief allzusehr nach dem Werk eines abgewiesenen Freiers aussah.

General Dechizelle sah es jedoch anders. Er war der Paranoia des Pariser Militärs näher und kein erfahrener Saharaner wie Cauvet und Pujat. Am 6. Dezember, genau dem Tag, an dem Isabelle Augustin »einen klaren, wolkenlosen Himmel« prophezeite, fügte Dechizelle eine streng vertrauliche Notiz unter Pujats Brief: »Meines Erachtens sollte Mlle. Eberhardt aus El Oued und Tuggurt ausgewiesen werden. Ich halte es auch für richtiger, Sergeant Slimène zu versetzen.« Der stellvertretende Generalgouverneur von Algerien, M. Célestin Jonnart, schloß sich dieser Empfehlung an, unter der Bedingung, daß ein offizielles »Dossier« über Mlle. Eberhardt zusammengestellt würde. Damit wurde Cauvet beauftragt.

# 4.

# WINTER

»Dieser Dezemberanfang erinnert mich sehr an den jenes schrecklichen Jahres 1897«, schrieb Isabelle in ihr Tagebuch, »das gleiche Wetter, ein ähnlicher, heftiger Wind, der einem ins Gesicht peitscht . . .« Die Fenster ihres Hauses hatten keine Glasscheiben, und sie konnte sich kein Brennmaterial leisten. Deshalb waren die Läden die ganze Zeit geschlossen, was den Dezember noch düsterer machte. Sie mußte feststellen, daß sie tatsächlich so mittellos war, wie sie vorhergesehen und befürchtet hatte. Immer noch hoffte sie, daß das Erbe etwas Geld einbringen würde, und machte Schulden, die sie glaubte damit zurückzahlen zu können. Doch das Wetter, ihre finanziellen Sorgen und der Mangel an Nahrungsmitteln begannen ihren Tribut zu fordern. Das Klima und die in den südlichen Oasen verbreiteten Krankheiten — erst im Herbst hatte in Amiche der Typhus gewütet — setzten der Gesundheit von Neuankömmlingen bald zu. Anfang Januar fühlte sich Isabelle bereits zu schwach zum Schreiben, und Slimènes Gesundheitszustand ließ zu wünschen übrig. Wachsende Besorgnis um ihre Sicherheit gesellte sich zu den finanziellen Nöten. Ihr Freund Abd El Kader ben Saïd war von amtlicher Stelle unerwartet, unter dem Vorwand »Geld zu schulden«, aus El Oued verwiesen worden, und zwar sechs Wochen nachdem Cauvet seinen Namen Dechizelle gegenüber erwähnt hatte. Von Hauptmann Cauvet war eine ominöse Aufforderung gekommen, Isabelle solle ihre Personalpapiere bei ihm abgeben. Slimène war verrückt vor Sorge und rannte gleich zu Cauvet und bat ihn, ihm zu sagen, weshalb er die Papiere haben wolle. Cauvet, in gutem Glauben, daß die Sache, dank seinen Empfehlungen, kein Nachspiel haben würde, versicherte ihm, daß sie nichts zu befürchten hätten, solange er in El Oued verantwortlich war. Isabelle selbst war überzeugt, daß er sie beide »sehr mochte«. Slimène versuchte ihre Position zu stärken, indem er seine Vorgesetzten in Biskra um Heiratserlaubnis ersuchte. Und Isabelle schrieb an Augustin und bat ihn, umgehend ihre Papiere zu schicken.

Cauvet reichte seinen Bericht über Isabelle ein, ohne zu warten, bis sämtliche Unterlagen von Augustin eingetroffen waren. Trotzdem beschrieb er Isabelles Herkunft und ihre Schritte seit dem Tod ihrer Mutter detailliert und exakt. Am 14. Januar kapitulierte General Pujat vor der Ansicht seines Vorgesetzten Dechizelle, daß Isabelles Anwesenheit in diesem Gebiet provokativ sei. Aber er hielt es für den besten Weg, sie aus dem Souf loszuwerden, indem man Slimène nach Batna zurückversetzte.

Vier Tage später schrieb Isabelle einen langen bitteren Brief an Augustin. Durch den Fastenmonat Ramadan war sie stark abgemagert, schrieb sie, sie sei »so dünn, daß es mir weh tut, wenn ich im Bett liege«. Sie habe absolut keinen Appetit mehr, und ein »altes Problem« sei wiedergekehrt: Zystitis. Auch Slimène sei noch schwach. Sie finge an, ob ihrer Lage zu verzweifeln. Bestimmt stehe ihr doch etwas von dem Erbe zu, und könne er ihr nicht einen Vorschuß darauf schicken? Momentan sei es ihnen zumindest gelungen, ihre Schulden zu bezahlen und so »den Alptraum« abzuwehren, »daß man sich über uns im Arabischen Bureau beschwert, was das Schlimmste für uns beide wäre«. Jedenfalls »kommt es für mich jetzt nicht in Frage, daß ich umziehe«, vor allem, da sie so an der Gegend hänge, »obwohl sie eine der trostlosesten überhaupt ist«. Sie fügte hinzu: »Erinnerst du dich an die Stelle in *Roman d'un Spahi*, die so beginnt, ›Er liebte sein Senegal, der arme Kerl‹? Ja, ich liebe meine Sahara mit einer mysteriösen, tiefen, unerklärlichen, aber sehr wirklichen und unvergänglichen Liebe.« Doch Augustin antwortete nicht. Er fand, daß seine Schwester selbst schuld an ihrer verzweifelten Lage war. Außerdem hatte er seine eigenen Sorgen: Hélène und das Baby waren krank, und er mußte eine Stelle als Arbeiter bei einer Reederei annehmen, um über die Runden zu kommen.

Am 23. Januar platzte die Bombe: Isabelle und Slimène erfuhren »durch Zufall«, daß Slimène nach Batna zurückversetzt werden solle. Isabelle sah das als weiteren grausamen Schicksalsschlag: »Wieder ist alles in meinem traurigen Dasein zerstört!« Vielleicht vermuteten sie, daß ihre Liaison der Auslöser war. Aber sie hatten noch keine Ahnung, daß es Teil eines Planes von der Armee war, um Isabelle dazu zu bringen, das Land zu verlassen.

Isabelle beschloß, Slimène zu folgen, obgleich der Gedanke, in der trostlosen Garnison Batna zu leben, für beide niederdrückend war. Vor allem, da es dort schwierig sein würde, sich zu treffen. Verbannung aus El Oued, ihrer einzigen Heimat, wie sie es jetzt sah, war für Trofimowskis Tochter, die im Exil geboren war, besonders bitter. Außerdem hatten sie hundert Francs Schulden, die sie nicht zurückzahlen konnten, und mußten nun noch das Geld beschaffen, um sich an einem neuen Ort einzurichten. Sie verbrachten eine verzweifelte Nacht mit kef und Alkohol. Dann ritt Isabelle am nächsten Morgen nach Amiche, um El Hachemi um Hilfe zu bitten. Da sie ihn von Pilgern umgeben fand, die nach Nefta wollten, konnte sie eine Stunde lang nur »Banales« zu ihm sagen, ehe es ihr gelang, eine Verabredung nach Sonnenuntergang mit ihm zu vereinbaren.

Bei ihrer Rückkehr fand Isabelle Slimène in großer Verzweiflung vor. Am Abend trafen sie sich auf der Straße nach Amiche und ritten im schwachen Schein der Mondsichel zu El Hachemi. Slimène »sah aus, als würde er vor Kopflosigkeit jeden Moment vom Pferd fallen«. Für den von Familientradition geprägten Slimène war das Gefühl, daß höhere Armeestellen gegen ihn eingestellt waren, so besorgniserregend wie die drohende Trennung von Isabelle. El Hachemi empfing sie bei Kerzenschein in seinem großen Kuppelraum, und sie setzten sich vor ihn auf den riesigen roten Teppich auf dem Sandboden. »Ich spürte, daß mein armer Rouh nicht imstande war, auch nur ein Wort hervorzubringen, und mir selbst war die Kehle wie zugeschnürt. Da sah ich Tränen in Rouhs Augen und hätte am liebsten ebenfalls geweint.« Es gelang Isabelle, dem Scheich, der ihr betrübt und abwesend zuhörte, ihre Situation zu erklären. Slimènes Augen glänzten von Fieber, und Isabelle, die auf ihn deutete, flehte El Hachemi an. Schließlich stand er auf und kehrte mit hundertsiebzig Francs zurück und sagte: »Gott wird für den Rest sorgen.« Ohne etwas zu sagen, ja ohne die Scheine zu nehmen, blickte Rouh sie an und lachte. »Es war ein Lachen, das den Scheich und mich erschreckte... ein stummes

Lachen, das trauriger war als Tränen. Ich fragte mich, ob er seinen Verstand ganz verlieren würde.«

Zwei Tage später suchten Isabelle und Slimène Sidi El Hussein in derselben Angelegenheit auf. Slimène sah immer noch wie ein wandelndes Gespenst aus. Der Scheich weinte über ihre Geschichte und darüber, daß sie beide fortmußten. Er erinnerte sich gern an seine Bekanntschaft mit Isabelle, an ihre langen Gespräche und »die Geheimnisse gemeinsamer Unternehmungen«. Ob es sich dabei nun um Geheimnisse des Sufismus handelte oder sie mit dem Mord an de Morès zusammenhingen, bleibt ungeklärt.

An dem Abend, ehe Abd El Kader nach Ourgla zurückgeschickt worden war, hatten er und Isabelle einen Ausflug zu dem nahen Elbejada gemacht. Sie waren um 18 Uhr aufgebrochen und kehrten gegen 21 Uhr im Dunkeln zurück. Es herrschte eine drückende Stille um sie, bis sie sich den ersten Häusern von El Oued näherten und Hunde, die sie gehört hatten, heftig zu bellen anfingen. Im gleichen Augenblick fiel im Westen eine Sternschnuppe. Sie wurde am Horizont zu einer sprühenden blauen Flamme, »wie ein lautloser Feuerwerkskörper«, und erhellte die Landschaft mit einem Magnesiumfeuer. Abd El Kader hatte gesagt: »Das ist das Fanal der Propheten des Islams. Manchmal kommt es zu jenen, die sterben werden.«

# 5.

# ANSCHLAG

Isabelle wollte den blauäugigen blonden »Riesen«, Sidi Eliman, den dritten der Scheichbrüder, besuchen, ehe sie El Oued verließen, um »es bei ihm auf dieselbe Weise zu versuchen, mit der ich bei seinen zwei Brüdern solches Glück hatte«. Der Scheich war zur Zeit auf einer Pilgerfahrt nach Nefta. Am 29. Januar 1901 ritt Isabelle mit El Hachemi und anderen Qadrja aus, um ihn auf der Straße dorthin zu treffen. Am Nachmittag lag die Ortschaft Béhima, knappe zwanzig Kilometer nördlich von El Oued, vor ihnen. Als sie sich ihr über eine trostlose, mit Grabstätten übersäte Ebene näherten, hoben sich ihre grauen Mauern und die einsame, riesige Palme vom Horizont ab, und der Schirokko peitschte Sand wie ein Leichentuch gegen sie. Als sie Béhima erreichten, machten sie Rast im Haus des örtlichen Würdenträgers, Sidi Brahim Ben Larbi, der von einer Schar Qadrjas umringt war. El Hachemi zog sich zum Nachmittagsgebet in ein Nebenzimmer zurück, während Isabelle im Hauptraum blieb, der ein Vorzimmer mit einem Ausgang zu dem Platz davor hatte. Von fünf oder sechs einheimischen arabischen Honoratioren umgeben, saß Isabelle auf einer Truhe zwischen ben Larbi und einem jungen Geschäftsmann aus Guémar, der sie gebeten hatte, drei Geschäftsbriefe für ihn zu übersetzen. Während sie einen besonders schwer zu entziffernden Brief studierte, konnte sie, weil sie die Kapuze ihres Burnusses über den Turban gezogen hatte, nicht sehen, wie sich ihr ein Mann näherte, der einen Eisensäbel unter seinem Burnus hervorzog. Sie spürte einen heftigen Schlag auf dem Kopf, dem zwei weitere auf ihren Arm folgten.

*»Ich blickte auf und sah einen schäbig gekleideten Mann, der offenbar fremd im Haus war, eine Waffe, die ich für einen Stock hielt, über meinen Kopf schwingen. Ich sprang auf, rann-*

*te zur gegenüberliegenden Wand, um nach El Hachemis Säbel
zu greifen, der dort hing. Doch der erste Schlag hatte meinen
Hinterkopf getroffen, und mir wurde schwarz vor den Augen.
Ich fiel auf eine Truhe und spürte einen starken Schmerz im linken Arm.«*

Zwei junge Qadrja entrangen dem Attentäter den Säbel, doch
er entkam und rannte hinaus in die Menge, wo er brüllte: »Ich
suche mir ein Gewehr und gebe ihr den Rest!« Als einer der jungen Männer Isabelle den blutigen Säbel zeigte und rief: »Damit
hat der Hundesohn Sie verwundet!«, kam Scheich El Hachemi
hereingestürzt. Sie nannten ihm den Namen des Attentäters:
Abdallah Mohammed Ben Lakhdar, ein Tidjanja aus Béhima.
El Hachemi sandte sofort nach dem Scheich der Tidjanja von
Béhima. Als er ankam, weigerte er sich zunächst, etwas zu unternehmen, da Abdallah ein Nachkomme des Propheten sei. El
Hachemi entgegnete, daß er den Scheich der Tidjanja dem Arabischen Bureau als Komplizen melden würde. Zögernd gab der
Scheich nach, und Abdallah wurde gefaßt.
    Inzwischen hatte man Isabelle auf eine Matratze gebettet.
Sie blutete stark, war jedoch noch bei Bewußtsein. Als Abdallah angeschleppt wurde, täuschte er vor, wahnsinnig zu sein,
bis Einheimische, die ihn kannten, sein Spiel aufdeckten und
erklärten, daß er ein »vernünftiger, ruhiger und nüchterner
Mann« sei. Dann versuchte er es mit der Behauptung, Gott habe ihn gesandt, Isabelle zu töten. Isabelle musterte ihn eingehend, aber sie war sicher, daß sie ihn noch nie zuvor gesehen
hatte. Sie fragte ihn, warum er das getan hatte. Er antwortete,
daß er sie zwar nicht kenne, aber gekommen sei, sie zu töten,
und er es wieder versuchen würde, wenn man ihn freiließ. Isabelle wollte daraufhin wissen, was er gegen sie habe, und er erwiderte: »Nichts, Sie haben mir nichts getan. Ich kenne Sie
überhaupt nicht, aber ich muß Sie töten.« El Hachemi fragte
ihn, ob er wußte, daß Isabelle Moslime sei, und er antwortete
mit Ja. El Hachemi zwang den Scheich von Béhima, diesen Vorfall dem Arabischen Bureau zu melden, und verlangte, daß ein
Offizier den Attentäter fortbringe und anklage. Erst dann,
ziemlich spät, wie man meinen möchte, ließ er einen Arzt für
Isabelle holen.

Sechs Stunden später kamen ein Offizier und ein Arzt aus El Oued an. Der Arzt stellte fest, daß Kopf und Handgelenk nur geringfügig verletzt waren — zu ihrem Glück war unmittelbar über ihrem Kopf eine Wäscheleine gespannt gewesen, welche die volle Wucht des Hiebes abgefangen hatte, der sie sonst getötet hätte. Doch die Klinge hatte Knochen und Muskeln ihres linken Ellbogens durchtrennt, und man hielt sie für zu schwach, sie noch in dieser Nacht ins Krankenhaus von El Oued zu transportieren. Am nächsten Morgen wurde sie auf einer Bahre dorthin gebracht und auf einen Operationstisch gelegt. Sie sah, wie ihr Blut auf das schwarze Öltuch sickerte, auf dem sie lag, während sie auf den Chirurgen wartete.

In den folgenden Tagen hob sie immer wieder den linken Arm mit dem rechten, um eine Stellung zu finden, welche die Schmerzen ein wenig verringern würden. Schwäche und Fieber ließen sie die Situation im schwärzesten Licht sehen.

Als sie später in ihrem Tagebuch darüber schrieb, tat sie es in Russisch, wie nach dem Tod ihrer Mutter, als wäre das die Sprache des Leides: »Verzweiflung erfaßte mich, und eine kalte Hand legte sich um mein Herz: ›Nein, ich werde dem Attentäter nicht entgehen.‹« Und sie glaubte, daß jeder, selbst der Arzt, mit dem Komplott zu tun hatte. An die Wand war ein Blatt Papier mit den Krankenhausregeln geheftet, und plötzlich hielt sie es für ungeheuer wichtig, zu lesen, was darauf stand. Sie verrenkte sich den Kopf danach, blinzelte, aber sie konnte es nicht entziffern. Das quälte sie über alle Maßen. Wenn sie an den versuchten Anschlag zurückdachte, erinnerte sie sich an ihre ersten Gedanken, als sie in einen schwarzen Abgrund zu stürzen schien: »Tod... keine Sorgen, keine Furcht. ›Es gibt keinen Gott außer Allah, und Mohammed ist sein Gesandter.‹« Ihr Arm pochte vor Schmerzen, und »kindische« Tränen strömten ihr über die Wangen. »Vor dem Tod selbst fürchte ich mich nicht... ich habe nur Angst vor dem Leiden, vor langem und sinnlosem Leiden... und auch vor etwas Finsterem, Obskurem, das mich zu umgeben scheint, das unsichtbar ist, das ich, nur ich, fühlen kann...«

Am 30. Januar schickte General Dechizelle ein Telegramm an General de la Roque in Constantine: »ANSCHLAGSVERSUCH AUF ISABELLE EBERHARDT. KEINE LEBENSGEFÄHRLICHEN VERLETZUNGEN. ATTENTÄTER VERHAFTET. BRIEF FOLGT.« Das Schreiben, das am 2. Februar folgte, beschrieb den Anschlag. »Das Motiv scheint religiöser Fanatismus zu sein; der Attentäter wurde sofort von den anwesenden Einheimischen festgenommen. Eine Untersuchung wird eingeleitet.« Am selben Tag schickte der Generalgouverneur von Algerien eine vertrauliche Nachricht an Dechizelle: »Wie ich erfuhr, gehört Mlle. Eberhardt den Qadrja an. Es ist keineswegs auszuschließen, daß diese Tatsache und ihre intime Bekanntschaft mit dem Oberhaupt dieser Sekte die Gründe für diese fanatische Tat sind.« Zwei Tage später schrieb Dechizelle an General de la Roque, wobei er die »intime Bekanntschaft« zur »intimen Beziehung« steigerte: »Nach dem Kommandeur in Tuggurt ist Mlle. Eberhardt eine Initiandin der Quadrja. Es wird gemunkelt, daß sie eine intime Beziehung zu dem Marabut hat. Der Kommandeur befürchtet, daß dieses Verhältnis, das angeblich seit einem Jahr besteht, unangenehme Folgen haben könnte.« Tatsächlich kannte Isabelle El Hachemi erst seit Juli, doch solche Details spielten keine Rolle: Die Version des französischen Militärs bezog sich von da an fest auf die beiden Begriffe »intime Beziehung« und »religiöser Fanatismus«, was alles zu sagen schien. Es fiel ihnen schwer, sich vorzustellen, daß eine junge Frau bei so häufigen Tête-à-têtes mit einem Scheich, dessen sexuelle Kraft in der westlichen Vorstellung so gerühmt wurde, anders als körperlich mit ihm verkehren könnte.

Wie ein französischer Oberst Isabelle ein Jahr später erzählte, war sie während ihres Aufenthalts in El Oued bei den nach Frauen hungernden Soldaten das Objekt »d'innombrables convoitises«. Ebenso würde ein ungebildeter Araber, vor allem einer aus einer rivalisierenden Sekte, El Hachemis Beziehung zu einer sich sehr frei benehmenden Ausländerin nur auf eine Art auslegen. Und so wurde Isabelle lediglich vom Hörensagen für etwas verdammt, das sich schwer vorstellen läßt, wenn man ihre damalige Gemütsverfassung kennt, ihre Verehrung der Scheichbrüder, ihre Liebe zu Slimène und die Eifersucht, mit der er ihr häusliches Glück hütete. Ebenso war »religiöser Fanatismus« ein praktischer Deckmantel, unter dem sich, wie auch jetzt noch, viele politische Machenschaften verbergen ließen.

Die Generale und der Generalgouverneur tauschten im Februar weiterhin Mitteilungen über diese Sache aus. Auch sandten sie Schreiben an den russischen Konsul und ersuchten um Genehmigung, Isabelle als russische Staatsbürgerin aus Algerien auszuweisen.

# 6.

# REKONVALESZENZ

Während der vier Wochen, die Isabelle im Krankenhaus in El Oued verbrachte, sich von ihrem Schock, der Armverletzung und dem Blutverlust erholte, pendelte ihre Stimmung hin und her zwischen dem Gefühl, daß der Anschlag ihrem Leben den lang ersehnten Sinn gegeben, und dem, daß er ihr allen Sinn geraubt hatte. Zeichen der Natur und Außenwelt, für die sie schon immer empfänglich gewesen war, wurden nun Omen für sie.

Am 3. Februar 1901 setzte Isabelle sich im Bett auf und sah eine winzige Meise mit schwarzem Hals, »grau wie der Wüstensand« auf ihren dünnen Beinen vor ihrer Tür hüpfen. Als sie sang, als wäre es für sie, bildete Isabelle sich plötzlich ein, der Vogel sei die Seele ihrer Mutter — der »Weiße Geist«, wie sie sie in ihrem Tagebuch immer in Russisch nannte —, die in dieser »zierlichen Gestalt« zu ihr gekommen sei, um ihr Trost zu spenden. Sie fühlte, daß der Vogel und sogar der versuchte Anschlag gute Omen waren, Zeichen, daß ihr »Schicksal« ihr auf rätselhafte, aber bedeutungsvolle Weise zuwinkte. Daß sie für einen solchen Anschlag auserwählt worden war, bedeutete, daß »heiliges« Märtyrertum für den Islam vielleicht tatsächlich ihr Los war, die gute Sache, »für die ich, wie ich es ersehne, eines Tages mein heißes Blut vergießen werde«, wie sie in Bône geschrieben hatte. Die Tatsache, daß sie durch den Anschlag »wie durch ein Wunder« nicht getötet worden war, erschien ihr von sakramentaler Bedeutung, als äußeres Zeichen einer inneren Gnade. Prosaischer stellt es sich aus der Sicht eines Außenstehenden dar: Sie brauchte eine Identität, und der Anschlag hatte ihr scheinbar eine Rolle auferlegt. Tatsächlich paßte die eines Opfers viel besser zu Isabelles wahrem Charakter als die der großen Heldin, in der sie gesehen wurde. Wie Johanna von Orleans und Lawrence von Arabien war sie auf der

Suche nach einer heiligen Aufgabe und wartete seltsam passiv auf den Ruf.

Insgeheim glaubte Isabelle, dieser Anschlag könne ein Hinweis sein, daß sie zum Marabut, zum Mystiker, bestimmt war. Sie erwähnte das jedoch selbst in ihrem Tagebuch nur verblümt. Am 9. Februar schrieb sie im Krankenhaus: »Wir leben inmitten von Mysterien und fühlen beide, wie uns die mächtigen Schwingen des Unbekannten in diesen wahrhaft wundersamen Ereignissen berühren, mit denen wir bei jedem Schritt gesegnet sind.« Der Anschlag war nur in praktischer Hinsicht ein »Segen«, denn er verzögerte ihre Abreise von El Oued und verhalf ihnen zu einem gewissen Beistand. Aber am 3. Februar, als sie den Vogel sah, hatte sie auch gesehen, wie Abdallah in die Gefängniszelle gebracht wurde, und dieser Anblick verstärkte ihre Überzeugung, daß die ganze Sache von besonderer Bedeutung war.

*»Starke Empfindung von Mitleid für diesen Mann, dieses blinde Werkzeug einer Bestimmung, die er nicht versteht. Als ich diese graue Silhouette mit dem gesenkten Kopf sah, mit den zwei Blauuniformierten an der Seite, hatte ich das vielleicht bisher eigenartigste und tiefste Gefühl, vor einem Rätsel zu stehen. Sosehr ich auch mein Herz nach Haß auf diesen Mann erforsche, kann ich keinen finden, und noch weniger Verachtung. Ich empfinde ein merkwürdiges Gefühl: mir scheint, ich stehe dicht vor einem Abgrund, einem Rätsel, dessen letztes Wort — oder vielmehr dessen erstes Wort — noch nicht gesprochen ist, welches jedoch den ganzen Sinn meines Lebens in sich birgt. Solange ich den Schlüssel zu diesem Geheimnis nicht habe — und ob ich ihn je besitzen werde, weiß Gott allein —, werde ich nicht wissen, wer ich bin oder weshalb dies alles mit mir geschieht. Und doch scheint mir, als wäre es mir bestimmt, nicht abzutreten, ohne das ganze Mysterium verstanden zu haben, das mein Leben umgibt, von seinem ungewöhnlichen Beginn bis zum heutigen Tag. ›Wahnsinn‹ werden Skeptiker es nennen, die leichte Lösungen vorziehen und keine Geduld mit Rätseln haben. Sie täuschen sich, denn die Abgründe zu schauen, die das Leben verbirgt und deren Existenz drei Viertel der Bevölkerung nicht einmal ahnen, kann nicht*

*als Narrheit abgetan werden, so wie die Beschreibung eines*
*Sonnenuntergangs oder einer Gewitternacht durch einen*
*Künstler einem Blinden lächerlich erscheinen würde ... Wenn*
*die Besonderheit meines Lebens das Ergebnis von Ignoranz*
*oder einer bestimmten Haltung wäre, ja, dann könnten die*
*Leute sagen: ›Sie hat es sich selbst zuzuschreiben‹, aber nein!*
*Niemand ist je mehr ein Kind des Zufalls gewesen als ich, und*
*es sind wirklich die Ereignisse selbst, unerbittlich miteinander*
*verknüpft, die mich dahin geführt haben, wo ich bin. Ich habe*
*sie wahrhaftig nicht selbst verursacht.«*

Interessant ist, daß Isabelle intuitiv das »Rätsel«, das sie in ihrem Leben sah, mit seinem »ungewöhnlichen Beginn« verbindet.

Slimène war der einzige, wie sie glaubte, mit dem sie über
ihre mögliche religiöse Bestimmung sprechen könnte. Doch er
wurde am 9. Februar nach Batna versetzt. Sie schrieb ihm einen
Brief, der ihn bei seinem nächsten Aufenthalt erreichen würde:
»Ich muß mich rasch, ganz rasch erholen, damit ich hier weg
und zu Dir kommen kann — ohne Dich fühle ich mich absolut
außerstande zu leben.« In ihr Tagebuch trug sie ein: »Ich bin allein, arm, krank ... Ich kann von niemandem Gefälligkeiten
oder Hilfe erwarten ... Mama ist tot, und ihr Weißer Geist hat
für immer das irdische, verworfene Leben verlassen, das ihr so
wesensfremd war. Auch der alte Philosoph ist in den Schatten
des Grabes verschwunden; der frère-ami ist zu weit fort.« Mit
schwerem Herzen blickte sie auf ihr Idyll mit Slimène zurück:
»Wir werden nie wieder in einanders Armen unter der weißen
Kuppeldecke unseres kleinen Zimmers liegen, eng umschlungen, als hätten wir eine düstere Vorahnung feindlicher Kräfte
gehabt, die uns zu trennen suchten.«

Sie fand jedoch einen unerwarteten Trost in dem Militärarzt
Dr. Léon Taste, zu dem Isabelle eingehend über Slimène reden
konnte, wenn auch nicht über ihre Religion, über die er seine
Zweifel hatte. Er war fünf Jahre älter als sie und erst vor kurzem in Afrika angekommen. Er wollte wissen, was hinter Isabelles unberechenbarem Wesen lag. Sie führten »endlose Gespräche«, anfangs an ihrem Krankenlager, später in seinem betont nüchternen, weißen Zimmer. Isabelle beschrieb ihn in einigen Notizen:

*»Manchmal vergnügt, manchmal bissig und barsch, ein Beob-*
*achter und Denker, ein Seelensucher, dem ich Rätsel aufgebe,*
*brüderlich, bewundernd und oft aggressiv, hauptsächlich über*
*religiöse Fragen. Dr. Taste wurde bald mein enger Freund. Er*
*war ein leidenschaftlicher Mensch und öffnete mir häufig seine*
*Seele. Er erzählte mir von seinen Geliebten, seinen Ideen, sei-*
*nen Abenteuern und Träumen. Vor allem galt seine Neugier al-*
*lem Sinnlichen. Er suchte nach verfeinerten Sinnenfreuden,*
*nach ungewöhnlichen Erfahrungen, versuchte in meine Ver-*
*gangenheit vorzudringen, vor allem die jüngste. Er spürte ge-*
*nau, daß von allem, was ich ihm erzählen konnte, nur das wirk-*
*lich wahr und echt war, was mich unbewußt die einzige Person*
*lehrte, die ich wirklich liebe und die mich liebt, denn das Wun-*
*der der Liebe, ich wollte sagen, das Sakrament der Liebe, wirkt*
*nur, wenn die Liebe erwidert wird und nicht einseitig ist. Taste*
*versuchte, die romantische und sinnliche Seite Slimènes zu er-*
*kennen, um so meine ergründen zu können, nachdem er mich*
*zuerst völlig falsch eingeschätzt hatte. Das lag an dem Gesell-*
*schafts-, oder vielmehr dem Standes-, vor allem aber dem Ras-*
*senvorurteil. Der Franzose stellte sich die Araber als ausgespro-*
*chen instinktiv und animalisch vor und glaubte, daß sie im Lie-*
*besakt nur die grobe körperliche Befriedigung ohne zärtliche,*
*feinere Gefühle suchten. Und der Offizier sah in ihnen lediglich*
*den typischen Untergebenen — und selbst das war schon eine*
*Ehre, wie er glaubte —, den sentimentalen Musketier, der ge-*
*radewegs von schwülstigen Liebeserklärungen zum animali-*
*schen Akt übergeht. Sein Interesse an der Sache und seine ehr-*
*liche Bewunderung für mich wuchsen von dem Augenblick an,*
*da er die Dinge an Slimène zu schätzen lernte, deren Slimène*
*sich selbst kaum bewußt ist: wie besonders sein wirklich außer-*
*gewöhnliches Wesen ist, es findet nicht seinesgleichen, weder*
*im Guten noch im Schlechten.«*

Doch Tastes Anwesenheit verhinderte weder ihre Stimmungsschwankungen noch ihren cafard. Am 19. Februar, als sie nach
dem Anschlag zum erstenmal wieder ausritt, stellte sie fest, daß
die Landschaft ihren Reiz verloren hatte:

*»Der Souf ist leer, unabänderlich leer ... Solange die Aspekte*

*der Natur um uns mit unserer Stimmung im Einklang sind, se-*
*hen wir in ihnen eine ganz besondere Schönheit, doch sobald*
*unsere kurzlebigen Gefühle sich verändern, verflüchtigt und*
*verschwindet alles ... Wie konnte ich nur an die Existenz von*
*etwas Geheimnisvollem geglaubt haben, das ich in diesem*
*Land zu spüren vermeinte und das doch nichts anderes war als*
*die Widerspiegelung des traurigen Rätsels meiner eigenen See-*
*le. Und ich bin dazu verdammt, mein ganzes unbeschreibliches*
*Leid, all die dunklen Gedanken mit mir zu schleppen durch die*
*Länder und Städte der Erde, ohne je das Ikaria meiner Träume*
*zu finden!«*

Wenn es nur ihre innere Welt war, die den Dingen Sinn gab,
mochte auch diese sich eines Tages verflüchtigen. »Wenn das
unbegreifliche ennui noir, das manchmal Besitz von mir er-
greift, zu meinem ständigen und normalen Zustand würde«,
schreibt sie, »fände ich sofort die Kraft, dieser Möglichkeit
durch einen ruhig und kühl geplanten Freitod zu entgehen. Das
Leben als solches bedeutet mir ehrlich nichts, und der Tod übt
eine eigenartige Faszination auf meine Phantasie aus.« Doch
schon am nächsten Tag hob sich ihre Stimmung: »Nein! Der
Souf ist nicht leer, und die Sonne der Sahara scheint noch ...
Es war mein eigenes Herz, das leer und trostlos war.« Es lief
auf das gleiche hinaus: Die Außenwelt war ein Spiegelbild ihrer
Gemütsverfassung. Schließlich endete sie düster: »Von mir
und der Welt um mich weiß ich nichts, nichts ... Das ist vielleicht das einzige, das feststeht.«

Am selben Tag, dem 20. Februar, schrieb sie einen Brief an
Slimènes Bruder Mouloud in Bône in ganz anderer Stimmung.
Sie erwähnte zum ersten und einzigen Mal, daß sie den Mord-
anschlag für ein Komplott hielt, und wies auf die »feindlichen
Kräfte im dunkeln« hin:

*»Gehen Sie dieser Meute von französischen Politikern wie der*
*Pest aus dem Weg. Sie spielen schamlos mit den Moslems und*
*haben uns auf die schändlichste Weise im Stich gelassen, nach-*
*dem sie uns in die Rolle des Sündenbocks gedrängt haben. Ehe*
*sie andere aller Arten von Verbrechen beschuldigen, hätten sie*
*Unschuldige wie Mohammed Taïb, Sidi Hachemi und andere,*

*die wir so gut kennen, nicht in den Schmutz ziehen dürfen —
und Slimène, der den Preis für uns alle bezahlen mußte. Die
Zukunft wird beweisen, daß wir abscheulich mißbraucht worden sind. Halten Sie es nicht für unehrenhaft, diesen Leuten
den Rücken zu wenden, ich rate Ihnen ja nicht, sie zu verraten
oder die Hilfe anderer zu suchen. Nein ... bleiben Sie der gute
Moslem und getreue Qadrja, der Sie sind, aber hören Sie auf,
Leute zu unterstützen, die nicht nur der Bruderschaft und unseren Scheichs nichts Gutes wünschen, sondern sie mit voller
Absicht in den Ruin treiben. Ehe ich von hier weggehe, werde
ich dies alles Sidi Hachemi erzählen. Dieser Rat wird mein Ver-
mächtnis sein, wahrscheinlich für immer.«*

Sie fügte hinzu: »Der Rat, den ich Ihnen gebe, ist übrigens genau der, den ich selbst beherzigen werde. Ich reise nach Batna
und will nichts mehr mit diesen Leuten zu tun haben.«

Sie verließ das Krankenhaus am Montag, dem 15. Februar,
um nach Batna aufzubrechen und sich Slimène wieder anzuschließen — »zu früh«, nach Dechizelles Meinung, der in einem vertraulichen Armeememorandum schrieb, daß sie noch
nicht völlig genesen war. Aber Isabelle konnte es nicht erwarten, Slimène wiederzusehen, »diese junge Seele, die mein ist,
die ich eifersüchtig liebe und die ich mit all meinen Kräften zu
formen versuchen werde, nicht nach meinem Bilde, denn das
wäre ein Sakrileg, sondern so wie ich ihn gerne haben möchte,
vor allem aber, wie der Weiße Geist ihn gern gehabt hätte! Oh,
sie würde ihn ganz gewiß geliebt haben, aus tiefem Herzen,
denn arglose Großzügigkeit und eine reine Seele gingen ihr
über alles!« Die Idealisierung ihrer Mutter und das Bedürfnis,
ihr sogar noch nach ihrem Tod Freude zu machen, waren symp-
tomatisch für die Art, wie die Beziehung zu ihren Eltern sie
ein wenig wirklichkeitsfremd gemacht hatte; und ihre Pygma-
lionisierung Slimènes deutet darauf hin, daß sie auch nicht fähig war, ihn realistisch zu sehen.

Voll Nostalgie verließ sie den Souf und wußte, daß sie nicht
nur »die berühmte Landschaft, in der ich hätte leben und sterben wollen«, vermissen würde, sondern sogar das Krankenhaus und vor allem ihre Gespräche mit Dr. Taste, der »erkannt
hatte, daß unter all der Eigentümlichkeit und Ungereimtheit

meines Lebens fundamentale Ehrlichkeit und echte Sensibilität stecken und daß in meinem Verstand noch ein Schimmer von Vernunft ist.«

Drei Wochen später sandte der Generalgouverneur von Algerien ein vertrauliches Memorandum an General de la Roque in Constantine, dem er die Antwort des russischen Konsuls auf sein Schreiben vom vergangenen Monat beilegte.

*»Aus der Information, die Sie so freundlich waren, mir zukommen zu lassen, ersehe ich, daß ihre Anwesenheit nur zu problematischen Vorfällen führen könnte, was auch Ihre Befürchtung ist. Trotz ihres russischen Passes, der in Moskau ausgestellt ist, ermächtige, ja ersuche ich Sie, diese junge Russin, die sich als Araber verkleidet, aus den Südgebieten zu verweisen, sie zur Grenze zu begleiten und ihre Ausweisung zu verlangen. Dadurch haben wir in Zukunft nichts zu befürchten. Und indem wir diese Schritte gegen die junge Frau unternehmen, die ich als mehr denn exzentrisch erachte, tun wir ihr sogar einen Gefallen, wenn man den fanatischen Anschlag auf sie bedenkt.«*

# 7.

# SLIMÈNE

Dr. Taste begleitete Isabelle, die ihr Pferd Souf ritt, etwa
zehn Kilometer bis Tarzout. Von dort ritten Isabelle und
Lakhdar zu Sidi El Husseins sawija in Guémar, wo sie übernachteten. Am nächsten Tag schlossen sie sich einer Karawane von zehn Arabern an, die nordwärts zog. Die Reise nach
Batna dauerte sieben Tage und führte sie durch unterschied-
liches Wüstenterrain: weiche Dünen, da und dort Büschel von
Bartgras, harter, steiniger Grund, auf dem Souf so oft aus-
rutschte, daß Isabelle absitzen mußte, und über die riesigen
Salzsümpfe, »eine horizontlose, milchige See mit kleinen weißen Inseln gesprenkelt«, mit ihrem gebackenen, blau, weiß
und pflaumenfarbig gefleckten Boden. Am Tag tranken sie
Kaffee oder salziges Wasser aus Brunnen und kauften Hasen,
die sie kochten. Nachts schliefen sie in einfachen, gemieteten
Zimmern und konnten das traurige Quaken von Kröten in
der stillen Wüste hören. Trotz anfänglicher Kopfschmerzen
und Fieber hob sich Isabelles Stimmung gegen Ende der Reise. Am 1. März schrieb sie:

*»Empfand den ganzen Tag ein Gefühl grenzenloser Energie
und Kühnheit und Wagemut gegenüber dem Schicksal... vor
allem am Abend. Und doch läßt mir ein anderer Gedanke keine Ruhe und hält mich vom Schlafen ab, so müde ich auch
bin: In Batna erwartet mich ein leidenschaftlicher Rausch,
und allein der Gedanke daran läßt mein Herz heftiger schlagen. Übermorgen oder spätestens überübermorgen kann ich
meinen Gefühlen freien Lauf lassen, die mich heute abend
schier wahnsinnig machen, und dann leben diese leidenschaftlichen Nächte von El Oued wieder auf... ich kann meinen
Gebieter in den Armen halten, ihn an mein Herz drücken,
das im Augenblick so schwer ist von zuviel unerfüllter Lie-*

*be... Heute abend ist mir bewußt, daß ich noch jung bin,*
*daß das Leben nicht völlig düster und leer und die Hoffnung*
*nicht verloren ist.«*

Slimène ritt ihr bis südlich von Biskra entgegen, und kurz ehe
sie die Stadt erreichten, drehten sie ihre Pferde noch einmal zu
einem letzten Blick auf die Sahara herum. »Es ist unser Land«,
sagte Isabelle, »Insch Allah! Wir werden bald zurückkommen
und es nie wieder verlassen!« Nach Biskra war Isabelle traurig,
als sie wieder »richtige Erde« unter sich fühlte und Berge am
Horizont sah.

Obwohl sie in ihren Augen bereits verheiratet waren — sie
hatten ihre moslemischen Eheversprechen zu einem nicht er-
wähnten Zeitpunkt in Gegenwart der Scheichbrüder als Zeugen
in El Oued abgelegt —, war es unbedingt erforderlich, daß sie
unter französischem Gesetz getraut wurden, um nicht weiterhin der Gnade der Behörden ausgeliefert zu sein. Doch nur wenige Tage nach ihrer Ankunft wurde Slimène zu seinem Kommandeur gerufen, der ihm sagte, daß er nie die Erlaubnis erhalten würde, Isabelle zu heiraten, und zwar »aus Gründen, die er
nicht erläutern würde«.

Isabelle klagte Augustin diese Neuigkeit in einem Brief vom
7. März, in dem sie ihre Schwierigkeiten aufzählte: Sie schul-
deten den Scheichs Geld und mußten nun beide von Slimènes
Sold leben, der jetzt nur noch einen Franc betrug. Ihr Arm heil-
te schlecht, und sie konnte den Ellbogen nicht mehr abbiegen.
Und als unverheiratete und mittellose Frau hatte sie es schwer,
Zimmer zu finden, obwohl sie mit Rücksicht auf Slimène und
ihre eigene prekäre Lage innerhalb des Militärgebiets arabische
Frauenkleidung trug. Sie beschwor Augustin, den Anwälten zu
schreiben und sich zu erkundigen, weshalb der Verkauf der Villa, zwei Jahre nach Trofimowskis Tod, immer noch nicht zustande gekommen war. Und sie drohte, Wladimirs Beispiel zu
folgen, wenn Augustin ihnen nicht half. Augustin schickte ihr
die Papiere, um die sie vor Monaten gebeten hatte, doch ohne
Begleitbrief, wodurch sie noch niedergeschlagener wurde. Nun
wandte sich Slimène an Augustin und bat ihn inständig, Isabelle zu schreiben, da sie »ungeheuerlich darunter leidet, daß
Sie sich seit über einem Jahr in Schweigen hüllen«. Er erklärte

Augustin, daß Isabelle und er nach moslemischen Gesetz bereits verheiratet waren, jedoch nicht in den Augen der »heuchlerischen Europäer«. Augustin antwortete, und Isabelle war glücklich, daß Slimène »Augustin zu mir zurückgebracht« hatte. In dieser Nacht träumte sie, daß »Vava« zu ihr kam und »Rouh mit großer Herzlichkeit« aufnahm, »seine Stimme war unverkennbar«. Diese Traumbilligung besiegelte ihre Liebe zu Slimène, der nun »mein einziger Trost, meine einzige Freude in dieser Welt ist, in der ich die Ärmste von allen bin und mich doch reicher als jeder andere fühle, weil ich einen unvergleichlichen Schatz habe.« Am 20. März 1901 schrieb sie: »Die große Liebe meines Lebens ist gekommen, unbewußt und ungebeten.«

Es wurde schwieriger für sie, sich zu treffen. Isabelle hatte zwei kleine Zimmer gemietet, wo Spahis mit ihren Frauen wohnten, die offenbar ihre Zeit damit verbrachten, »von einem Zimmer ins andere zu laufen und zu streiten«. Da Slimène die Kaserne kaum verlassen konnte, fanden sie nur selten Gelegenheit für ein kurzes Treffen, wobei sie meist noch der Kasernenzaun trennte. Am 26. März war Isabelle »völlig verzweifelt. Nichts zu essen, kein Geld, nichts zu heizen, nichts!« Obgleich ihre Armut sie für die »gegnerischen Kräfte« verwundbar machte, erwies sich in dieser schweren Zeit ihre frühere Extravaganz als Schutz. »Ich hatte recht, daß ich vor zwei Jahren hier Geld aus dem Fenster warf: daß man mich für reich hält, schützt mich ebenso wirksam, wie es tatsächlicher Reichtum könnte. Oh, wenn diese Schufte wüßten, daß ich in tiefster Armut lebe und daß es für sie so leicht wäre, uns zu ruinieren, würden sie es ganz gewiß tun! Nur gut, daß sie mich nun alle für unbekümmert und exzentrisch halten. So kommen sie nicht auf den Gedanken, daß ich das armselige Leben tatsächlich aus Armut führe.«

Sie wußte, daß sie auf Schritt und Tritt beobachtet wurde, und kannte sogar den Polizisten, »der zweifellos vom Feind beauftragt worden ist, mir nachzuspionieren«. Der Polizist deutete selbst an, daß jemand ihren Tod wollte und ihr Mörder unbestraft bleiben würde. In ihren Tagebüchern wird dieser Jemand nur als »P...« bezeichnet, aber es handelte sich fast sicher um Pujat. Wenn das stimmte, schrieb Isabelle, »bedeutet es mein Todesurteil, wohin ich im Süden auch gehe«. Pujats

Worte waren ihr zugetragen worden: »Diese Verrückte könnte uns eine Menge Schwierigkeiten machen.« Wenn es tatsächlich geheime Militärorders für ihre Ermordung gegeben hatte, waren sie von höherer Stelle gegeben worden. Isabelle fügte in ihrem Tagebuch hinzu: »Welche Verbrechen sie auf dem Gewissen haben müssen... Wenn sie eine reine Weste haben, weshalb verhaften sie mich dann nicht, zum Beispiel wegen Spionage, oder weisen mich aus dem Land?« Eine knappe Woche später entwarf der Generalgouverneur von Algerien ein vertrauliches Memorandum:

*»Es würde ernste Schwierigkeiten in der Kolonie zur Folge haben, dieser Person den weiteren Aufenthalt in Algerien zu gestatten. M. le Général, der Kommandeur der Division in Constantine und der Polizeichef sind beide derselben Meinung. Der russische Generalkonsul in Algier, an den wir uns gewandt haben, hat bereits alle Ausweisungsmaßnahmen genehmigt, die gegen Mlle. Eberhardt ergriffen werden. Unter diesen Umständen sollte es kein Zögern geben.«*

Am 3. Mai erhielt sie den Ausweisungsbefehl. Das war in gewissem Sinn das Märtyrertum, das sie wenige Tage zuvor in ihrer Tagebucheintragung fast herbeigesehnt hatte: »Welch höheres Ziel könnte eine Seele erstreben, als durch Fanatismus harmonisch, das heißt, im Einklang mit dem Gewissen, zum Märtyrer zu werden?« Wie bei dem Anschlag schmetterte sie das ebenso nieder, wie es sie aufbaute. »Ich bin wie ein Wild, das erbarmungslos gehetzt wird«, schrieb sie, zwei Tage nachdem sie den Ausweisungsbefehl erhalten hatte, »um es zu töten... Seit Jahren wußte ich, daß es mir einmal unabwendbar so ergehen würde.« Und doch »werde ich mich nicht unterkriegen lassen, denn noch sind zwei Dinge in mir stark: mein Glaube und mein Stolz. Ja, ich bin stolz auf diese ungewöhnlichen Schicksalsschläge, stolz, daß mein Blut vergossen wurde, und stolz, daß ich meines Glaubens wegen verfolgt werde.«

Kaum hatte Slimène von dem Ausweisungsbefehl erfahren, schrieb er an Augustin und bat ihn, sich Isabelles anzunehmen, solange es nötig war:

*»Sie wissen, daß meine Frau sehr genügsam zu leben versteht,
da sie bedauerlicherweise mehr als genug Gelegenheit hatte, es
zu lernen, besonders hier in Batna. Sie wird Sie wirklich wenig
kosten. Ich bin ein armer Soldat, der von dem Hungerlohn
lebt, den der Staat uns für unsere Gesundheit, unsere Zeit, unsere Arbeit und vor allem unsere Freiheit bezahlt. Wir lernten
uns nicht in guten Tagen kennen. Wir beide sind bereits alte,
leidgeprüfte Kameraden.«*

Isabelle verkaufte Souf und verließ Batna um vier Uhr morgens
am 6. Mai. Drei Tage unterbrach sie ihre Reise in Bône, um
Koudja Ben Abdallah zu besuchen. Verfolgt von einem »hart-
näckigen düsteren Gefühl« der Unwirklichkeit um sie herum,
ging sie an Bord der *Berry* und reiste vierter Klasse als »Matrose Pierre Mouchet«. Wehmütig erinnerte sie sich jener besseren
Tage, als sie sich mit dem Matrosenkostüm, das sie nun aus bitterer Notwendigkeit tragen mußte, zu ihrem Vergnügen verkleidet hatte. In der zweiten Nacht tobte ein heftiges Gewitter.
Das kleine Schiff, das von stürmischen Wellen hin und her geworfen und vom Wind gepeitscht wurde, der »mit der Stimme
des Todes« heulte, erschien Isabelle, die diese kalte Nacht halb
im Delirium verbrachte, wie ein Abbild ihrer eigenen Heimsu-
chung.

Am nächsten Nachmittag nahm sie nach ihrer Ankunft in
Marseille die Straßenbahn, die den steilen Canebière hinter
dem Hafen hochfuhr, und schleppte sich mit dem Bündel ihrer
Habseligkeiten den Rest des Weges zu Augustins Haus hinauf.
Sie war gerührt, als sie das Baby sah, die »arme kleine Hélène,
die mir, wie ich voll Zuneigung und Besorgnis feststelle, sehr
ähnlich sieht«. Doch Augustins Ehe mit seiner »guten Gattin«
hatte ihn ihr noch mehr entfremdet, und Isabelle fragte sich,
wieviel der früheren Wesensverwandtschaft zwischen ihnen
nur in ihrer Phantasie bestanden hatte. Mehr denn je klammer-
te sie sich nun in Gedanken an Slimène, »das einzige Wesen,
mit dem ich je so harmonisch zusammenleben konnte und bei
dem ich mich geborgen fühle«.

# 8.

# EXIL

Am 18. April, während sie noch in Batna war, hatte Isabelle direkt an den Kolonialminister in Paris geschrieben und so das Militär umgangen, und ihn um seine Unterstützung bei ihren Heiratsplänen gebeten. Ihre Taktik machte sich bezahlt. Als sie in Marseille eintraf, erwartete sie bereits seine handschriftliche Antwort:

*»Ich habe Ihre Schilderung mit größter Aufmerksamkeit gelesen. Lassen Sie mich Ihnen versichern, daß ich völlig überzeugt bin, daß Ihr Privatleben über jeden Verdacht erhaben ist. Ich glaube, daß die wirklichen Gründe für den Bescheid, den Sie erhielten, auf rein politischer Ebene zu finden sind. Die lange Zeitspanne bis zur endgültigen Entscheidung in Ihrer Angelegenheit und die Art und Weise, wie man Sie davor behandelt hatte, bestätigen diese Ansicht. Unter den gegebenen Umständen liegt jedoch die Entscheidungsgewalt ausschließlich bei den Militärbehörden, und es ist mir leider nicht möglich, offiziell einzugreifen. Aber ich bin überzeugt, daß Ihre Integrität und Aufrichtigkeit und die Echtheit Ihrer Gefühle schließlich alle Widrigkeiten überwinden werden. Verlieren Sie in dieser schwierigen Lage nicht den Mut.«*

Persönlich wie politisch war das ein sehr ermutigender Brief, der Isabelle neuen Auftrieb gab.

Ihre Exilzeit in Marseille bot eine gute Gelegenheit, die Ereignisse der vergangenen Monate zu überdenken und niederzuschreiben. Die Spannungen und die Ereignislosigkeit in Augustins kleinem Haushalt waren für Isabelle ein weiterer Anreiz zu schreiben. Sie machte sich private Notizen, beispielsweise über ihre Gespräche mit Dr. Taste sowie über Reiseberichte und Essays, die zur Veröffentlichung bestimmt waren. Zwei dieser Essays, »Printemps au désert« und »Maghreb«, erschienen einige Monate später in Algerien, und einen weiteren, langen, in russischer Sprache, mit dem Titel »Sahara«, hoffte sie mit der Hilfe ihres Freundes Reppmann in Rußland zu veröffentlichen.

Am 15. Mai schrieb ihr Reppmann und drückte sein Mitgefühl über die Ereignisse der vergangenen Monate aus: »Filanow hätte gesagt, ›Leiden adelt den Menschen: in den Waagschalen von Gut und Böse zählt es zum Guten‹. Daraus kann man Trost schöpfen.« Isabelle tat es und schrieb wenige Tage später in ihr Tagebuch: »Leiden ist gut, denn es adelt.« Reppmann fügte jedoch bedauernd hinzu: »Das ist ja schön und gut, aber was ist mit dem, der leidet?«

Bald danach, am 23. Mai, schrieb Isabelle Slimène, daß das Schicksal es schließlich doch gut mit ihnen meinte. Sie hatte einen alten Freund, Abd El Asis Agréby, einen Tirailleur, getroffen, der ihr nicht nur eine willkommene Summe Geld geschuldet hatte, sondern vielleicht auch in der Lage war, Slimènes Versetzung von Batna nach Tunis zu erreichen. Sie entwarf Slimènes militärischen Lebenslauf in leuchtenden Farben, den Slimène nur abzuschreiben und Agréby zu schicken brauchte. In Batna hatte sie sich geschämt, weil sie früher Slimène »oft grob und ungerecht behandelt« hatte und manchmal sogar so weit gegangen war, ihn zu schlagen. Und »ich schämte mich, weil er sich nicht wehrte und über meine blinde Wut nur lächelte«. Nun, da sie sich seiner Liebe und Unterstützung in dieser schweren Zeit bewußt geworden war, bereute sie ihr Benehmen. Sie hatte sich vorgenommen, schrieb sie ihm, »von jetzt an eine ergebene und gehorsame Gefährtin« zu sein, und sie bat ihn, ihr eine Fotografie von ihm zu schicken, die sie Augustin und Hélène zeigen könnte.

Am 25. Mai erschien ein Polizeibeamter mit unerwarteter Neuigkeit an der Tür: Isabelle wurde zur Gerichtsverhandlung am 18. Juni um 18 Uhr in Constantine vorgeladen. Abdallah Ben Mohammed war für den Mordanschlag also doch der Prozeß gemacht worden. In gewisser Hinsicht war das eine großartige Neuigkeit für Isabelle: Die amtlichen Stellen hatten die Sache also doch nicht vertuscht, und Isabelle würde die Möglichkeit haben, sich zu rechtfertigen und für ihre Rückkehr in

den Maghreb zu plädieren. Es mochte sein, daß der Kolonialminister höchstpersönlich den Prozeß angeordnet hatte. Außerdem wußte sie, daß die Publicity, wenn sie sie richtig nutzte,
von beachtlichem Vorteil für sie sein würde — und daß die Gerichtsverhandlung zum großen Schauspiel ihrer Rehabilitation
werden könnte. Aber sie hatte kein Interesse daran, Rache an
Abdallah zu nehmen, und befürchtete, daß die amtlichen Stellen aus eigenen Motiven einen Schauprozeß wollten, in dem
Abdallah der Sündenbock sein sollte.

Obwohl sie äußerlich gefaßt auf die Verhandlung wartete,
machte sich ihre Nervosität doch auf typisch feminine Weise
bemerkbar: Sie wurde sich nicht schlüssig, was sie anziehen sollte. Natürlich war das für sie eine politische Frage. Sie wußte,
daß viel gegen sie der Tatsache zuzuschreiben war, daß sie arabische Männerkleidung getragen hatte. Aber in einem Brief an
Slimène jammerte sie, daß sie sich europäische Kleidung nicht
leisten könne. Er schrieb, daß er ihr welche kaufen würde. Daraufhin antwortete sie, keineswegs mit der versprochenen Erge-
benheit:

*»Du darfst mir auf keinen Fall europäische Kleidung kaufen,
denn Du hast ja keine Vorstellung, wie teuer sie ist, und ich verbiete Dir ausdrücklich, auch nur einen Centime Schulden zu
machen. Du kennst mich und weißt sehr wohl, daß ich bereit
bin, Dir in allem zu gehorchen, außer wenn Du Unsinn redest.
Da sieht man wieder, daß Du absolut keine Ahnung hast, wieviel es kostet, sich nicht einmal gut, aber doch wenigstens pas-
sabel als Französin zu kleiden: Ich brauchte eine Perücke, denn
ein falscher Zopf würde bei meinem geschorenen Kopf nicht
genügen, und sie allein kostet schon zwischen fünfzehn und
zwanzig Francs, einen Hut, Unterwäsche, Korsett, Petticoat,
Kleid, Strümpfe, Schuhe, Handschuhe usw. Ich werde mich
nur bereit erklären, mich nicht als Araber zu kleiden. Das ist
ohnehin das einzige, das die amtlichen Stellen gegen mich ein-
nehmen würde. Also kleide ich mich als Europäer, als solcher
bin ich schon ausstaffiert. Ich schwöre Dir, ich tue es nicht,
weil mir die Verkleidung als Mann Spaß macht, sondern weil es
anders unmöglich ist. Beim Kriegsgericht, genau wie bei de Susbielle in Tuggurt, sagten sie immer: ›Wir verstehen durchaus,*

*daß Sie Männerkleidung tragen wollen, aber warum nicht europäische?‹ Das ist wirklich alles, was ich Dir über dieses Thema zu sagen habe. Etwas anderes kommt für mich nicht in Frage.«*

Nicht sehr überzeugend, wenn man ihre Meinung über Augustin und seine Frau kennt, schließt sie: »Europäische Männerkleidung paßt am besten zu mir, das finden auch mein Bruder und seine Gattin, wenn ich bei ihnen bin. Es macht mir nichts aus, Arbeiterkleidung zu tragen, doch schlechtsitzende, billige und lächerliche Damenkleidung, nein, nie ... Dazu bin ich zu stolz, und ich hoffe, Du bestehst nicht darauf, daß ich mich an einem Ort, wo man mich mehr oder weniger für einen Millionär hält, so demütige.« Ihr Hochmut, mit dem sie Peinlichkeiten von sich wies, erinnerte sehr an den ihrer Mutter. Und ganz von ihrem hohen Roß herab schloß sie: »Wo bleibt Deine Fotografie, Du Schwein?«

Öffentlich ergriff sie nun eine kluge Initiative. Da sie sich bewußt war, daß die Franzosen Hintergedanken bei diesem Prozeß haben könnten, wollte sie von vornherein verhindern, daß sie ihn als Beweis für moslemischen »Fanatismus« ausschlachteten, den sie als gefährlichen Widerstandsherd gegen die französische Herrschaft ansahen.

Die Franzosen hatten kein politisches Konzept in dieser Sache, sie gingen lediglich davon aus, daß jeder vernünftige Moslem schließlich als nächsten Schritt zur »Kultivierung« zum Christentum übertreten würde. Es hatte in letzter Zeit einige Fälle gegeben, in denen Moslems blutig gegen die französischen Besatzer rebellierten, insbesondere in Margueritte, wo Dutzende von französischen Bewohnern niedergemetzelt worden waren. Isabelle selbst war in Bône in ein erstes Aufflammen dieser Aufstände verwickelt gewesen. Abdallahs Prozeß konnte eine günstige Gelegenheit sein, aus jemandem einen Sündenbock zu machen, der sich für diese Rolle selbst regelrecht angeboten hatte. Isabelle wollte von vornherein darauf aufmerksam machen, daß sie Moslime war und deshalb nicht das Ziel antichristlicher Gefühle gewesen sein konnte. Sie wollte auch verhindern, daß Abdallahs Anschlag als isolierter Fall von Fanatismus hingestellt wurde, und deutlich darauf hinweisen, wenn möglich jedoch, ohne zu provozieren, daß sie glaubte, er sei für den Anschlag gedungen worden. Sie mußte sehr behutsam vorgehen. Die Tatsache, daß der Fall von der algerischen Presse nicht aufgegriffen worden war, deutete darauf hin, daß die amtlichen Stellen sich zunächst nicht schlüssig gewesen waren, welche Linie sie verfolgen sollten, aber daß sie sich der heiklen politischen Seite wohl bewußt waren.

Da sie befürchtete, daß sie selbst vor Gericht ihren Fall nicht so darlegen konnte, wie sie gern wollte, schrieb sie einen offenen Brief an die *Dépêche Algérienne* in Algier, der am 6. Juni veröffentlicht wurde. Nachdem sie den Vorfall von Béhima geschildert hatte, schrieb sie:

*»Ich war sehr überrascht, daß in keiner algerischen Zeitung etwas über diese Sache zu lesen war, obwohl es sich um eine der sonderbarsten und mysteriösesten handelt, über die ein algerisches Tribunal je zu richten hatte. Ich nehme an, daß die Presse einfach keine Einzelheiten darüber erfahren hat. Im Interesse der Wahrheit und Gerechtigkeit halte ich es für wichtig, die Öffentlichkeit mit den Details dieses Falles bekannt zu machen, ehe er vor Gericht verhandelt wird. Ich wäre Ihnen sehr dankbar, wenn Sie deshalb diesen Brief mit meinem Namen abdrucken würden. Ich übernehme die volle Verantwortung dafür... Während der Ermittlungen im Fall gegen Abdallah Ben Mohammed waren die Untersuchungsbeamten verwundert über meine Versicherung, daß ich nicht nur Moslime bin, sondern auch der Sekte der Qadrjas angehöre; ebenso darüber, daß ich arabische Gewandung trug, manchmal Männer-, manchmal Frauenkleidung, je nachdem, wie ich es bei meinen Reisen für erforderlich hielt. Damit man nicht den Eindruck gewinnt, meine Hinwendung zum Islam sei nur Fassade oder Berechnung, möchte ich klarstellen, daß ich nie Christin war, daß ich nicht getauft bin und daß ich, obgleich russische Staatsbürgerin, schon seit langem Moslime bin. Meine Mutter, die der russischen Aristokratie angehörte, starb 1897 in Bône, nachdem sie Moslime geworden war, und liegt dort auf dem arabischen Friedhof begraben. Es gibt deshalb für mich keinen Grund, zum Islam überzutreten, noch auf irgendeine Weise etwas vorzutäuschen — was meine moslemischen Brüder in Al-*

*gerien durchaus verstanden, und zwar soweit, daß mich
Scheich Sidi Mohammed El Hussein, ein Bruder von Sidi Mohammed Taïb, naïb der Bruderschaft der Qadrja, ohne Bedenken in seine Sekte aufnahm. Es ist mir ein Bedürfnis, all das aus
obigen Gründen klarzustellen, aber auch damit Abdallahs Anschlag auf mich nicht als Akt fanatischen Hasses gegen alle
Christen angesehen wird, denn ich bin keine Christin, und das
wissen alle souafas, einschließlich Abdallah!«*

Danach schilderte Isabelle den Mordversuch und lobte Dr. Tastes »aufopfernde und umsichtige Pflege«. Ebenso erwähnte
sie lobend Cauvet und andere, die ihr in El Oued geholfen hatten: »Obwohl ich bei meiner ersten Reise einige Schwierigkeiten mit dem Arabischen Bureau in Tuggurt hatte, dem das in El
Oued untersteht — Schwierigkeiten, die lediglich auf Mißtrauen seitens des Bureaus beruhten —, waren der Leiter des
Amtes in El Oued und seine Offiziere, ebenso wie jene der Garnison, und der Militärarzt überaus zuvorkommend, und ich
möchte ihnen auf diese Weise öffentlich meinen Dank ausdrücken.«

Dann kam sie zum Kern der Sache: Ein paar Tage, ehe sie El
Oued verließ, schrieb sie, hörte sie von Einheimischen, daß Abdallah, der zuvor bis zum Hals in Schulden gesteckt hatte, zur
Tidjanjazentrale in Guémar gereist war. Als er heimkehrte,
war er nicht nur in der Lage gewesen, seine Schulden zurück-
zubezahlen, sondern auch noch eine Palmenpflanzung zu kaufen.

*»Etwa zur gleichen Zeit suchte Abdallahs Vater Sidi Hachemi
auf und erzählte ihm vor Zeugen, daß sein Sohn Geld bekommen hatte, um mich zu töten. Doch da er selbst nicht wußte,
wer seine Auftraggeber waren, ersuchte er um Erlaubnis, seinen Sohn im Beisein einer Rechtsperson zu besuchen, um ihm
zuzureden, ein volles Geständnis abzulegen. Der Marabut riet
ihm, sich an das Arabische Bureau zu wenden. Der alte Mann
bat durch einen meiner Dienstboten um eine Unterredung mit
mir und versicherte mir, ›dieses Verbrechen ging nicht von uns
aus‹. Auch mir erklärte er, daß er seinen Sohn sehen wolle, um
ihn zu einem vollen Geständnis zu überreden... Daraus geht*

*klar hervor, daß Abdallah mich nicht aus Haß auf die Christen*
*töten wollte, sondern weil jemand ihn dazu beauftragte. Eben-*
*so steht fest, daß es eine vorsätzliche Tat war. Ich sagte den Er-*
*mittlungsbeamten, daß ich den Anschlag hauptsächlich dem*
*Haß der Tidjanja auf die Qadrja zuschrieb und annahm, daß es*
*die Tidjanja kaba oder khouans waren, die mich aus dem Weg*
*räumen wollten, als sie sahen, daß ihre Gegner mich aufge-*
*nommen hatten ... Ich hoffe, daß das Gericht in Constantine*
*sich nicht damit zufriedengibt, Abdallah Ben Mohammed zu*
*verurteilen, sondern auch versucht, Licht in diese undurchsich-*
*tige Sache zu bringen. Nach meiner Meinung war Abdallah le-*
*diglich das Werkzeug anderer, und seine Verurteilung wird we-*
*der mich zufriedenstellen noch andere, die für Wahrheit und*
*Gerechtigkeit sind. Nicht Abdallah möchte ich vor den Schran-*
*ken des Gerichts sehen, sondern seine Auftraggeber, die wah-*
*ren Schuldigen, wer immer sie sind.«*

Ohne die Franzosen direkt zu nennen, hatte Isabelle den Feh-
dehandschuh geworfen.

Als die *Dépêche* den Brief ungekürzt abdruckte, schrieb Isabelle am nächsten Tag, dem 7. Juni, einen zweiten Brief, in
dem sie sich für die »bekannte Objektivität« bedankte. Doch
sie bemühte sich, die »Ehre« abzuwehren, die man ihr angetan
hatte, indem man ihr einen gewissen religiösen Einfluß unter
den Einheimischen von Tuggurt und Umgebung zuschrieb.
»Ich habe nie eine politische oder religiöse Rolle gespielt oder
angestrebt, da ich mich für unqualifiziert halte, mich in eine so
ernste und komplexe Angelegenheit zu mischen, wie es die religiöse Frage in einem Land wie diesem ist.« Sie berichtete, wie
sie sich nach ihrer Ankunft in Tuggurt, 1899, gegen Anschuldigungen wehren mußte, ein englischer Methodistenmissionar
zu sein. »Ich erklärte, daß ich Proselytenmacherei jeglicher Art
verabscheue und vor allem Heuchelei, diese englische Charak-
tereigenschaft, die uns Russen ebenso zuwider ist wie den Franzosen.« Sie verpaßte de Susbielle einen Seitenhieb, »ein Mann
von sonderbarer Einstellung«, und lobte Cauvet, »ein Mann
von hohem Intellekt und außerordentlicher Gewissenhaftig-
keit«. Mit leichter Ironie fügte sie hinzu, nachdem er sechs Monate lang Gelegenheit gehabt hatte, ihr Verhalten zu beobach-

ten, hatte er festgestellt, es gäbe »nichts, was man mir vorwerfen könne, außer Exzentrizität und einem Lebensstil, der für ein Mädchen ungewöhnlich, aber harmlos war ... Und er fand die Tatsache, daß ich einen Burnus dem Rock, und Dünen dem heimischen Herd vorziehe, nicht gefährlich für die öffentliche Sicherheit im Land.« Wenn sie in der Gegend in gewissem Maß beliebt war, schrieb sie, dann deshalb, weil sie ausgeholfen hatte, wann immer ihre geringen medizinischen Kenntnisse es bei Fällen von Bindehautentzündung und anderen für die Gegend typischen Krankheiten gestatteten. »Ich habe versucht, in meiner Umgebung ein bißchen Gutes zu tun ... das ist die einzige Rolle, die ich je in El Oued spielte.«

Dann bemühte sie sich, jeglichen Verdacht von sich zu weisen, der sie seit ihrer Ankunft in Algerien verfolgt hatte, daß sie eine Spionin sein könne, die es auf antifranzösische Subversion angelegt habe:

»Alles, was ich mir ersehne, ist ein gutes Pferd als getreuen und stummen Gefährten in einem abgeschiedenen, beschaulichen Leben, ein paar Dienstboten, die nicht viel komplizierter sind als mein Pferd, und den Frieden fern der Rastlosigkeit der Zivilisation, in der ich mich de trop fühle und die nach meiner bescheidenen Meinung steril ist. Wie kann es jemandem schaden, wenn ich den welligen, dunstigen Horizont grauer Dünen dem des Boulevards vorziehe? Nein, Monsieur le Directeur, ich bin keine Politikerin, keine Agentin irgendeiner Partei, denn ich finde die Einstellung einer jeden gleichermaßen falsch. Ich bin nur Exzentrikerin, eine Träumerin und möchte ein freies Wanderleben führen, fern der Zivilisation, um später zu schildern, was ich gesehen habe, und zu versuchen, wenigstens einigen die Schönheit, die Melancholie und die Ehrfurcht nahezubringen, die ich beim Anblick der düsteren Pracht der Sahara empfand. Das ist alles.«

Sie verteidigte sich gegen die übertriebenen Phantastereien über ihre Person und schloß: »Es stimmt, daß der Sommer 1899 in der Sahara außergewöhnlich heiß war und Luftspiegelungen die Dinge stark verzerren, was alle möglichen Halluzinationen erklärt!« Der Brief, den sie zweifellos in ehrlicher

Überzeugung schrieb, ist eine simple, beredte Darstellung ihrer Position. Auch er wurde ungekürzt veröffentlicht, und sie hatte recht in ihrer Annahme, daß die Publicity sie vor Übergriffen durch die amtlichen Stellen schützen würde. Wie sie Slimène schrieb: »Man muß die Waffen benutzen, die sich einem anbieten.«

# 9

# VERHANDLUNG

Am 13. Juni 1901 fuhr sie auf der *Félix-Touache* von Marseille
nach Philippeville. Es war ein strahlend klarer Tag, und sie war
glücklich, wie immer, wenn sie nach Afrika zurückkehrte. In ihrer Marseiller Kleidung, Hose, Jacke und Mütze aus blauem,
grobem Leinen, reiste sie vierter Klasse und genoß es, wieder
unter Leuten zu sein, deren Leben sie interessierte. »Es ist ein
großer Irrtum, sich einzubilden, man könne Leben und Ge-
wohnheiten einfacher Menschen kennenlernen, ohne selbst wie
sie und unter ihnen zu leben«, schrieb sie in der Kurzgeschichte
»Amara le forçat«, die auf einem Gespräch basierte, das sie
während der Überfahrt geführt hatte. Amara war ein dünner,
schlechtgekleideter junger Araber mit gehetzter Miene, der sie
vorsichtig angesprochen hatte, nachdem er sie arabisch reden
hörte. Er erzählte ihr, daß er eben erst aus der Strafanstalt entlassen worden war, wo er wegen Totschlags gesessen hatte. Der
Mann, den er getötet hatte, erzählte er, hatte nicht nur seine
Stute gestohlen, die sein ganzer Stolz gewesen war, sondern das
Tier auch noch getötet, als er erwischt zu werden befürchtete.
Amara konnte an seiner Vergeltung nichts Unrechtes finden.
»Wenn man sich nicht rächen kann, erstickt man, leidet man.«
Er wußte nicht, daß Isabelle auf dem Weg zur Gegenüberstellung mit dem Mann war, der sie zu töten versucht hatte. Sie riet
ihm, nicht rachsüchtig zu sein. »›Lebe in Frieden wie deine Ah-
nen‹, sagte ich zu ihm. ›Dann wirst du deinen Seelenfrieden finden. Überlasse die Rache Gott.‹«

Sie trafen am Abend in Philippeville ein, an der »gesegneten
Küste dieser afrikanischen Heimat«, und die hohe, schwarze
Silhouette des Stadthügels war mit gelben Gaslichtern übersät.
Isabelle reiste mit Amara bis Constantine, wo sie sich im
Straßenlabyrinth auf die Suche nach der Adresse Mohammed
Ben Chakars, des Bruders eines Bekannten, machte. Sie

schlüpfte in ihre arabische Kleidung, »in der ich mich wohler fühlte«. Am folgenden Tag machten Chakar und seine Frau mit ihr einen Ausflug zu den nahe gelegenen Rhummel-Schluchten. Flöhe und ihre Besorgnis, weil sie nichts von Slimène gehört hatte, bescherten ihr eine schlimme Nacht. Doch am 16. Juni traf sie ihn endlich am Bahnhof. Sie aßen mit Ben Chakar zu Abend, Slimène in arabischem Zivil und Isabelle in maurischer Frauenkleidung. Es folgte »eine Nacht des Glückes, der Zärtlichkeit und des Friedens«. Am 17. Juni trafen sie drei Zeugen aus dem Souf, und sie war überwältigt von ihrem herzlichen, tränenreichen Willkommen und der unverkennbaren Atmosphäre des Südens, die sie mitbrachten. Später holte sie Scheich Sidi El Hachemi im Hafen ab: »Der teure Freund freute sich über das Wiedersehen«, schrieb Isabelle in ihrem Tagebuch. Sie bereiteten sich auf den frühen Verhandlungsbeginn am nächsten Morgen vor.

Isabelle hatte sich schließlich dafür entschieden, einheimische Frauenkleidung zu tragen. Das erwies sich als sehr günstig, denn Abdallahs Verteidigung hatte vor, besonders aus ihrer Vorliebe für Männerkleidung Kapital zu schlagen. Isabelle traf schon früh ein und saß allein im Zeugenzimmer. Kurz nach sechs trudelten Schaulustige, Zeugen und Journalisten ein. Sie starrten Isabelle im Vorübergehen an. Sie sah, wie Abdallah in Handschellen zwischen zwei Zuaven vorbeigeführt wurde. Um sieben Uhr rief man sie in den Gerichtssaal. Sie war nicht sehr nervös, wie sie sich später erinnerte. Als sie Sidi El Hachemi in seiner prächtigen grün-weißen Zeremonienrobe vor den beiden Reihen anderer Zeugen sitzen sah, nahm sie auf dem Stuhl neben seinem Platz. Der Gerichtsvorsitzende, Oberstleutnant Jardin, erklärte die Verhandlung für eröffnet, und Abdallah Ben Mohammed wurde mit blassem Gesicht hereingeführt. Unter den Anwesenden in dem überfüllten Gerichtssaal befanden sich Mohammed Ben Abderrahmane, der Scheich der Tidjanja von Béhima — den Isabelle »den Verräter« nannte — in rotem Burnus, General Laborie de Labattut aus Constantine mit mehreren Offizieren seines Stabes und ihren Frauen, Dr. Taste und Reporter von der *Dépêche Algérienne*. Das Militärtribunal saß »steif und mit unbewegter Miene« in ordensgeschmückten Uniformen.

Die Zeugen, auch Isabelle, wurden hinausgeführt und im Lauf der Verhandlung nacheinander aufgerufen. Zunächst wurde Abdallah in Isabelles Abwesenheit vernommen. Er behauptete, er hätte gewußt, daß sie eine Moslime und keine Europäerin war, und er hätte es »aus göttlicher Eingebung« getan. Gott hätte ihm einen Engel gesandt, der ihn aufforderte, »Mademoiselle Eberhardt« zu töten, »die Männerkleidung trug, was wider unsere Sitten ist« und »Aufruhr in die moslemische Religion brachte«. Der Engel hätte ihm mitgeteilt, daß sie in Sidi Mohammed El Hachemis Begleitung durch Béhima kommen würde, wo er zu Hause war. Während der fünf Tage vor ihrer Ankunft hätte er gefastet und sich von seiner Frau und seinen Kinder ferngehalten. Am sechsten nahm er, immer noch von der Stimme des Engels gedrängt, »einen Säbel und beging das Verbrechen« — der Säbel ist die einzige Waffe, die einem Moslem in einem heiligen Rachefeldzug erlaubt ist. Er erklärte, daß er zu der Zeit seine Tat unter allen Umständen ausgeführt hätte, selbst wenn sein Opfer durch Kanonen geschützt gewesen wäre. Doch jetzt dächte er anders darüber und erflehte ihre Vergebung. Im Kreuzverhör fragte Abdallahs Verteidiger, Maître Laffont — zweifellos waren die Antworten seines Klienten vorbereitet —, welche Art von Aufruhr Mademoiselle Eberhardt provoziert hatte, und Abdallah wiederholte, daß sie sich als Mann verkleidete. Dann rückte er noch mit einer unerwarteten Waffe heraus, indem er hinzufügte: »Ich hatte auch noch einen anderen Verdacht: Ich glaubte, sie wäre Scheich Sidi Hachemis Geliebte.« Im Gerichtssaal brandete Gemurmel auf. Nun ergriff Maître Laffont das Wort und versuchte eine Mitschuld Isabelles deutlich zu machen. Er betonte erstens, daß Abdallah wußte, daß er einen Moslem angriff, als er seine Tat beging, denn ihm war klar, daß im gegenwärtigen Klima, nach dem Gemetzel in Margueritte, das Gericht im Fall eines vorsätzlichen Angriffs auf einen Christen besonders streng urteilen würde. Zweitens, daß Isabelles Verkleidung als Mann unschicklich und provokativ war; und drittens, daß Isabelle intime Beziehungen zu El Hachemi gehabt hatte. Wenn sie wirklich eine so große Wohltäterin wäre und so bedacht, den Armen zu helfen, warum saß sie dann nicht »an den Krankenlagern, in den Behausungen der Bedauernswerten«, statt mit einem »Marabut in prächtigem Burnus« zu verkehren, der »eine erhabene Repräsentationsfigur, aber doch wohl kaum ein passender intimer Gefährte« ist? Er richtete seine Giftpfeile geschickt auf Isabelles in den Augen der Öffentlichkeit verwundbarsten Punkt: den verdächtigen Mangel an konventioneller Weiblichkeit. Isabelle schrieb in ihrem Tagebuch: »Der Verteidiger reizte mich zur Weißglut.«

Danach wurde Isabelle in den Zeugenstand gerufen, um ihre eigene Schilderung des Verbrechens zu geben. Aber der Vorsitzende, Janin, war mehr daran interessiert, Laffonts Thema aufzugreifen: »Sagen Sie uns, ob es eine Beleidigung der moslemischen Religion ist, wenn eine Frau Männerkleidung trägt?« Isabelle antwortete, daß es lediglich ungehörig sei. Daraufhin fragte der Oberstleutnant, weshalb sie sie dann trage? Und sie erwiderte, weil sie beim Reiten viel praktischer sei.

Der Staatsanwalt, M. Martin, lenkte die Befragung von diesem für die Regierung unwichtigen Thema auf den politischen Aspekt des Falles. Die Regierung konnte Kapital daraus schlagen, indem sie zukünftigen »religiösen Fanatismus«, der eine Gefahr für die Stabilität der Kolonie sein konnte, durch eine schwere Strafe entmutigte. Er brachte die zahlreichen Fälle von derartigem »Fanatismus« in jüngster Zeit, vor allem im Souf, zur Sprache und erklärte abschließend: »Verbrecher sollen nicht glauben, daß unsere Achtung vor einer Religion so weit geht, daß wir es hinnehmen, wenn sie behaupten, Gott hätte ihnen befohlen, eine Straftat zu begehen.« Aus diesem Grund forderte der Staatsanwalt die Todesstrafe. Das Gericht zog sich zurück und sprach den Angeklagten schließlich des Versuchs eines vorsätzlichen Mordes für schuldig, empfahl jedoch, die Todesstrafe im Hinblick auf mildernde Umstände in lebenslange Zwangsarbeit umzuwandeln. Im Gerichtssaal war Erregung über diese harte Strafe zu spüren. General de Labatut sagte zu Isabelle: »Sie können sich nicht beschweren, daß die französische Gerechtigkeit Ihnen nicht volle Genugtuung gegeben hat.« Doch während der Verhandlungspause hatte man Isabelle unerwartet einen neuen, offiziellen Ausweisungsbefehl ausgehändigt, der ihr den Aufenthalt in Algerien untersagte, und zwar sowohl in den Gebieten unter militärischer wie unter ziviler Verwaltung. Es war angeblich eine Maßnahme zu ihrem eigenen Schutz.

Ehe sie nach Marseille zurückreiste, das sie für immer hinter sich zu lassen gehofft hatte, verfaßte sie eine Erklärung, in der sie viel mehr Ärger über die Abdallah als die ihr angetane Ungerechtigkeit zum Ausdruck bringt:

*»Ich bin fest davon überzeugt und werde es immer sein, daß Abdallah das Werkzeug von Leuten war, die ein Interesse — welcher Art auch immer — daran hatten, mich aus dem Weg zu schaffen... Ich finde, daß das heutige Urteil unverhältnismäßig streng war, und ich möchte betonen, daß ich das nicht billige. Abdallah hat Frau und Kinder. Ich bin eine Frau und kann mit seiner Witwe und ihren Waisen nur aus ganzem Herzen mitempfinden. Was Abdallah selbst betrifft, so fühle ich das tiefste Mitleid mit ihm.«*

Sie verteidigte sich gegen die Beschuldigungen, ihre Haltung wäre antifranzösisch: »Ich habe nie von Aktionen gegen die Franzosen in der Sahara oder im Tell gehört und erst recht an keinen teilgenommen... Ich habe, wo ich auch war, zu den Einheimischen immer gut über Frankreich gesprochen. Es ist meine Wahlheimat.«

Danach schrieb Isabelle einen persönlichen Brief an Abdallah und reichte sogleich Berufung für ihn ein. Daraufhin wurde seine Strafe auf zehn Jahre Haft herabgesetzt. Selbst Maître Laffont hatte das Bedürfnis, ihr seine Anerkennung dafür auszusprechen. Kurz nachdem das Urteil verkündet worden war, hatte er ihr sogar angeboten, für sie Berufung gegen ihre Ausweisung einzulegen. Die Verhandlung hatte ihr auch in anderer Hinsicht Wohlwollen eingebracht, hauptsächlich als Folge ihrer Briefe an die *Dépêche Algérienne*. Mehrere Journalisten, unter ihnen Victor Barrucand, ein sowohl in Paris wie in Algerien bekannter Schriftsteller, der die Zeitschrift *Les Nouvelles* in Algier herausgab, schrieben nun an die Presse und protestierten gegen Isabelles Ausweisung. Barrucand war vor allem der Ansicht, daß die amtlichen Stellen viel besser daran getan hätten, Isabelles bemerkenswerte Talente zugunsten der französischen Politik einzusetzen, statt sie dagegen aufzubringen. Sie begann eine Schar Anhänger unter den Leuten zu gewinnen, die in ihrer Wahlheimat etwas zu sagen hatten.

Isabelle war inzwischen in dem Glauben abgereist, daß es nur eine Angelegenheit von Tagen sein könne, bis der Befehl widerrufen würde, da er ja nur zu ihrer eigenen Sicherheit ausgestellt worden war. Auch hatte sie bekundet, daß sie nicht wieder nach Südalgerien zurückkehren würde, wodurch der eigentliche Grund für die Ausweisung nicht mehr gegeben war.

Eine Woche nach der Verhandlung gelang es Maître Laffont, einen Freispruch für drei Araber zu erwirken, die einen Tuggurter Geschäftsmann ermordet und danach ausgeraubt hatten. Abdallahs Verhandlung war tatsächlich ein Schauprozeß gewesen.

# 10.

# MARSEILLE

Isabelle verließ Constantine am frühen Morgen des 20. Juni, um wieder einmal nach Marseille zurückzukehren. Diesmal war sie in Begleitung Slimènes, der ein paar Tage Urlaub bekommen hatte, allerdings immer noch nicht die Erlaubnis besaß, sie zu heiraten.

Slimènes erste Begegnung mit seinen zukünftigen Verwandten blieb unerwähnt, war also offenbar nicht sehr vielversprechend. Hélène, die »reserviert und völlig gleichgültig« war, außer wenn es um kleinliche materielle Dinge ging, wie Isabelle bitter schrieb, fühlte sich wahrscheinlich in ihrer gesellschaftlichen Existenz selbst zu sehr bedroht, als daß sie diesen dunkelhäutigen jungen arabischen Sergeanten als Familienmitglied akzeptieren konnte. Und beide, sowohl sie wie Augustin, befürchteten vermutlich, auch noch für dieses exzentrische, vom Pech verfolgte Paar sorgen zu müssen, obgleich sie sich selbst kaum über Wasser halten konnten. Unglücklich begleitete Isabelle Slimène am 4. Juli zum Hafen von La Joliette, von wo aus er auf der *Touareg* nach Philippeville zurückfuhr. »Während der gesamten Zeit ließ ich keinen Blick von Zuizou.«

Nach seiner Abfahrt war sie allein mit ihren immer mißmutigeren Verwandten und begann sich in die private Welt ihrer Gedanken zurückzuziehen. Marseille war nun, wie einst Genf, ein trostloses Gefängnis für den nomadischen Geist in ihr. Sie fand: »Das fundamentale Bedürfnis meiner Natur ist wechselnde Umgebung ... große Schwierigkeiten und Krisen geben mir neue Kraft und beruhigen meine Nerven ... Eintönigkeit und Mittelmäßigkeit von Umgebung und Stimmung sind meine Feinde.«

Vier Tage nach Slimènes Abreise schrieb sie in ihr Tagebuch, wie sehr die Verhandlung ihr Interesse an Literatur und der eigenen schriftstellerischen Arbeit neu belebt hatte. »Zuvor mußte ich manchmal Monate auf die richtige Stimmung warten, um etwas zustande zu bringen. Jetzt kann ich mehr oder weniger schreiben, wann ich will. Ich glaube, ich bin am Höhepunkt meines inneren schriftstellerischen Wachstums angelangt.« Die Verhandlung hatte sie auch moralisch gestärkt. »Das Leben bekam von dem Augenblick an einen neuen Sinn für mich, als ich erkannte, daß unsere Vergänglichkeit hier auf Erden ein allmählicher Prozeß menschlicher Entwicklung auf ein anderes Leben zu ist. Daraus ergibt sich ganz von selbst, daß das Streben nach sittlicher und intellektueller Vollkommenheit unablässig ist, was ohne ein Leben nach dem Tod unnötig, ja sinnlos wäre.« Ihre intellektuelle Entwicklung wollte sie durch ein Lektüreprogramm vorantreiben, u. a. Paul Bourgets *Psychologische Abhandlungen über zeitgenössische Schriftsteller*, außerdem hatte sie vor, auch das *Journal des Goncourt* wiederzulesen — und wieder selbst zu schreiben. Am gleichen Abend, dem 8. Juli 1901, schickte sie ihre Erzählungen »Printemps au désert« und »El Maghreb« an *Les Nouvelles*.

*»Doch eine Frage völlig anderer Art beschäftigt mich, die ich nur mit Slimène diskutieren würde, weil er der einzige Mensch ist, der sie verstehen und beurteilen könnte. Es ist die marabutische Frage — der Gedanke kam mir spontan an jenem Abend, als Abdallah vom Zivilgefängnis in seine Zelle gebracht wurde. Und ich weiß, daß auch Slimène mit der unterbewußten Intuition unserer starken geistigen Affinität diesen Gedanken hatte ... Ich glaube, daß ich mit Willenskraft leicht das mysteriöse Ziel der Ekstase erreichen könnte, an dem sich mir unvorstellbare Horizonte öffnen würden ... Führe uns auf den geraden und schmalen Pfad, und ich glaube, daß dies mein Pfad ist. Gott hat ein paar fruchtbare Samenkörner in meine Seele gesät: absolute Interesselosigkeit gegenüber allen irdischen Dingen; Glaube und unendliche Liebe für alle leidende Kreatur. Diese Kraft, Böses zu verzeihen, wurzelt in der unendlichen Hingabe an die gute Sache des Islams, der besten überhaupt, da sie die Sache der Wahrheit ist ... Oh, die langen Stunden, die ich im Schatten von Bäumen zubrachte, die schlaflosen Nächte, in denen ich die außergewöhnliche Welt der Sterne betrachtete ... waren das nicht Schritte auf dem Weg zu religiösem Mystizismus?«*

Mystische Erfahrung ist sehr schwer in Worte zu kleiden, und Isabelle wurde bewußt, daß sie sich der Lächerlichkeit preisgeben würde, wenn sie außerhalb der Seiten ihres Tagebuchs oder außer Slimène irgend jemand anderem gegenüber erwähnte, daß sie eine mystische Berufung zum Martyrium spüre. »Läse ein Gelehrter oder Psychologe oder Schriftsteller diese Worte, würde er ausrufen: ›Sie ist nicht mehr ganz richtig im Kopf!‹ Nun, wenn je die Flamme der Vernunft in mir brannte, so jetzt, und ich fühle, daß es nur der Anfang eines neuen Lebens ist.« Sie war Abdallah dankbar, weil er, ohne es zu wissen, diese Veränderung in ihr ausgelöst hatte. Sie war sicher, daß er als frommer Moslem sein Schicksal als auserwähltes Werkzeug Gottes mit Freuden hingenommen hätte:

»Wer weiß, ob sein Martyrium nicht tausend andere Seelen erlösen wird, nicht nur meine, die unwichtig ist ... Abdallahs Saat hat Früchte getragen, die eines Tages aus dem Versteck hervorwachsen werden, in dem sie einstweilen noch vor aller Augen verborgen bleiben müssen. Das ist mein Geheimnis, das ich für mich behalten muß, das ich niemandem anvertrauen darf außer dem einen, der es selbst ahnte und der nie das Heiligtum meiner tiefsten Gefühle mit Spott oder Gelächter entweiht ... denn auch er ist auserwählt.«

Isabelles Gefühl, sie, und auch Slimène, seien berufen, war nicht rein mystisch, sondern Teil ihrer ganzen Einstellung zur Sache der Moslems. Die Demütigungen, denen sie und Slimène in El Oued und Batna ausgesetzt gewesen waren und vielleicht auch in Marseille, hatten dazu geführt, daß sie sich noch leidenschaftlicher mit den kolonisierten Arabern identifizierte. Sie war nun entschlossen, dafür zu sorgen, daß noch nicht das letzte Wort gesprochen war, und schrieb Slimène:

»Um vernichtende, unser beider würdige Rache an allen zu nehmen, die uns beleidigt und gedemütigt haben, möchte ich, daß Du Offizier in dem Arabischen Bureau wirst, dem wir unser ganzes Elend verdanken. Der beste Weg dahin — und auch der billigste und leichteste — führt über Deine Dolmetscherprüfungen, und wir werden daran arbeiten, damit Du sie bestehst,

*wenn Du die Armee verläßt. Welch ein Triumph! Stell Dir die
hilflose Wut all dieses menschlichen Geschmeißes vor, das etwas gegen uns hat! Aber das genügt mir nicht: Ich möchte, daß
Du in Deiner Stellung bei den Offizieren beweist, daß Du als
Araber und guter Moslem gebildeter bist als sie. Um heutzuta-
ge als gebildet zu gelten, braucht man kein Gelehrter zu sein:
Du mußt nur in der Literatur Bescheid wissen. Aus diesem
Grund mußt Du, während Du Dich auf die Prüfungen vorbe-
reitest, eine Menge Bücher lesen, die wir uns aus der Bibliothek
besorgen. Außerdem werde ich Dir Grundkenntnisse in meiner
Muttersprache, Russisch, beibringen. Denk daran, daß Du dieses Ziel nicht nur für uns verfolgst, sondern auch für Deine arabischen Brüder, für alle unsere moslemischen Brüder. Du wirst
für diese arabophobischen und geringschätzigen französischen
messieurs das Beispiel eines Arabers werden, der als zweitklas-
siger Spahi anfing und durch seine Intelligenz und seine Leistungen eine beneidenswerte und geachtete Stellung errang.
Wenn es viele solche Araber in Algerien gäbe, sähen sich die
Franzosen gezwungen, ihre Meinung über die ›Wogs‹ zu ändern. Das ist der einzige Weg, dem Islam und der arabischen
Sache wirklich zu dienen. Die sinnlosen, blutigen Aufstände
schaden dem arabischen Gedanken nur und nehmen vernünftigen und unseren Brüdern wohlgesinnten Franzosen den Wind
aus den Segeln — wie beispielsweise der abscheuliche Zwischenfall von Margueritte. Das ist viel harte Arbeit, wirst Du sagen ... aber sind wir nicht auf dieser Welt, um unsere Seele zu
vervollkommnen, damit wir eine höhere Bestimmung erreichen, die Gott anderswo für uns bereithält? Du wirst vielleicht
zu bedenken geben — und ich weiß, das stimmt —, daß Du
nicht eitel bist und in den Augen anderer gar nicht als etwas Besonderes gelten möchtest, doch ich wiederhole: Jeder von uns
hat auf dieser Welt eine heilige Pflicht zu erfüllen. Deine, meine, die eines jeden Moslems ist es, tüchtig zu arbeiten, unermüdlich, um uns in den Augen des Okzidents zu rehabilitieren,
um uns durch unsere Intelligenz und unser Wissen zu behaupten. Der Moslem, der sich bilden und im öffentlichen Leben seines Landes jemand sein könnte, diese Möglichkeit jedoch nicht
wahrnimmt, ist in meinen Augen ein Deserteur und Verräter.
Wir sind die Diener Djilanis, dem wir viel verdanken. Also, laß*

*uns alles tun, was in unserer Macht steht, um ihm zu dienen,*
*wie er es verdient; uns ist eine große Macht gegeben, die nie-*
*mand, außer Gott, uns nehmen kann: wir sind zwei, mit nur ei-*
*ner Seele, nur einem Herzen, nur einem Willen.«*

Isabelle wollte, daß Slimène mit einem Leseprogramm begann,
das parallel mit ihrem verlief und mit Zolas Arbeit anfing, das
er »Seite für Seite aufmerksam lesen« sollte, »um zu sehen, wie
Arbeitervereinigungen und soziale Leistungen eines Tages das
Antlitz der Welt verändern können«. Zum Teil steckte ihr dieses Erziehenwollen noch von ihrer früheren Einstellung zu Augustin im Blut. Doch es rührte auch von ihrer heimlichen Ahnung her, daß Slimènes moralisches Rückgrat gestützt werden
mußte. Er war von Natur aus viel weniger konsequent als sie
und deshalb auch nicht so fordernd in ihrer Beziehung. Er hielt
sein Versprechen nicht, ihr dreimal in der Woche zu schreiben,
und als es auf den 23. Juli zuging, befürchtete sie, daß er wieder
zu trinken angefangen hatte, da ein merkwürdig wirrer Brief
von ihm angekommen war. Ebenso wie die französische Armee
Bordelle in die von ihr verwalteten Gebiete eingeführt hatte,
brachte sie auch den Alkohol, und die einheimischen Spahis
wie Slimène waren ihm trotz ihrer Religion nicht abgeneigt.

Isabelles Besorgnis war besonders groß, da ihr bald nach ihrer Ankunft in Marseille klargeworden war, daß Augustin
ebenso mittellos war wie sie. Die Villa Neuve war immer noch
nicht verkauft und das Vermögen in Rußland nicht freigegeben. Schon am 9. Juli rauchte Isabelle Blätter von den Platanen
der Rue Tivoli, und Augustin hatte seinen Mantel, seine Hosen
und sogar Hélènes Mäntelchen zur Pfandleihe tragen müssen.
Am 10. brachten sie das letzte, was noch ein paar Centimes einbringen würde, dorthin. Am 11. schrieb Isabelle Slimène, daß
ihr Bruder und seine Frau in ihrer Verzweiflung aufgehört hatten, ihre Armut vor ihr zu verheimlichen. Sie machte sich große
Sorgen um ihre Zukunft, während sie überzeugt war, daß ihre
eigenen Schwierigkeiten enden würden, wenn sie und Slimène
zusammensein konnten, da sie Erfahrung darin hatten, mit
sehr wenig auszukommen. Augustin und Hélène hingegen mußten »den äußeren Schein wahren«, und ihnen fehlte »ein inneres Bollwerk«, das sie moralisch aufrecht halten könnte. Sie

und Slimène waren zu arm, um ihnen zu helfen. Am 23. Juli machte sich Isabelle ernste Sorgen um Augustin. »Ich kann nur hoffen, daß er nicht daran denkt, als letzten Ausweg das gleiche zu tun wie Wolodia! Solange ich hier bin, wird ein kollektiver Selbstmord unmöglich sein. Doch danach?«

Sie hatte ihr möglichstes getan, um Geld für sie alle zu verdienen. Manchmal war es ihr sogar gelungen, einen Tag lang Arbeit als Gepäckträger im Hafen zu bekommen, trotz ihres schwachen Arms. Das hatte ihr 1,50 oder 2 Francs eingebracht. Oder sie hatte für Gäste in Cafés einen arabischen Brief zu übersetzen. Wenn sie sich einfache Damenkleidung mit dem nötigen Drum und Dran hätte leisten können, wäre es leichter gewesen, Arbeit zu bekommen, wie sie glaubte. Doch dazu fehlte das Geld. Sie schrieb einen drängenden Brief an Lydia Paschkoff, die nun in Paris war, und fragte sie, ob sie irgendeine Gelegenheitsarbeit in Russisch für sie wüßte; ebenso an Bonneval, den Herausgeber von *L'Athénée*, ob er jemanden kenne, der einen Autor für sein Buch suchte; an ihre alten Verbündeten Abu Naddara und Reppmann, die sie bat, ihr Geld zu leihen oder ihr sonstwie zu helfen; an ihren Anwalt in Genf, damit er den Verkauf der Villa vorantreibe; an Koudja Ben Abdallah, damit er ihr das Geld schicke, das er ihr schuldete; und an den Dramatiker Eugène Brieux, mit dem sie durch Abu Naddaras Vermittlung in Briefwechsel stand und der durch seine naturalistischen, moralkritischen Dramen en vogue war. Auch dem Bürgermeister von Vernier im Kanton Genf schrieb sie und ersuchte um ein »Leumundszeugnis«, eine bürokratische Vorbedingung, die zur Erlangung der offiziellen Heiratserlaubnis erforderlich war. Sie fand viel Verständnis bei Oberst de Rancougne, dem Kommandeur der Spahis in Marseille, der sich um Slimènes Versetzung und die offizielle Heiratsgenehmigung für sie bemühte. Am 17. Juli beendete sie ihren siebenundneunzig Seiten langen russischsprachigen Essay über die Sahara und einen Artikel über Tunis in französischer Sprache. Sie schrieb Slimène: »Ich werde zusehen, daß ich so viele Artikel wie nur möglich fertig habe, falls irgendwelche meiner Anfragen Erfolg haben.«

Am 19. Juli erfuhr Isabelle, daß *Les Nouvelles* die zwei Stories über El Oued, die sie hingeschickt hatte, kaufen wollte.

»Dieser Erfolg ist ermutigend. Es geht wieder aufwärts«, schrieb sie am 25. Juli, »deshalb muß ich durchhalten und geduldig sein.« Sie ersuchte Slimène, Exemplare der Zeitschrift an Maître Laffont, Eugène Letord und Abu Naddara zu schicken, und erwähnte, daß der Herausgeber Victor Barrucand sei, ein bekannter Pariser Schriftsteller, der auch bei der *Revue Blanche* mitarbeitete. Isabelle schrieb, sie wolle unbedingt ihren Platz in der *Nouvelles* behaupten und wenigstens zwei Artikel pro Monat liefern.

Dieser Erfolg hatte jedoch nichts zur Verbesserung ihrer Beziehung zu Augustin beigetragen, denn in ihrem nächsten Satz sagte sie, daß sie nicht ein Wort über ihre Arbeit oder ihre Ideen sprechen würde:

*»Nicht mit diesen Menschen, die sie nicht verstehen und auch nicht verstehen wollen... Es besteht kein Zweifel, daß das Schicksal nur mir von allen, die das anomale Leben in der Villa Neuve führten, moralische Erlösung gewährte. Sosehr Augustin sich damals darüber beklagte, ist er jetzt offensichtlich bedacht, es bis ins kleinste nachzuahmen. Ich muß um jeden Preis einen Schutzwall des Schweigens und der Unerschütterlichkeit errichten, um diesen beklagenswerten, schrecklichen Aufenthalt hier durchzustehen.«*

# 11.

## HEIRAT

Damit Slimène die Grundregeln ihrer Ehe, wie sie sie sah, nicht mißverstand, schrieb ihm Isabelle am 23. Juli 1901: »Ja, gewiß, ich bin Dein Weib vor Gott und dem Islam. Doch ich bin nicht nur eine einfache Fatma. Ich bin auch Dein Bruder Mahmoud, der Diener Gottes und Djilanis, bevor ich die Dienerin bin, wie es sich für das Weib eines Arabers gehört. Und ich will nicht, verstehst Du, daß Du dich der schönen Träume unwürdig erweist, die ich für uns beide habe und von denen ich Dir erst einen Bruchteil erzählt habe.«

Andere hatten ernstere Bedenken über ihre Heirat. Bonneval schrieb ihr am 1. August aus Paris:

*»Ich glaube nicht, daß Sie sich diesen Schritt, den wichtigsten in Ihrem Leben, reiflich genug überlegt haben. Bei Ihren intellektuellen Neigungen dürfte es Ihnen schwerfallen, in einem Mann eine Seelenschwester zu finden; und wenn Sie in dieser Hinsicht auf Grenzen stoßen, werden Sie Ihren Entschluß möglicherweise noch bedauern. Überlegen Sie es sich gut, denken Sie vor allem an die moralische und intellektuelle Seite, an die Möglichkeiten und Fähigkeiten Ihres Verlobten, und entschließen Sie sich nur, wenn Sie sich absolut sicher sind, daß Ihr Schritt richtig ist. Verzeihen Sie mir diesen Rat, den die Freundschaft mir diktiert.«*

Am gleichen Tag schrieb ihr Lydia Paschkoff, die nun wieder in Odessa war, in ähnlicher Weise. »Ich wußte — ich spürte —, daß Ihr Weg mit Liebe und Heirat enden würde. Ich hatte Angst davor, das schrieb ich auch Abu. Zumindest ist er (Slimène) ein ehrlicher Mann, selbst wenn er arm ist. Sie haben sich für das Glück der Zweisamkeit entschieden. Und ich mich für die Freiheit. Weil ich nie wirklich geliebt habe. Mir wurde dieses Glück nie zuteil. Kann man Russen lieben?« Am 21. Oktober schrieb Abu Naddara traurig: »Wir haben die größte Hochachtung vor Dir, trotz Deines einen großen Fehlers, daß Du Dich für Leute aufopferst, die es nicht wert sind.« Die versprochene Ode in einundsechzig Sprachen schrieb er nicht.

Die Zweifel ihrer Freunde wurden durch die Nachricht verdrängt, daß Slimène Ende Juli erkrankte und nun im Krankenhaus lag. Da sie wußte, daß er unter einer »Erbkrankheit« litt, die sich als Tuberkulose herausstellte, fürchtete sie um sein Leben. Die Möglichkeit, daß sie ihn verlieren würde, vertrieb vorerst jeden anderen Gedanken. Wenn er ihr genommen würde, schrieb sie, würde sie es als Gottes Willen hinnehmen, doch sofort in den Südwesten Algeriens gehen, »wo sie kämpfen« — an der marokkanischen Grenze — »und den Tod suchen« würde. Sie bereute es bitter, daß sie ihn ausgescholten hatte, weil er ihr nicht geschrieben hatte. Und nun schrieb sie ihm, daß er »meine einzige Bindung ans Leben« sei. In ihr Tagebuch trug sie ein: »Vielleicht habe ich ihn nie zuvor so rein und so tief geliebt, wie ich ihn jetzt liebe.«

Sie erfuhr jedoch bald vom Militärarzt, daß keine Lebensgefahr für Slimène bestand und daß er sich auf dem Weg der Besserung befand. Am 3. August, einem Samstag, bekam Isabelle Nachricht von dem Dramatiker Eugène Brieux, der ihr, wie ein Deus ex machina, ein unbefristetes Darlehen von hundert Francs schickte. Außerordentlich erleichtert über diese Hilfe in der Not, zahlte sie Augustin das Geld zurück, das er ihr doch geliehen hatte, als sie noch in El Oued gewesen waren. Und durch Oberst de Rancougnes Versicherung überzeugt, daß sie bald heiraten könnten, leistete sie sich ein Kostüm für die Hochzeit, »in dunklem Blau und aus feiner Wolle«, mit lila Weste. Es wäre unmöglich, schrieb sie Slimène, in Weiß zu heiraten, da »ganz Marseille« wußte, daß sie zusammengelebt hatten, und »vor dem Oberst und deinen Freunden« wäre es ein großer Skandal. Slimène schrieb ihr am 4. und bestätigte, daß es ihm besserging, daß er im Krankenhaus über ein Kilo zugenommen hatte und daß er einen Genesungsurlaub von drei Monaten bekommen hatte und in spätestens zwölf Tagen bei ihr sein würde. Er schrieb auch, er sei sicher, daß sie seine Briefe »unseren Bruder Augustin« lesen ließe, »denn es gibt nun keine Geheimnisse mehr zwischen uns, nun da wir eine kleine Familie sind«. Auf dem Weg nach Marseille würde er einen Tag in Constantine Station machen, um »ein Paar Schuhe und dergleichen« zu kaufen.

Da seine Gesundheit keinen Anlaß zur Sorge mehr gab, wurden Isabelles Briefe wieder aggressiver. Sie war bestürzt, daß er, wie sie fand, die Situation am Boulevard Mérentié mißverstand und Augustin gegenüber zu anbiedernd und vertraulich war. Offenbar freute er sich auf die Verbindung mit der Familie seines Schwagers ebensosehr wie auf die mit ihr, und Isabelle wollte die Dinge richtigstellen, ehe er ankam. Er strebte offenbar ein vertrauliches Verhältnis mit Augustin an, was Isabelle naiv fand. Sie verwies auf seinen Besuch in Marseille im Juli:

*»Du hast einen großen Fehler gemacht — nicht absichtlich, das ist mir klar —, daß Du in meiner Abwesenheit mit Augustin gesprochen hast, und vor allem, daß Du ihn gebeten hast, mir nichts davon zu sagen. Tu das nie wieder! Augustin hat seine Einstellung mir gegenüber drastisch geändert. Ich habe ihn aufmerksam beobachtet und erkenne es jetzt. Du hast einen völlig falschen Eindruck von meinem Bruder: er sieht Dich keineswegs im selben Licht wie Du ihn. Er erwidert keine der Gefühle, die Du aus Liebe zu allem, was ich liebe, für ihn empfunden hast. Und bilde Dir nicht ein, daß er Dir traut: Das ist nämlich keineswegs der Fall. Alles, was er sagt und tut, ist berechnend.«*

Während des ganzen heißen Marseiller Augusts saß sie in ihrem kleinen Zimmer in der Wohnung. »Ich ersticke hier in diesen vier Wänden, in dieser Stadt, die mir immer nur düsterstes Unbehagen verursachte.« Verärgert schrieb sie in ihrem Tagebuch über dieses »Haus blinder Bourgeoisie ... bourgois bis in die Fingerspitzen, dirigiert von den niederen Riten ihres gierigen und animalischen Lebens.« Hélène, das spürte sie, haßte sie, »ohne Grund« und ohne daß sie selbst gewußt hätte, weshalb. Doch nicht das an sich bekümmerte Isabelle, »denn über eine solche Feindin und ihren lächerlichen Haß kann ich nur lachen«, sondern daß sie heucheln mußte, damit, hauptsächlich Augustins wegen, eine einigermaßen erträgliche häusliche Atmosphäre herrschte. Sie erkannte, daß er zutiefst unglücklich war, weil er mit seiner Heirat einen Fehler begangen hatte, der sich nur schwer wiedergutmachen ließe. Isabelle vergrub sich in Dostojewski, den Dichter der »enfants malheureux«, dessen Bücher am besten zu ihrer »vagen, unbeschreiblichen und traurigen« Stimmung paßten. Sie träumte von Flucht: »Oh, in ferne Länder reisen zu können und wieder ein neues Leben in der herrlichen freien Natur anfangen zu dürfen! ... Ungebunden dahinzustreifen wie früher, soviel es mir auch an neuem Leid bringen würde!« Sie sehnte sich nach Slimènes Sinnlichkeit und schrieb am 17. August:

*»Gewiß werden mich alle Fragen, die mit Sinnlichkeit zu tun haben, auch weiterhin intellektuell interessieren, und ich möchte um nichts auf dieser Welt meine Studien auf diesem Gebiet aufgeben. Doch für mich sind die sexuellen Grenzen nun klar gezogen, und so banal das klingen mag, ›ich bin nicht mehr mein eigener Herr‹. Im sinnlichen Reich herrscht Slimène allein und unübertrefflich. Nur er zieht mich an, nur er weckt in mir die notwendige Emotionalität, die mich aus dem Reich des Intellekts befreit, um hinunterzusteigen — ist es ein Hinuntersteigen? Ich bezweifle es — ins Reich der erstaunlichen sinnlichen Erfahrungen.«*

In der »so falschen und fehlgeleiteten« modernen Welt, schreibt sie, ist der Ehemann nie der sinnliche Erwecker der Frau oder ihr Freund, lediglich der Verwalter ihrer »körperlichen Jungfräulichkeit« und eine lächerliche Figur. Gewöhnlich bleibt es einem anderen überlassen, sie verstohlen in die Welt der Sinnlichkeit einzuführen. Das war es, was andere an Slimène empörte: daß er sowohl ihr Geliebter wie Freund war.

Oberst de Rancougne, »eine unwiderstehliche und sympathische Persönlichkeit«, der durch seinen Einfluß sehr viel für sie beide erreicht hatte, kam am 24. August persönlich zu Isabelle, um ihr mitzuteilen, daß Slimène statt des überfälligen Genesungsurlaubs die Versetzung nach Marseille bewilligt worden war. Er würde dort die sechs Monate bis zum Ende seiner Dienstzeit stationiert bleiben.

Am 27. verließ Isabelle Augustins Haus für immer. »Letztendlich verzeihe ich alles, Gott allein ist der Richter. Ich habe meine Menschenpflicht getan und werde sie bis zum Ende tun.« Sie mietete ein Zimmer für sich und Slimène in der Rue Grignan 67, in der Stadtmitte. Um vier Uhr früh am 28., einem sonnigen Tag mit starkem Mistral, ging Isabelle zum Hafen und wartete auf Slimènes Schiff, die *Ville d'Oran*, die um acht Uhr dreißig einlief.

In ihrem Glück, wieder mit ihm zusammenzusein: »Wir sind allein und chez nous — ein wundervolles Gefühl!«, trug sie einen ganzen Monat lang nichts in ihr Tagebuch ein. Inzwischen waren es nur noch Tage bis zu ihrer Heirat. Am 27. September hatte Isabelle erfahren, daß die Villa Neuve endlich verkauft war, und zwar für dreißigtausend Francs. Doch unmittelbar darauf traf ein Schreiben ein, in dem mitgeteilt wurde, daß Gerichts- und Anwaltskosten und weitere Gebühren, die im Lauf der vergangenen zwei Jahre angefallen waren, den gesamten Erlös verschlungen hatten. Als endgültige Ironie blieb Isabelle auch noch eine letzte Anwaltsrechnung über sechzig Francs. Also sollte Armut doch ihr Los sein.

Isabelle sah es philosophisch: »Gott hatte Erbarmen mit mir und erhörte meine Gebete: Er gab mir den idealen Gefährten, den ich so inbrünstig ersehnte und ohne den mein Leben immer sinnlos und traurig gewesen wäre.« In Russisch schrieb sie: »Nur wer bis zum Ende gelitten hat, wird erlöst«, und fügte hinzu: »Gott allein weiß, wozu er uns bestimmt hat. Also muß man schicksalsergeben sein und sich Widerwärtigkeiten tapfer stellen.«

Isabelles Schicksalsergebenheit wurde im September wieder auf die Probe gestellt, als Brieux ihre Kurzgeschichte »Amira le forçat« und die Artikel über Tunesien zurücksandte. Alles war von der französischen Zeitschrift L'Illustration abgelehnt worden. Aus seinem sozialistisch-realistischen Verständnis in seiner eigenen schriftstellerischen Arbeit heraus rügte er sie, weil sie das Thema der Ungerechtigkeiten im Kolonialismus nicht angepackt hatte, und deutete an, daß ihre Arbeiten zu simpel für den Zeitgeschmack seien. Lydia Paschkoff war in ihrem Brief vom 12. September an Isabelle unverblümter: »Brieux sagte mir, daß Sie einfach nicht das Zeug zum Schreiben haben.« Isabelle bemerkte in ihrem Tagebuch, daß sie noch viel an sich arbeiten mußte, was das Schreiben anbelangte. Jahre später schrieb Randau: »Es ist eine natürliche Anmut in ihrem Stil, die gewisse Autoren nicht mochten.«

Doch inzwischen bot ihr Privatleben Schutz gegen solche Enttäuschungen. Am 17. Oktober wurden sie und »Selimen Ehnni« standesamtlich getraut. Sie trug eine schwarze Perücke und das dunkelblaue Kostüm mit der lila Weste. Isabelle war vierundzwanzig, Slimène neunundzwanzig. Isabelles politische Unsicherheit gehörte endgültig der Vergangenheit an, denn da sie einen naturalisierten Franzosen geheiratet hatte, besaß sie nun automatisch seine Staatsbürgerschaft und damit das Recht, in jedem französischen Hoheitsgebiet zu leben.

Am 21. Oktober kam Lydia Paschkoff mit ihren beiden Hunden in Marseille an. Sie lud Isabelle und ihren Mann ein, sie im Grand-Hotel zu besuchen. Das war das erstemal, daß die beiden Frauen sich trafen, und wie sich erwies, auch das letztemal, da die Enttäuschung offenbar gegenseitig war. Isabelle schrieb in ihr Tagebuch: »Mme. Paschkoff ist keine bezaubernde oder charmante Persönlichkeit. Eine sonderbare Mischung, doch aus viel unbewußtem Egoismus, immensem Stolz und intellektueller Oberflächlichkeit. Eine russische Ruhelosigkeit, ganz und gar weltlich gesinnt.«

Den Rest des Jahres lebten sie in Armut, und die einzige Wärme in dem besonders kalten November verdankten sie dem Brennholz mitleidiger Nachbarn, von denen einer ein Auge auf Isabelle geworfen hatte. Slimène verfluchte diese typisch westliche Falschheit. »Möge Gott die Ungläubigen und ihre Mentalität verdammen!«

# 12.

## POLITIK UND LELLA ZEYNEB

Zwar konnte Slimène die Armee nicht vor dem 20. Februar 1902 verlassen, aber im November 1901 schien es, als könne er mit Hilfe des Obersts für den Rest seiner Dienstzeit nach Nordafrika zurückversetzt werden. Am 26. November schrieb Isabelle zuversichtlich: »Es sieht allmählich ganz so aus, als würde unser Exil bald zu Ende gehen ... Gebe Gott, daß es so ist, denn der Marseiller Alptraum dauert schon zu lange!« In der letzten Dezemberwoche reiste sie kurz nach Genf zu den Anwälten — »eine traurige Rückkehr, kurz und fast verstohlen«.

Anfang Januar 1902 stand die Rückversetzung nach Nordafrika fest. Das Militär hatte sich schließlich auf Oberst de Rancougnes Befürwortung hin zur Aufnahme des Paares durchgerungen. Am 14. fuhren die beiden auf der *Duc de Bragance* nach Bône, wo sie bei Slimènes Familie wohnten, bis seine Dienstzeit endete. Danach beabsichtigten sie in Algier zu leben, während Slimène seine Dolmetscherexamen machte und Isabelle ihrer Schriftstellerei nachging. Der Rest hing davon ab, wieviel sie vom Erbe ihrer Mutter bekommen würde — sie hoffte, es würde für ein eigenes Zuhause reichen.

Mit Slimènes Verwandten zu leben, »wo die Gastfreundlichkeit aus endlosen Streitigkeiten und Zurechtweisungen besteht«, war nicht viel anders als mit ihren, und es untergrub ihr Vertrauen ineinander. In ihrem Tagebuch sah Isabelle ihren Mann kritisch:

*»Hier wie anderswo fällt mir die Labilität von Slimènes Charakter auf und der schädliche Einfluß, den seine Umwelt auf ihn ausübt. Wird sich das eines Tages ändern? Ich weiß es nicht. Jedenfalls ist mit einem solchen Charakter das Leben in Armut äußerst schwierig ... In Algier werde ich jemanden finden müssen, der Slimène beibringt, was er nicht weiß, und das ist eine sehr große Aufgabe.«*

Sobald Slimène aus der Armee entlassen war, zogen sie nach Algier, zunächst in ein »furchtbares Loch« in der Rue de la Marine. Doch zumindest konnte Isabelle wieder Ausflüge in die Gegend machen, wenn auch nicht im Sattel, so doch mit öffentlichen Verkehrsmitteln. Sie schlief auf Bänken in Bahnhofswarteräumen und kehrte für einen Imbiß und ein wenig Geplauder in maurischen Cafés ein. Diese Ausflüge waren ihr Leben, und sie fing an, sie wieder allein zu machen, ohne Slimène.

Am 30. März lud Victor Barrucand, der Herausgeber von *Les Nouvelles*, sie zu einem Treffen ein. Er interessierte sich für ihre Geschichte, seitdem er ihren offenen Brief in der *Dépêche Algérienne* gelesen hatte. Ihm verdankte sie auch den wohlwollenden Ton, den die Zeitung seither ihr gegenüber angeschlagen hatte. Er bat sie zu sich in sein Haus, die Villa Bellevue, in der Chemin du Télemly, im Vorort Mustapha.

Es war ein vielversprechendes Treffen. Barrucand sollte weitreichenden Einfluß auf ihr Leben und sogar noch weitreichenderenden auf ihr Ansehen nach ihrem Tod haben. Sie wußte, daß er eine »brillante Karriere« in Paris gemacht hatte und daß er »einer der Großen des Journalismus in Algerien« war. Sie schrieb über dieses Treffen in ihr Tagebuch: »Ein sehr erfreulicher Eindruck. Ein moderner, subtiler und scharfsinniger Verstand, allerdings von den Ideen des Jahrhunderts beeinflußt.« Von Barrucands Haus ging Isabelle zu Mme. Suce Ben Aben, einer intelligenten, »lieben und guten« Frau, die einen Handarbeitskurs für die einheimischen Frauen leitete. Sie schrieb: »Ich hatte Vergnügen an diesen Gesprächen mit Intellektuellen, ein Gefühl, das mir inzwischen fremd geworden war.«

Barrucand, der erst 1900 nach Algerien gekommen war, hatte der kürzliche Tod seiner Frau sehr mitgenommen. Um zu vergessen, stürzte er sich in die Arbeit. Er wollte seine Stellung bei der *Nouvelles* aufgeben, mit deren Besitzer, Senator Gérente, er sich in mehreren grundsätzlichen Fragen nicht einigen konnte, und seine eigene, liberalere, zweisprachige französisch-algerische Zeitung herausgeben. Barrucand war achtundvierzig, Franzose, gebürtig in Poitiers, hatte mehrere erfolgreiche Romane sowie Artikel für die *Revue Blanche* in Paris geschrieben, deren auswärtiger Redakteur er war. Er hatte über Herzen und Bakunin geschrieben, deren Idealen er gewogen war, nur daß er eine liberale Evolution von Ideen einer Revolution vorzog. Isabelles Herkunft und Charakter sagten ihm deshalb zwangsläufig zu. Er erkannte sofort, daß sie die ideale Mitarbeiterin für sein neues Journal wäre, und half ihr auf eine Weise, die zum beiderseitigen Vorteil war. Zwei Monate später, am 8. Juni, schrieb Isabelle in ihr Tagebuch:

*»Ich fange an, den Charakter der zwei Menschen zu verstehen, die uns hier geholfen haben, Barrucand und Mme. Ben Aben. Beide sind gute Menschen und sehr taktvoll: Barrucand ist ein Dilettant, soweit es um Denken und mehr noch um Gefühle geht, und ein moralischer Nihilist, aber er ist sehr positiv in den praktischen Dingen des Lebens, und er versteht zu leben. Mme. Ben Aben ist die zweite Frau nach meiner Mutter, die bis ins Mark gut und voller Ideale ist. Doch wie wenig die beiden Frauen vom wirklichen Leben wissen! Selbst ich, die ich davon überzeugt bin, daß ich nicht zu leben verstehe, weiß mehr als sie.«*

Zu einem guten Teil dank Barrucands Unterstützung begann das Leben in Algier für Isabelle recht erfreulich zu werden, obwohl sie das Gefühl hatte, sie müsse nun moralische Kraft für zwei haben, da Slimène, genau wie Augustin, ihren Träumen nicht gerecht werden wollte. Anfang Mai 1902 zogen sie in die Rue du Soudan 17, die zur Kasba führte. Ihr gefiel die neue Wohnung, die Gegend, in der sie sich befand, und Algier selbst. »Die Bucht von Algier und die von Bône sind die schönsten, betörendsten Fleckchen Meer, die ich je sah ... Trotz des Abschaums, den die ›Zivilisation‹ mit sich gebracht hat, ist Algier immer noch ein angenehmer und guter Ort zu leben.« Je mehr sie über die Geschichte Afrikas las, »desto mehr erkenne ich, daß meine Vermutung stimmt: Afrika verschlingt und absorbiert alles Feindliche. Vielleicht ist es das auserwählte Land, dem einst der Funke entspringt, der zur Erneuerung der Welt führt!« Sie spürte auch noch eine andere, speziellere Art afrikanischen Zaubers. Am 4. Mai schrieb sie, daß sie soeben von einem »Zauberer« zurückgekommen sei. »Ich habe den sicheren Beweis für die Realität dieser unbegreiflichen und mysteriösen Wissenschaft der Magie erhalten.« Von diesem Besuch inspiriert, schrieb sie eine spannende Kurzgeschichte, »Le Magicien«, die in der Novemberausgabe des Pariser Magazins *Le Petit Journal Illustré* erschien. Etwas Magisches in den verschiedensten Manifestationen war unauslöschlich in allem, was sie an Afrika faszinierte. Sie schrieb am 8. Juni: »In den unberührten arabischen Städten, wie den ksours im Süden, ist die unleugbar verzaubernde Atmosphäre Afrikas direkt greifbar.«

Erfüllt von Sehnsucht nach der Atmosphäre der ksours und noch immer überzeugt von der Möglichkeit einer mystischen Berufung, reiste sie am 29. Juni nach Bou Saada in die Hochebene hinter dem küstennahen Atlasgebirge. Vor allem wollte sie bei El Hamel die sawija der Marabut Lella Zeyneb besuchen. Das Juniwetter war drückend schwül, die Hitze und der Schirokko verwandelten das Land in ein »türkisches Bad«. Isabelle reiste allein und nahm an Transportmitteln, was sich ihr bot: Zug, Maultier, Pferd. Sie schlief, wo immer sie ein Fleckchen fand, auf einer Bank, einer Matte unter einer Arkade oder »von Flöhen heimgesucht« auf einem Innenhof. Was ihr Essen anlangte, verließ sie sich hauptsächlich auf die Gastlichkeit der Einheimischen oder begnügte sich mit dem bitteren Kaffee dieser Gegend, der häufig mit schlammigem Wasser gemacht und mit Fliegen angereichert war. Zum Waschen ging sie in die türkischen Bäder.

Am 2. Juli erreichte sie mit einem Pferd die Ortschaft El Hamel und ritt von dort zu der festungsgleichen sawija. Lella Zeyneb hatte ihre Position von ihrem Vater, Sidi Mohammed Belkassem, geerbt, der keinen Sohn gehabt hatte. Sie war eine sonnengebräunte, runzlige Frau um die Fünfzig und litt unter einer Halskrankheit, die das Sprechen erschwerte. Isabelle schrieb nie über die Gespräche mit ihren spirituellen Mentoren; in einer Reisenotiz erwähnte sie lediglich, daß Lella Zeyneb, die in ihr eine verwandte Seele erkannt hatte, über die Schwierigkeiten in ihrer Stellung sprach und über ihre Einsamkeit klagte.

Politisch war die Reise nach Bou Saada so etwas wie eine Probe aufs Exempel für sie gewesen. Danach schrieb sie: »Ich sehe jetzt, daß ich ohne irgendwelche Schwierigkeiten Militärstandorte besuchen kann.« Doch das Militär behielt sie immer noch im Auge — in der Hauptsache, weil es in den Garnisonsstädten nichts Besseres zu tun gab —, und zweifellos wußte Isabelle es. Sechs Monate später, als sie wieder nach El Hamel reiste, um Lella Zeyneb zu besuchen, schrieb der Generalgouverneur in einer vertraulichen Note an die Polizei: »Diese Frau kann nicht mehr ausgewiesen werden, weil sie durch Heirat die französische Staatsbürgerschaft erworben hat. Aber sie sollte wegen ihrer Exzentrizität und ihrer Verbindung zu Moslemkreisen überwacht werden.« Bei diesem zweiten Besuch, Anfang 1903, observierte die Polizei jeden ihrer Schritte und folgte ihr selbst bis zum türkischen Bad. Doch was sie nicht herausfinden konnten, war das Thema ihrer Gespräche mit Lella Zeyneb. Sie interessierten sich so sehr dafür, daß der Generalgouverneur am 28. Februar 1903 ein privates Memorandum an General Bailloud schickte, den Oberbefehlshaber der Armee in Algerien, in dem er bat, daß man diskret versuchen möge, das Thema der Gespräche der beiden Frauen zu eruieren.

Isabelle war von ihrem ersten Besuch — »so flüchtig wie ein Traum« — erfrischt und gestärkt zurückkehrt und in ihrer Überzeugung bekräftigt, daß das Nomadenleben das einzig richtige für sie war, seit sie sich in der Villa Neuve nach dem »weißen Weg« gesehnt hatte. »Ich werde mein Leben lang Nomade bleiben, verliebt in den wechselnden Horizont, in die unerforschten, fernen Orte, denn jede Reise, selbst zu den überfülltesten und vielbesuchten Ländern, ist eine Entdeckung.«

Am 4. Juli, dem Tag, an dem sie von dieser zweiten Reise zurückkehrte, wurde Isabelle von der Nachricht überrascht, daß Slimène, der seine Examen bestanden hatte, durch Victor Barrucands Empfehlung eine Stellung als khodja — Dolmetscher — in der commune mixte in Ténès angeboten worden war, einer Stadt an der algerischen Küste, etwa hundertfünfzig Kilometer westlich von Algier. Die commune mixte und Ténès selbst, wo Intrigen an der Tagesordnung waren, sollten Isabelles eigenes moralisches Rückgrat sehr auf die Probe stellen, auf eine Weise, die ihr am allerwenigsten gefiel. Sosehr sie auch den mystischen Weg suchte und auf den Ruf wartete, war es dennoch die Politik, die ihr hartnäckig und mißgünstig auf den Fersen blieb.

# 13.

## INTRIGEN

Die einzige Verbindung, die Ténès zu der Zeit mit der Außenwelt hatte, war die fünfspännige Kutsche, die einmal täglich mit bimmelnden Pferdeglöckchen von Orléansville und zurück rumpelte, mit einer Ladung, wie Robert Randau sie beschrieb, aus »mürrischen Reisenden und einer beachtlichen Zahl hungriger Flöhe«. Ansonsten reisten die Bewohner noch immer auf dem Pferderücken, und im Winter war es durchaus möglich, daß der Regen die Stadt vom Rest der Welt völlig abschnitt und sie mehr denn je in ihren Intrigen und Kleinstadtskandalen versank. Am 7. Juli 1902 trafen Isabelle und Slimène in der übelriechenden Kutsche ein und stiegen im Hôtel des Arts ab. Sie ahnten nicht, daß zwei Männer an einem Tisch im Hotel das tadellos gekleidete junge arabische Paar beobachteten, das sich an den Empfang begab. Einer der Männer war Fernand Carayol, ein Verwaltungsbeamter, der andere M. Vayssié, hiesiger Magistrat und Autor, der unter dem Pseudonym Raymond Marival zwei Romane verfaßt hatte und für die *Mercure de France* schrieb. Marival, dem auffiel, daß einer der Neuankömmlinge in den weißen, weiten Burnussen ungewöhnliche feine Hände und ein für einen Mann viel zu glattes Gesicht hatte, rief unwillkürlich: »Himmel, ist das nicht eine Frau?« Die Kellnerin, die sie gerade bediente, antwortete leise: »Ja, es ist eine Frau, aber sie hat sich unter dem Namen Sidi Mahmoud eingetragen.« Die beiden Männer, die ihren Namen aus den Zeitungsberichten über die Verhandlung kannten, gingen zu dem Paar hinüber und stellten sich vor. Sie sollten dringend benötigte Verbündete Isabelles in Ténès werden.

Ein paar Wochen vor ihrer Ankunft, Anfang des Sommers, war noch ein Schriftsteller in der Stadt angekommen. Wie Marival benutzte auch er ein Pseudonym, Robert Randau — dazu hatte er nur die Buchstaben seines eigentlichen Namens, Robert Arnaud, ein wenig umgestellt. Er wurde in Algerien als Sohn französischer Kolonialisten geboren und schrieb Bücher über Afrika und die französische Besatzung auf die unverblümte koloniale Weise Kiplings, nicht mit der romantischen Exotik von Loti oder Flaubert. Wie Marival hatte er zwei Gesichter, doch mit seinem erkahlenden Kopf, der randlosen Brille und dem gestutzten Schnurrbart sah er mehr wie der Beamte, denn der Schriftsteller aus. Aber sein Stil war so voll Kraft und Ironie und blutvoll, daß man ihn schon zu Lebzeiten einen »afrikanischer Rabelais« nannte. Roland Lebel beschrieb ihn als Mann mit »doppelter Persönlichkeit, belesen und kondottierisch, philosophisch und erfolgreich, ein Denker und ein Mann der Tat, ein kraftvoller Bursche, durchdrungen vom fruchtbaren Geist Afrikas. Er war ein typischer Kolonist, verliebt ebenso in Stärke wie in Ideen.« Er selbst sagte, sein Ziel sei nicht, sich einen Namen in der literarischen Welt von Paris zu machen, sondern »mich von gewissen Obsessionen zu befreien« und »einer eigenständigen Intellektualität und starken, lebendigen Literatur« Nordafrikas auf die Beine zu verhelfen. Die manierierte Ironie des Titels — *A l'ombre de mon baobab* — sowie Kapitelüberschriften eines seiner späteren Bücher verraten etwas von seiner Lebensanschauung: »Neugier ist der Feind des guten Lebens; es ist wichtig, die Dämmerung zu lieben; es ist wichtig, nicht sentimental zu sein; es ist wichtig, nicht zu töten; es ist wichtig, das Leben oder Frauen nicht zu ernst zu nehmen; Menschen zu essen ist der erste Schritt zum Altruismus«, denn »Kannibalismus ist für den Abergläubischen ohne Zweifel die praktischste Weise, die besten intellektuellen Eigenschaften eines Freundes oder Feindes in sich aufzunehmen«.

Randau war nach Ténès gekommen, um den Posten eines dritten Assistenten des Administrators zu übernehmen. Ein Freund hatte ihn vor ihm innegehabt und war entsetzt vor den Intrigen geflohen. Die Administratoren waren uniformierte französische Beamte, die die Verwaltung der communes mixtes leiteten, der ärmlicheren Variante der communes de plein exercise, die den wohlhabenderen, größeren Städten vorstanden. Die communes mixtes nahmen auch einheimische Moslems in die Verwaltung. Es war ein Kompromiß, der rundum Unbehagen verursachte, vor allem, da der Administrator vom Generalgouverneur eingesetzt und nicht wie ein Bürgermeister gewählt wurde und die uneingeschränkte gerichtliche, administrative und polizeiliche Macht hatte. Was zur Verwirrung beitrug, war die Tatsache, daß Ténès auch einen Bürgermeister hatte, M. Martin, der nicht nur auf Kriegsfuß mit dem Administrator stand, sondern 1898 auch einen Monat wegen Korruption vom Dienst suspendiert worden war. Er war heftiger Antisemit und ein Selfmademan, den Unterschlagungen im großen Stil zum Millionär gemacht hatten. Seine Korruption war aber auch das einzige, das seinen Gegner, den Administrator M. Bouchet, in ein wenig besserem Licht erscheinen ließ. Bouchet, ein kleiner, scharfer und autoritärer Exspahi mit Monokel, war pathologisch mißtrauisch gegenüber Neuankömmlingen, die ins Lager des Bürgermeisters überlaufen könnten. Randau hatte er bei seiner Ankunft mit taxierender Herablassung begrüßt.

Früh am Morgen nach ihrer Ankunft in dieser geteilten Stadt mieteten Isabelle und Slimène Zimmer im Obergeschoß eines einfachen, aber günstigen Hauses in der Rue d'Orléansville, parallel zum Nordwall der Stadt, der bis zum Hafen verlief. Sie richteten ihre aus einem Zimmer und Küche bestehende Wohnung mit ihren paar Sachen ein: einem Tisch, Schreibzeug, Matten zum Schlafen und einer Sure aus dem Koran in Isabelles eleganter maghrebisch-arabischer Schrift, die sie an die kahle weiße Wand hefteten. Um zehn machten sie ihre Aufwartung in der commune mixte, wo sie Randau zum erstenmal, und zwar in seiner amtlichen Eigenschaft, begegneten. Randau schrieb:

*»Zwei Fremde in einheimischer Kleidung wurden mir in meinem engen Büro (mehr ein Gang) gemeldet, wo ... ich mich gerade mit einer Gegenüberstellung zwischen einem Viehdieb und einigen Hirten beschäftigen wollte, die recht laut und lebhaft zu werden versprach. Einer der Fremden war sehr dunkelhäutig und sah angegriffen aus. Er hatte regelmäßige und sympathische Züge. Er war Sidi Slimane Ehnni, der neue khodja der commune mixte. Sein eleganter, schlanker Begleiter war ein Kavalier in einem haik und feinem makellos weißem Burnus und den engen, weichen mestr (Lederstiefel) der Spahi. Er hatte ungewöhnlich glänzende schwarze Augen, ein bleiches Gesicht und vorstehende Backenknochen. Unter seinem Turban,*

*nahe den Ohren, und um die blassen Lippen hatte seine Haut
die Farbe von Pergament. ›Darf ich Ihnen Sidi Mahmoud
Saadi vorstellen?‹ sagte der dunkelhäutige Besucher. ›Das ist
der Künstlername, tatsächlich ist es Mme. Ehnni, meine Gattin.‹« (Isabelles »ungewöhnlich glänzende schwarze Augen«
rührten zumindest zum Teil von der Wirkung des kef her, dessen Genuß ihr inzwischen zur Gewohnheit geworden war.)*

Kurz danach verließ Slimène das Zimmer, um seinen Pflichten
nachzugehen, während Isabelle blieb und sich mit Randau unterhielt, der fasziniert von ihr war.

*»Isabelle sprach langsam, als suchte sie nach den Worten, mit
dem unangenehmsten und monotonsten nasalen Akzent der
Welt; sie rauchte eine Zigarette nach der anderen und . . . würz-
te jeden Satz mit leichten Verwünschungen. Sie lachte häufig
und zeigte dabei fast ihre gesamten Zähne, doch ohne wirkliche
Ausgelassenheit. Ihre typischste Geste war, die Rechte mit der
Zigarette zum Mund zu heben, während die Linke auf dem
Knie blieb. Ihre Haltung war immer würdevoll, ja gemessen.
Und ich sollte hinzufügen, daß sie nicht den geringsten Sex-Ap-
peal hatte.«*

Nachdem sie über ihre gemeinsame Leidenschaft für Literatur
diskutiert hatten, brachte Randau ein Thema zur Sprache, das
ihn faszinierte, seit er im vergangenen Sommer die Zeitungsbe-
richte über ihre Verhandlung gelesen hatte. Tatsächlich hatte
er sogar eine Kopie des Gerichtsprotokolls zur Hand, und er
bat sie, ihm zu erklären, weshalb sie behauptet hatte, Abdallah
wäre von Unbekannten zu dieser Tat veranlaßt worden. Wen
hatte sie damit gemeint, erkundigte er sich. Was steckte hinter
der Geschichte?

*»Ich bemühte mich, sie zu einer Antwort zu bewegen, doch sie
antwortete mit Ausflüchten. Ich versuchte es auf eine andere
Weise, doch jedesmal wich sie einer präzisen Frage aus. Ich na-
gelte sie fest: Gab es eine Verbindung zwischen gewissen Grau-
zonen, von denen sie behauptete, daß sie das Fundament der
mysteriösen Affäre wären, und den polizeilichen Maßnahmen*

*gegen sie? Sie blickte mich durchdringend an und wirkte beun-*
*ruhigt. Zweifellos fand sie meine Hartnäckigkeit unverschämt.*
*Ich beugte mich und brachte danach das Thema nie wieder zur*
*Sprache, da es ihr offensichtlich so unangenehm war.«*

Es ist ein Beweis für Isabelles Vorsicht und Abwehr, daß sie
Randau gegenüber nicht von ihrem Verdacht sprechen konnte,
nicht einmal später, als sie ihn viel besser kannte. Dreißig Jahre
später wollte Randau dieses Rätsel immer noch lösen. Er ersuchte einen Beamten des Generalgouverneurs und die Polizei
von Algier, in den Akten nachzusehen, ob es irgendeinen Hinweis darauf gab, was vor dem Anschlagsversuch hinter den Ku-
lissen vorgegangen war. Er erfuhr schließlich, daß es das Ar-
chiv des Gouverneurs »nicht mehr gibt« und daß die Polizeiakten wahrscheinlich den Ratten zum Opfer fielen, nachdem sie
in den zugehörigen Archiven eingelagert worden waren. Die
Memoranden zwischen Militär und Politikern vor der Verhandlung, die nicht alle »von Ratten gefressen« worden waren und
die Randau nie zu Gesicht bekam, lassen stark vermuten, daß
der Verdacht auf ein Komplott zu ihrer Beseitigung durchaus
begründet war.

Doch weniger wortkarg war sie Randau gegenüber bei einem
anderen Thema: ihrem Besuch bei Bouchet früher an diesem
Morgen. Der hatte sie, im Gegensatz zu Randau, mit öligem
Charme empfangen, weil er wußte, daß sie mit Victor Barrucand befreundet war, und weil er erkannte, welches propagan-
distische Kapital sich aus diesem literarischen Paar schlagen ließe. Er trug sogleich eine lange Litanei von Vorwürfen gegen
den Bürgermeister und andere in Ténès vor und erklärte, wie
die Einheimischen ausgebeutet würden und wie sehr er ihnen
helfen wollte. Er bat Isabelle, ihm dabei behilflich zu sein. Wäre sie bereit, in der näheren Umgebung umherzureisen und die
Leute zu befragen und ihm dann ihre Meinung mitzuteilen?
Obgleich sie sein eigentliches Ziel billigte, bestürzte sie seine
Proselytenmacherei und Politisiererei. Sie erzählte Randau:
»Es war sehr peinlich; ich möchte nicht in das Ganze verwickelt
werden — ich suche nur nach einem ruhigen Fleckchen, wo ich
so gut wie möglich arbeiten kann.« Sie verriet Randau, daß
Bouchet sie vor seiner überheblichen Mentalität gewarnt hatte,

daß er so tue, »als kümmere ihn das alles nicht, weil wir alle Kretins sind«. Isabelle hatte sofort geschlossen, daß Randau der Geeignetste war, sie in alles einzuweihen, was in Ténès vorging.

Mit ironischem Vergnügen gab Randau ihr nun einen Einblick in die Verbitterung und den Haß in diesem »Aquarium«, das jeden »langsam und mitleidlos vergiftet«, der in amtlicher Eigenschaft damit zu tun bekomme. Die Bürgermeisterwahlen standen bevor, obwohl Martin in zweiter Instanz von der Anklage der Korruption freigesprochen worden war, und die verschiedenen Fraktionen machten sich für einen Kampf bis aufs Messer bereit. Als er geendet hatte, rief Isabelle: »In welches Hornissennest sind mein Gatte und ich da geraten? Wir haben nichts zu fürchten und nichts zu erwarten, aber zweifellos werden wir von den Fraktionen bestürmt werden. Nun, um zu vermeiden, daß ich in diesen Schmutz gezogen werde, ist es sicher das beste, wenn ich mich während dieser Zeit soviel wie möglich außerhalb der Stadt aufhalte. Ich verabscheue Rassenhaß, und genau wie Barrucand und Zola will ich nichts mit Antisemitismus zu tun haben!«

Randau lud sie für den Abend zu sich nach Hause ein, wo sie ihren Lieblingsdrink, starken Anisette, trank und sich sofort mit seiner Frau verstand. Noch besser gefiel Isabelle der Besuch seiner Stallungen, wo am gleichen Tag erst eine neue Stute angekommen war. Sie war weiß und hatte eine schwarze sternförmige Zeichnung auf der Stirn. Ohne auch nur einen Blick auf Randaus eigenes, kraftvolles, stämmiges Tier zu werfen, verliebte sich Isabelle sofort in die Stute, sattelte sie, führte sie aus der Box und ritt sie im Galopp durch die Straßen von Ténès. Sie lobte sie überschwenglich, und Randau forderte sie auf, ihr einen Namen zu geben. Isabelle nannte sie Ziza. Das war Slimènes Kosename für sie. Von da an ritt sie sie fast täglich in das bergige Hinterland mit seinen tiefen, bewaldeten Schluchten und steilen Geröllhängen.

Die einheimischen fellahs, von denen einige sie bereits seit Béhima vom Hörensagen kannten, freundeten sich schnell mit ihr an. »Sie war sehr umgänglich«, schrieb Randau, »und wollte von ihnen für einen jungen taleb gehalten werden, einen Studenten aus einer sawija. Alle wußten natürlich, daß dieser kühne Reiter in dem makellos weißen Burnus und den weichen roten Lederstiefeln eine Frau war. Es lag an der angeborenen Höflichkeit der Araber, daß keiner von ihnen je in ihrer Gegenwart auch nur eine Andeutung auf diesen Umstand machte, den sie nicht eingestehen wollte.«

Wenn Isabelle nicht ausritt oder zu Hause schrieb, schmökerte sie gern in Randaus oder Marivals umfangreichen Bibliotheken. Die von Marival war gut mit Symbolisten ausgestattet, von denen ihm viele persönlich Exemplare ihrer Werke geschenkt hatten. Randau behauptete, daß sie keine lyrischen oder symbolistischen Dichter kannte und sich nicht für sie interessierte. Das stimmte nicht ganz, denn sie besaß mehrere Bücher von Baudelaire und hatte in El Oued Verse aus *Les Fleurs du Mal* in ihr Tagebuch geschrieben. Doch ihr Hauptinteresse galt, dank Trofimowskis Erziehung, den Realisten: Zola, Daudet, Descaves, Paul Adam, Rémy de Gourmont, Anatole France. Andererseits zogen auch große Ideen sie noch an: Sie las Schopenhauer, der mit seinem widersprüchlichen Wesen und seiner vom Orient inspirierten Philosophie der Individualitätsaufgabe fast eine verwandte Seele war. Auf Randaus heuchlerische Überredung hin las sie auch Nietzsches *Also sprach Zarathustra*, von dem er sicher war, daß sie es nicht mögen würde. Sie offenbarte eine Spur eigener Übermenschen-Phantasie, als sie zu ihm sagte: »Wie schade, daß der Übermensch nicht kam und die Menschheit zur Sklaverei erniedrigte und ihr sein Gesetz von den beiden moralischen Grundsätzen aufzwang. Es hätte mir eine außerordentliche Freude bereitet, unseren Planeten von diesem Ungeheuer zu befreien.« Randau schrieb seinen literarischen Freunden Marius und Ary Leblond in Paris und Sadia Lévy in Sidi-bel-Abbès und machte sie auf dieses erstaunliche Geschöpf in Ténès aufmerksam.

Inzwischen hatte Barrucand seine Stellung als Herausgeber der *Nouvelles* aufgegeben, sehr zum Ärger ihres Besitzers, Senator Gérente, da Barrucands neue Zeitschrift der seinen Konkurrenz machen würde. Sie sollte *L'Akhbar/El Akhbar* heißen, nach einer eingestellten Zeitschrift, und zielte gleichermaßen auf das Interesse der Franzosen wie der einheimischen Bevölkerung. Die Artikel sollten in Arabisch und Französisch gedruckt werden. Barrucand wehrte jeden Hinweis ab, daß sie frankophobisch arabophil sein würde: »Ich beabsichtige nichts anderes, als Frankreich in seiner natürlichen Neigung zur Gerechtigkeit und Rassengleichheit zu unterstützen und die Übertreibung der Arabophilen ebenso zu vermeiden wie die der Arabophoben.« Andere sahen es anders, und vor allem Senator Gérente war sehr daran interessiert, den französischen Behörden die Zeitschrift suspekt zu machen.

Eines Tages, als Barrucand Isabelle in Ténès besuchte, lud Administrator Bouchet sie zu einer Rundreise durch die umliegenden Ortschaften ein, um ihnen Gelegenheit zu geben, die einheimischen caïds und Honoratioren kennenzulernen. Die Reise dauerte eineinhalb Tage und bot reichlich Nahrung für Klatsch, der Isabelle während ihres ganzen Aufenthalts in Ténès nicht mehr zur Ruhe kommen lassen sollte. Die Einwohner der kleinen Ortschaften hatten keine Ahnung, was ein Journalist überhaupt war, und so präsentierte Bouchet ihnen Barrucand, in Randaus Worten, als »Weisen, dessen von Gott geführte Feder ihre Ausbeutung durch die Geldverleiher anprangern und ihnen ihre Rechte über ihr algerisches Land zurückbringen würde«. So ehrlich die Absichten des Trios auch gewesen sein mögen, wahrscheinlich aufrichtiger, als der lakonische Randau es hinstellte, ihre Gegner schlachteten die Ereignisse für ihre Zwecke aus.

Das Gerücht verbreitete sich, daß das Ganze ein Propagandafeldzug gewesen war, um reiche Einheimische zu veranlassen, die neue Zeitschrift finanziell zu unterstützen, wofür man als Gegenleistung einen antifranzösischen Standpunkt versprochen hatte. Damit, daß sie sich an Bouchets Seite stellte, wie unverbindlich auch immer, hatte Isabelle, ohne es zu ahnen, die halbe Stadt gegen sich aufgebracht, den Bürgermeister und Senator Gérente eingeschlossen. Und Bouchet selbst hatte sich durch diesen Zusammenschluß mit Isabelle zur leichten Zielscheibe für seine Gegner gemacht.

Ein anderer Vorfall bescherte Isabelle einen persönlicheren Feind, einen direkt aus dem Amt der commune mixte. Isabelle erzählte Randau: Der stellvertretende Administrator

*». . . trat mir nahe, ohne daß ich ihn im geringsten provoziert hatte, und so gleichmütig, als handle es sich um eine banale*

*Verwaltungsangelegenheit. Unverblümt erklärte er mir, daß ich mich, in unserem gegenseitigen Interesse, gut mit ihm stellen müsse. Ich weiß nicht, wofür dieser Kerl mich hielt, und ich bin absolut nicht an seiner Freundschaft interessiert. Um die Dinge von vornherein klarzustellen, erklärte ich ihm, ohne ein Blatt vor den Mund zu nehmen, daß ich, ehe ich mit ihm ins Bett ginge, lieber eine Cholera-Leiche küssen würde.«*

Randau sagte daraufhin: »Respekt, Sie verstehen mit Metaphern umzugehen.« Der stellvertretende Administrator, der viel von leichten Eroberungen, aber gar nichts von Abweisungen hielt, war nun, genau wie de Susbielle vor ihm, auf Rache aus.

Isabelle schrieb am 18. September 1902 in ihr Tagebuch: »An und für sich läßt mich dieser ganze Schmutz völlig kalt, aber er kann doch sehr lästig werden. Glücklicherweise gibt es die wundervolle Möglichkeit der Flucht, die Einsamkeit auf den offenen Wegen zu den kleinen Ortschaften.« Sie suchte Zuflucht im ländlichen Leben der fellahs auf eine, wie Randau fand, unnatürliche Weise, »auf dieselbe pathologische Weise, wie sie die Dämmerung liebte: Der Schmutz, das Ungeziefer und der Mangel an Hygiene bei diesen Menschen störte sie nicht. Sie tat nichts lieber, als in ihren rauchigen, ungelüfteten Hütten (gourbis) am Berghang zu hocken, die nach den mit ihnen darin lebenden Tieren stanken, und sich die endlosen Geschichten ihres Lebens, ihrer Fehden und ihrer Legenden anzuhören, während sie die Schafe in der Stube kraulte oder die Kinder an sich drückte.« Randau schrieb weiterhin: »Sie hatte das Gefühl, daß dieses Elend etwas von ihrem eigenen hatte.« Sie half ihnen mit Rat über Impfungen, redete ihnen zu, zum Arzt zu gehen, und saß oft an einem Krankenbett — während »sie wie die Pest jeden Menschen mied, der sie in politische oder religiöse Angelegenheiten verwickeln wollte, die mit arabischem Nationalismus zu tun hatten«. Sie war sich des Umstandes wohl bewußt, daß die Verwaltung selbst ihre harmlosesten Bemerkungen erfahren würde. Diese Europäer, selbst jene, die politisch nichts gegen Isabelle hatten, standen ihren Idealen argwöhnisch gegenüber und fanden, daß sie sich lächerlichen Phantastereien ohne jeglichen praktischen Nutzen hingab. Interessanterweise, wie Randau meinte, behandelten sie selbst die »intellektuellen Einheimischen« mit gönnerhafter Herablassung, da sie bereits in ihrer Kindheit aufgehört hatten, sich schicksalsergeben einem allmächtigen Gott zu fügen.

Was Ténès selbst betraf, schrieb Isabelle: »Nur mit meinem Freund Arnaud macht es mir Spaß, mich zu unterhalten. Auch er wird von diesen aufgeblasenen Spießern verachtet, die sich einbilden, sie wären jemand, weil sie enge Hosen tragen, einen lächerlichen Hut oder gar eine gestreifte Mütze.« Ihr häufiger Ärger mündete in einen Haschischtraum von Flucht, und sie dachte vorübergehend daran, mit Slimène nach Palästina auszuwandern, um »Europa, auch wenn es nur ein exportiertes Europa ist, zu entkommen und in einem arabischen Land, das zweifellos noch so ist, wie ich es liebe, ein neues Leben zu beginnen«.

Ihre Befürchtungen, wie ihre Feinde jede proarabische Aktivität ausschlachten könnten, hielten sie von einem Projekt ab, das sie ursprünglich im Oktober 1902 in Angriff nehmen wollte: über den Prozeß der arabisch-nationalistischen Aufständischen von Margueritte zu schreiben. Wenn sie ihren Plan ausgeführt und über diese Verhandlung berichtet hätte, die im Februar 1903 in Frankreich stattfand, wäre sie dort zweifellos zu Berühmtheit gelangt. Aber sie scheute davor zurück, angeblich, weil ihr die nötigen Mittel dazu fehlten. Ihr Zögern war nicht nur eine Kapitulation vor den zu erwartenden Schwierigkeiten: Im Grunde genommen war ihre Verbrüderung mit der Sache der arabischen Nationalisten nicht die dominierende Kraft ihres Lebens, sondern eine romantische, menschliche Verbundenheit, die nicht nur aus der politischen Situation entstanden war, sondern ihre Wurzeln bereits in den komplexen Umständen ihrer Herkunft und Erziehung hatte. Letztendlich hielt sie die Politik für eine zu begrenzte und korrupte Kraft, um die Änderungen herbeizuführen, die erforderlich waren, um Algerien vor Blutvergießen und Chaos zu bewahren. In einem Brief an Randau schrieb sie am 12. Oktober 1902: »Je mehr ich den algerischen politischen Hexenkessel betrachte, desto mehr stößt er mich ab ... Die Zukunft verspricht nichts Gutes.«

Am folgenden Tag war sie wehmütiger Stimmung. Sie erinnerte sich an das Leben in der Villa Neuve und schrieb: »O Mutter! O Vava! Seht euch euer Kind an, das einzige, das euch gehorsam ist und euch ehrt, zumindest nach eurem Tod.«

Es gab jedoch auch viele unbeschwerte Augenblicke in Ténès, von denen wir allerdings nur durch Randaus Berichte wissen. Isabelle selbst neigte dazu, ihrem Tagebuch hauptsächlich melancholische oder selbstquälerische Stimmungen anzuvertrauen, und schrieb selten über ihre fröhliche, ja überschäumende Seite. Randau beschrieb eine Party, zu der sie ihn und seine Frau sowie Marival und Carayol eingeladen hatte. Als sie ankamen, schürte Isabelle gerade ein Feuer, das sie gemacht hatte, um Kuskus für sie alle zuzubereiten. Sie war eifrig dabei, Kartoffeln zu schälen, Hühnchen- und Lammstücke zu schneiden, die Soßen zu würzen, Mandeln und Pfeffer zu zerdrücken und immer wieder in die Glut zu blasen. Barfüßig setzten sich alle um sie herum und bombardierten sie mit widersprüchlichen Ratschlägen, wie dies und das am schmackhaftesten zuzubereiten war. Isabelle war blendender Stimmung und schlug vor, daß sie alle Krieger eines Stammes spielten, der gerade von einem Überfall auf einen anderen zurückgekommen war und nun die Beute verteilte. Marival zog sie auf und behauptete, sie wäre zu klein und schwächlich, irgend jemanden zu berauben, da sprang sie auf und balgte sich mit dem zierlichen Richter. Dann, als sie ihn zu Boden gezwungen hatte, setzte sie in Siegerpose den Fuß auf seine Brust. Später, weil sie wußte, daß er geradezu krankhaften Abscheu vor Käse hatte, schmuggelte sie ein Stück in seine Tasche. Als er in dieser Tasche nach seinen Zigaretten kramte, berührten seine Finger den Käse, und er wurde fast hysterisch. Isabelle wälzte sich vor Lachen auf dem Boden, bis sie erkannte, daß sie zu weit gegangen war. Da rannte sie zu ihm, legte besorgt die Arme um ihn und flehte ihn an, ihr zu verzeihen.

Sie erzählten Geschichten, Isabelle tanzte sogar im Sand und seufzte zufrieden: »Ja, ich bin glücklich, weil ihr alle glücklich seid und weil der Wein gut ist! Verdammt, wenn ich immer glücklich wäre, würde ich nie eine Zeile schreiben, wißt ihr, weil ich einfach völlig zufrieden wäre!« Sie wuschen die geliehenen Teller im Meer, und als die Sonne unterging, sangen sie

Trinklieder, Isabelle am lautesten und falschesten. Auf dem Rückweg vertraute sich Isabelle Randau in weinseliger Stimmung an:

*»Ich habe heute zuviel geraucht. Ich habe mir diese verdammte Kefraucherei angewöhnt. O mein lieber Arnaud, ich verabscheue diese Gegend. Wie sie stinkt! Ich hasse bestellte Felder und Äcker mit Getreide und Gemüse. Warum habe ich bloß diese widernatürliche Vorliebe für tote Landschaften und salzigen Sand? Warum ziehe ich Nomaden den Seßhaften vor? Und Bettler den Reichen? Ja, ja, ja! Leid ist eine Würze für mich, die den Reiz des Daseins erhöht. O ja, tief innerlich bin ich sehr Russe! Ich liebe die Knute! Vor allem hätte ich es gern, daß ich den Leuten leid tue, weil ich die Peitsche des Schicksals ertragen muß, und es macht mich glücklich, wenn man mich bemitleidet. Ich hasse den Bastard in der commune mixte gar nicht, weil er mich aus Ténès hinaus haben will — ebensowenig hasse ich den Wahnsinnigen im Süden, der mich mit seinem Säbel verwundete, oder den Henker, der vielleicht das Seil knüpft, um mich zu hängen. Ich empfinde keinen Groll gegen sie, denn dank ihnen wird sich vielleicht einmal ein bißchen Mitleid in den Herzen der Menschen regen. Und doch verstehen meine Freunde in Algier, und Marival und Sie und alle hier, mich nicht, denn Sie sind harte Menschen, und Sie werden mich auch nie verstehen, weil ich nicht von Ihrem Blut bin.«*

In Slimène, der bei dieser Party nicht anwesend war, sah sie immer noch den einzigen Menschen, der sie verstand, obwohl sie seine Langmut durch ihre häufige Abwesenheit und ihre Unabhängigkeit arg auf die Probe stellte. Randau war der Meinung, daß Slimène, obwohl er sich hin und wieder wünschte, sie würde ihre Exzentrik ein wenig mildern, ihre Verkleidung als Mann und ihre »Unabhängigkeitsallüren« aufregend fand. In der erotischen arabischen Literatur ist eine lange Tradition vorhanden, die Geliebte als jungen Mann anzusprechen, aus Diskretion für die Frau, obwohl deutlich hervorgeht, daß nicht um einen Jüngling geworben wird, sondern um ein idealisiertes Mädchen. Randau schrieb: »Meiner Ansicht stimulierte Isabelles Männerkleidung die Leidenschaft des gutaussehenden jungen Kavalleristen; er empfand romantische und intellektuelle Liebe zugleich; er erlebte buchstäblich eine der großen Dichtungen seiner Rasse — eine berauschende Erfahrung.«

Einmal jedoch trieb Isabelle die Kameradschaftlichkeit ihrer Verbindung zu weit. Ein junger arabischer Schürzenjäger der commune mixte war krank geworden und beteuerte, daran wäre die unerwiderte Liebe zu Isabelle schuld, und er weigerte sich, zu essen oder zu trinken. Isabelle zog ihn auf, rügte ihn und sagte, sie wolle einen solchen Unsinn nicht hören. Doch als sie zu Hause war, dachte sie über seinen Zustand nach. »Ich fragte mich, ob ich das Recht habe, einen Mitmenschen so zu quälen.« Randau, dem sie sich anvertraute, war bestürzt über ihre Naivität, doch sie beharrte: »Darf ich daran schuld sein, daß er so leidet?« Sie hatte gedacht, daß sie Slimène ihr Herz ausschütten sollte, ihrem Seelenbruder, dem Mann, dem sie ihre Liebe geschenkt hatte. »Ah, mein Freund, welche Empörung! Ich hatte sein arabisches Blut vergessen. Kaum hatte ich zu sprechen begonnen, richtete er sich zu voller Größe auf, blickte mich haßerfüllt an und schrie: ›So etwas Schändliches habe ich noch nie gehört! Du fühlst Verlangen nach diesem Mann — du behauptest, das stimmt nicht? Aber schon das Verlangen allein ist eine Beleidigung für mich! Es ist, als wärst du mir untreu geworden!‹«

Isabelle protestierte, doch Slimène war zutiefst empört und beharrte darauf, daß die einzig mögliche Lösung für ihn wäre, Isabelle und den jungen mokhrazeni zu töten. »Bildest du dir etwa ein, wenn du mich getötet hast, wärst du glücklicher als jetzt?« hatte ihn Isabelle gefragt. »Nein, denn ich wäre nicht frei von dir. Nachdem ich ihn und dich getötet habe, würde ich mich selbst töten, um dich nicht zu verlassen.« Isabelle erhob keine Einwände, sondern meinte nur, daß es das beste wäre, wenn sie gemeinsam Selbstmord begingen — doch nicht in dem Zimmer, weil »da alles blutig würde«. Sie sollten im Mondschein zu der Festung gehen, aufs Meer hinausblicken, die frische Luft atmen und sich dann »das Lebenslicht ausblasen«. Slimène erklärte sich damit einverstanden. Sie nahmen Zigaretten mit, eine fast volle Flasche Anisette und einen Revolver und marschierten los.

Als sie auf einem Flecken Gras unter einem Olivenbaum saßen, hatte Isabelle das Bedürfnis, ein altes arabisches Gedicht zu rezitieren. Da konnte Slimène nicht nachstehen. So ging es weiter. Sie beschlossen, sich zu töten, sobald die Flasche leer war, doch lange ehe es dazu kam, waren sie sinnlos betrunken. Im Morgengrauen erwachten sie mit einem fürchterlichen Kater, und der lungenkranke Slimène hustete erbärmlich. Benommen stahlen sie sich in ihre Wohnung zurück und stellten Kaffee auf. Schließlich war das Ganze nichts weiter als ein kleiner Streit unter Liebenden gewesen. Und Isabelle, wenn man es recht bedachte, war gar nicht wirklich so versessen auf den Tod.

Im April 1903 waren die politischen Protagonisten in Ténès in Hochstimmung. Die Wahlen standen bevor, und die Kandidaten polierten ihr hehres Image auf und ihre Sprüche von der goldenen Zukunft. Bouchets erster Assistent, den Isabelle so grob abgewiesen hatte, benahm sich plötzlich höchst seltsam. Der immer wachsame Bouchet witterte Verrat. Als er eines Tages in sein Büro zurückkam und feststellte, daß seine Akten systematisch durchwühlt worden waren, sah er seinen Verdacht bestätigt: Sein Stellvertreter war auf sein Amt aus und lief zur gegnerischen Seite über, dem Lager von Senator Gérente und Bürgermeister Martin, um sich dafür stark zu machen. Er hatte versucht, unter Bouchets Akten belastendes Material zu finden. Bouchet, dessen Mißtrauen nie schlummerte, hob jedoch verfängliche Schreiben überhaupt nicht erst auf. Gérente und der Bürgermeister sahen Bouchets Achillesferse in Isabelle. Weshalb verkleidete sie sich als Mann und schrieb lächerliche Geschichten? Weshalb reiste sie ständig herum? Es gab nur zwei mögliche Gründe, und beide waren unmoralisch: Entweder war sie hinter Männern her, oder sie versuchte Profit aus der Stellung ihres Gatten zu schlagen, um korrupte Geschäfte irgendwelcher Art zu machen. In Bouchets Akten hatte sich nichts Belastendes gefunden, doch Indizien genügten, die Dinge ins Rollen zu bringen. Ein pseudonymer Brief, plump mit »Otto Mobyl« unterzeichnet, wurde am 2. April 1903 in Senator Gérentes *Union Républicaine* veröffentlicht. Unter der Überschrift »Schwerwiegende Enthüllungen« enthielt er die Aufforderung, eine Untersuchung gegen Bouchet einzuleiten.

»Es ist untragbar, daß ein Beamter zum Komplizen von M. Barrucand und Mme. Eberhardt bei ihrer anrüchigen Propaganda wird, für die letztere bereits einmal unter ähnlichen Umständen des Landes verwiesen wurde.« Der Brief machte geschickte, aber vage Anspielungen und sprach von ihrer »militanten und dominanten Rolle in dem Ziel, das *L'Akhbar* verfolgt... Mme. Eberhardt spielt sich in moslemischer Männerkleidung am Eingang zum Büro ihres Gatten auf und führt geheime Gespräche mit den Einheimischen. Außerdem macht sie mit dem Pferd des Administrators' Assistenten und in Begleitung einheimischer Polizisten mysteriöse Besuche in den umliegenden Dörfern.« Sie deuteten an, daß sie einen gefährlichen religiösen Einfluß auf die einheimischen Moslems habe.

Isabelle, die sich aus dem ganzen Wahlgeschrei hatte heraushalten wollen, sah sich plötzlich mittendrin. Da ihre Briefe immer sehr wirkungsvolle Fürsprecher gewesen waren, schrieb sie einen langen Brief an die neutrale *Dépêche Algérienne*: »Ich habe nie irgendeine Propaganda bei den Einheimischen gemacht, und es ist lächerlich zu behaupten, ich hätte mich zu einer Art Prophetin erhoben. Überall, wann immer sich die Gelegenheit bietet, bemühe ich mich, meinen einheimischen Freunden die Dinge im richtigen und vernünftigen Licht zu zeigen und ihnen zu erklären, daß die französische Herrschaft für sie der türkischen oder einer sonstigen bei weitem vorzuziehen ist.« Sie verteidigte sich auch gegen den Vorwurf des Antisemitismus.

Der stellvertretende Administrator war mit dieser Runde nicht zufrieden, die deutlich an Isabelle ging. Er brach in Slimènes Büro ein und durchsuchte auch seinen Schreibtisch nach belastendem Material. Das einzige, was er fand, war der Entwurf eines Schreibens von Slimène an einen einheimischen caïd, Goumiri, in dem er ihn ersuchte, die Schulden eines Dritten zu bezahlen. Das gehörte zu den üblichen Pflichten eines khodjas, doch der Stellvertreter bemühte sich, es zu einem Skandal aufzubauschen. Ehnni hätte versucht, Gelder für *L'Akhbar* zu beschaffen, und zu diesem Zweck Einheimische unter Druck gesetzt. Heftig nahm Barrucand Slimènes Verteidigung in *L'Akhbar* auf und bestand darauf, daß der Brief veröffentlicht würde, um zu beweisen, daß er sie nicht belasten könne. Goumiri selbst war verblüfft über diesen Aufruhr und schrieb in einem Brief vom 14. Juni an *L'Akhbar*, daß er trotz mehrerer Bestechungsversuche durch den stellvertretenden Administrator, dieses zu behaupten, dem khodja nie Geld gegeben und ihm auch nie welches versprochen habe.

Isabelle schrieb am 10. Mai an die Zeitschrift *Turco* und beteuerte ihre Aufrichtigkeit und Schuldlosigkeit in ihrer Rolle bei *L'Akhbar*. Der *Union Républicaine* konterte mit einem sarkastischen und anzüglichen Brief: »Welche Verbindung besteht zwischen Madame Mahmoud in der *Turco*, Madame Ehnni im *L'Akhbar* und Mademoiselle Eberhardt von der *Dépêche*? Ist das die Reinkarnation der Heiligen Dreieinigkeit? Ist dieser junge Mann eine Frau? Ist es eine Mademoiselle oder eine Madame? Was ist ihr wirklicher Name? Wohnt sie in Ténès oder in Mustapha? O quälendes, quälendes Rätsel!« Da Isabelles Freunde sie drängten, härter zurückzuschlagen, zeigte sie den *Union Républicaine* wegen Verleumdung an und erreichte in erfreulich kurzer Zeit eine gerichtliche Beschlagnahme der Ausgabe.

Doch diese ganze Anfeindung und Verleumdung zehrte sowohl an Isabelles wie Slimènes Gesundheit. Seit Slimènes Krankenhausaufenthalt in Batna war Isabelle bewußt, daß sie seine Gegenwart nicht als selbstverständlich ansehen durfte. Ihre eigene Gesundheit wurde durch häufige Malariaanfälle geschwächt, und ihr Kettenrauchen und zunehmende Kefabhängigkeit trug nicht zur Besserung bei.

Ende 1902, um Mitternacht des 31. Dezember, hatte sie in ihrer üblichen, nostalgischen Jahresschlußstimmung geschrieben: »Ein weiteres Jahr ist vorbei ... Ein Jahr weniger zu leben ... Und ich liebe das Leben aus reiner Neugier auf sein Wesen und seine Geheimnisse ... Was wird dieses Jahr uns bringen? Welche neuen Hoffnungen, welche neuen Enttäuschungen?« Am 29. Januar 1903 schrieb sie als letzte Eintragung in ihren erhalten gebliebenen Tagebüchern: »Ein Jahr bin ich nun auf diesem gesegneten afrikanischen Boden, den ich nie wieder verlassen möchte. Trotz meiner Armut konnte ich reisen und unbekannte Gebiete meiner Wahlheimat besuchen. Slimène lebt, und wir sind verhältnismäßig glücklich.«

Was ihr der erste Teil des neuen Jahres brachte, war die Eskalation der Hetzkampagne gegen sie. Trotz der Ehrenrettung durch die Polizei wollten die beiden nicht länger in einer so feindseligen Stadt bleiben. Isabelle und Barrucand hielten es für das beste, wenn sie in den letzten Wochen vor der Wahl aus der Schußlinie wäre. Er bot ihr Unterkunft und Verpflegung in seinem Haus in Algier als Gegenleistung für ihre Hilfe bei der Redaktionsarbeit am *L'Akhbar*. Später beschrieb er Randau, welch ein zwiespältiger Segen diese Zusammenarbeit war, da Isabelle ihre Zeit damit verbrachte, auf einer Matte in seinem Büro zu liegen, eine Zigarette nach der anderen zu rauchen und ihn in plötzlichen Anwandlungen kindischen Übermuts mit Bleistiften zu bombardieren und sich vor Lachen zu schütteln.

Da Isabelle nun die meiste Zeit in Algier war, hatte Slimène immer weniger Lust, als Prügelknabe in Ténès zu bleiben. Anfang April reichte er seine Kündigung ein, die von seinen Gegnern sofort als Schuldbekenntnis ausgeschlachtet wurde. Er schrieb einen wütenden Brief an den *Union Républicaine*, der nicht abgedruckt wurde, daß er gekündigt habe, um wieder mit seiner Frau zusammenzusein und ihr zu helfen, Licht in diese »Hetzkampagne zu bringen, deren Opfer wir sind«.

Nicht alle Schwierigkeiten Isabelles in Ténès rührten von Menschen her. Auch das Übernatürliche hatte eine flüchtige, aber zeitweilig beunruhigende Rolle gespielt. Eines Morgens kam sie sehr früh, zitternd und erschöpft, zum Haus der Randaus. Er und seine Frau dachten, sie hätte vielleicht zuviel Anisette getrunken, doch sie versicherte ihnen verärgert, das habe sie nicht. Sie war in der vergangenen Nacht mit einem einheimischen Führer zu den mondbeschienenen Hügeln und maquis um Orléansville geritten. An einem Bach hatte sie angehalten, um ihr Pferd zu tränken und selbst einen Schluck Wasser zu nehmen. Sie hatte die Warnung des Führers ignoriert, daß dieser Bach »verwunschen« sei und jeder wüßte, daß man Visionen hatte, wenn man daraus trank. Isabelle hatte spöttisch gelacht und erneut getrunken. Doch beim Weiterreiten befiel sie eine Art »wache Schläfrigkeit«, als wäre sie hypnotisiert — vielleicht, gab sie zu, weil sie suggestibel war. »Ich ritt willenlos dahin, als wäre ich von meinem eigenen Selbst umgeben.« Dann sah sie dunkle Wolken auf den Hügeln zu beiden Seiten wallen, und aus diesen Wolken wurden allmählich lautlos kämpfende

Krieger, die teils zu Fuß, teils auf Pferden wild aufeinander einschlugen. Unter ihnen sah sie ganz deutlich in allen Einzelheiten einen ungewöhnlich großen Mann in Kettenrüstung mit einem »breitkrempigen polnischen Hut«, einem roten Bart und rotem Haar, das schütter über seine Schultern fiel. Seine Augen waren starr und durchdringend auf sie gerichtet. Er winkte ihr mit einer Hand. Ihr Pferd zitterte unter ihr, da erinnerte sie sich, daß es ebenfalls aus dem Bach getrunken hatte. Dann ging das Pferd durch und warf sie ab. Als sie mit dem Kopf auf dem Boden aufschlug, kam sie wieder zu sich. Die Visionen waren verschwunden, und der Führer hatte überhaupt nichts gesehen. Was immer diese Vision ausgelöst hatte, Isabelles Deutung war jedenfalls bezeichnend: Sie schwor, daß es keine Halluzination war. Der große Krieger war »mein Vorfahr aus der russischen Steppe, mit einer Horde der Vandalen, die Afrika eroberten. Ich war schweißüberströmt und halb tot vor Angst. Mein Vorfahr hat mich gerufen; ich weiß, daß ich nicht mehr lange leben werde!« Der Ahne in ihrer Halluzination war von der Steppe, dem Land, aus dem Trofimowskis Vorfahren stammten.

# 14.

## KRIEG

Trotz Isabelles Bleistiftbombardement wußte Barrucand, daß er kein besseres Symbol als Isabelle für seinen Kampf finden konnte, um die Kluft zwischen den kolonialistischen Absichten der Franzosen und der afrikanischen Wirklichkeit zu überbrücken. Sie repräsentierte eine ungewöhnliche Übereinstimmung von Moslemischem und Französischem, die für alle Menschen deutlich machte, das eines nicht unter dem anderen zu leiden brauchte. Allein diese Tatsache, ganz zu schweigen von ihren eingehenden Kenntnissen der einheimischen Stämme, Sitten und Gebräuche sowie der mundartlichen Feinheiten, machten sie zu einem beispiellosen Gewinn für die französische Politik. In gewisser Hinsicht war sie ein Aushängeschild nach zwei Seiten, das vollkommene Symbol der Zweideutigkeit, bis hin zu ihrem Geschlecht. Als sie zum erstenmal nach Algerien gekommen war, hatte sie instinktiv die Partei der Moslems gegen die französischen Besetzer ergriffen, indem sie an den moslemischen Demonstrationen in Bône teilnahm. Doch als sie auf zermürbende Weise persönlich unter dieser Politik leiden mußte, für die ihre promoslemische Einstellung nur subversiv und verdächtig war, und als sie, durch Slimène, zunehmend die psychologische und praktische Perspektive der kolonisierten Rassen durch das Streben nach der nächsten Sprosse der westlichen Leiter und nicht nach Freiheit nach ihren eigenen Vorstellungen zu erkennen begann, hatte sie sich nach und nach zu einem Standpunkt durchgerungen, von dem aus sie das Recht der Franzosen, hier zu sein, nicht mehr als solches in Frage stellte, sondern nur noch die Art und Weise der Erreichung dieses Zieles kritisierte. Was den Rest betraf, so sorgten die Anforderungen des täglichen Lebens dafür, daß sie sich eine so weitreichende ideologische Einstellung nicht mehr leisten konnte.

Obwohl Frankreichs »horizontaler« Traum, sein nordafri-

kanisches Hoheitsgebiet vom Atlantik bis zum Roten Meer aus-
zuweiten, vor fünf Jahren bei Faschoda vereitelt worden war,
bestand immer noch die Möglichkeit der Einverleibung Marokkos. Tatsächlich hatte zu den wechselseitigen Versprechen gehört, als Frankreich den Engländern Ägypten überließ, daß es
dafür freie Hand in Marokko haben würde. Bei der kolonialen
Arroganz der Zeit spielte die Tatsache, daß ein marokkanischer Sultan das Landesoberhaupt war, nur eine untergeordne-
te Rolle — um so mehr, da er unfähig und ein Verschwender
war. Trotzdem mußte behutsam vorgegangen werden. Wie in
Tunesien konnte man behaupten, es handle sich um eine Festi-
gung der algerischen Grenze, und dort sollte der vorsichtige
Vorstoß auch beginnen. Jonnart, der algerische Generalgouverneur von 1903, unterrichtete das Innenministerium von der
Möglichkeit einer allmählichen, kampflosen und billigen »Ab-
sorption« statt einer Eroberung Marokkos durch Unterwer-
fung der rebellischen Stämme entlang der algerisch-marokkani-
schen Grenze. Dadurch befreie man den Sultan von einem traditionellen Ärgernis und schaffe eine starke Verhandlungsposi-
tion. Jonnart schlug für diese Aufgabe Oberst Lyautey vor, der
in Indochina und Madagaskar stationiert gewesen war.

Lyautey unterschied sich von den meisten Militärs, die die
Arabischen Bureaus in Algerien leiteten. Bei ihnen handelte es
sich zum größten Teil um harte, eingefleischte Karriereoffizie-
re wie Pujat oder Dechizelle, die taten, was man ihnen befahl,
und die dasselbe von anderen erwarteten. Die Situation war zu
instabil und heikel, um der Eigeninitiative viel Spielraum zu gestatten. Am wichtigsten war, daß die erworbenen Vorteile gehalten wurden, denn von der Dritten Republik waren keine wei-
terreichenden Pläne durchgedrungen. Für die meisten Soldaten
war es eine Durchhalteoperation, bis die nächsten Befehle eintrafen. Lyautey war aus anderem Holz geschnitzt und hatte einen größeren, einfühlsameren Weitblick, der sowohl idealis-
tisch wie pragmatisch war. Im Grunde genommen war er nicht
hundertprozentig für das Militärleben geeignet, und viele Jahre
später, nach bitteren Enttäuschungen, nahm er eine Tätigkeit
auf, die besser zu der jungenhaften und lebhaften Seite seiner
Persönlichkeit paßte: Pfadfinder. Als er im Oktober 1903 Isabelle kennenlernte, war er neunundvierzig und soeben zum Ge-

neral befördert worden. Zwei Tage nach seiner Beförderung schrieb er seiner Schwester: »Im Augenblick bedauere ich es, daß ich meinen blauen Dolman aufgeben mußte, und ich habe das Gefühl, daß mich diese ehrenvolle Ernennung älter macht. Jedenfalls kann man mich jetzt nicht mehr für einen jungen Mann halten. Seit gestern schaue ich mich jedesmal um, wenn meine Offiziere mich mon général nennen, weil ich es immer noch nicht ganz glauben kann.« Bis weit ins mittlere Alter hinein schrieb er seiner Familie überschwengliche Briefe, in denen er seiner Begeisterung freien Lauf ließ. »Afrika! Afrika! Welcher Zauber! Welcher Zauber! Hurra! Hier ist die Sonne, der Sonnenkönig, der Sonnengott«, und: »Welch ein gesundes, freies, wirklich kraftstrotzendes Leben!« Er spürte die gleiche ästhetische und sinnliche Empfänglichkeit wie Isabelle für die Wüste — und arabische Kleidung.

In Isabelles Geburtsjahr 1877, zwei Jahre nachdem er Saint-Cyr verlassen hatte, war er zum erstenmal nach Algerien gekommen, und zwar auf einer Studienreise, die ihm das Stabsoffizier-Collège in Paris ermöglicht hatte. Er hatte beschlossen, »seiner Neigung zu Abenteuer und Exotik« zu folgen, »denn Afrika war damals groß in Mode und ließ die Phantasie nicht mehr los«. Der junge Mann aus adliger Familie, der wie Loti ein kränkliches Kind gewesen war und in seiner Kindheit nach einem Unfall zwei Jahre lang das Bett nicht verlassen konnte, war verwirrt über die Freiheit, die in diesem neuen Land den Annehmlichkeiten des Körpers gestattet war. Er beschreibt einen beeindruckenden Besuch in einem arabischen Haus, wo ihn zwei »fast nackte junge Männer« durch dunkle Gänge führten, deren weiche Behänge seine Haut streiften. Sie zogen ihn aus und brachten ihn zu einem marmornen Dampfbad. Hinterher wurde er von einem wartenden Mauren massiert. Danach kleideten sie ihn als Araber und erlaubten ihm, sich auf einen Diwan zu legen. Schon mit neunzehn war er »mystizismusbesessen« gewesen, und vier Jahre nach dieser Reise begann er die arabische Sprache, den Koran und das moslemische Leben zu studieren. All das schuf die Basis dafür, daß er und Isabelle einander sofort verstanden, um so mehr, da auch er unter langen Perioden von cafard litt, der »Verzweiflung, die unheilbar scheint«.

Er hatte eine schier endlose, fünfzehnmonatige Phase der Depression hinter sich, als er zum Leiter der Unterabteilung in Aïn Sefra, im Südwesten Algeriens, nahe der marokkanischen Grenze, ernannt wurde. Und wie immer gab seine Rückkehr nach Afrika ihm neuen Lebensmut: Sein Temperament fand in Afrika »sein Gleichgewicht und sein Leben seinen Sinn«.

Von seinem zweiten Besuch an war er überzeugt, daß ein Protektorat ein besseres System als direkte Verwaltung war, die er ablehnte, vor allem, weil sie den Einheimischen Institutionen aufzwang, die ihren eigenen Traditionen völlig wesensfremd waren. Die Politik der Anpassung erschien ihm grotesk. 1891 hatte er einen langen Essay »Die gesellschaftliche Rolle des Offiziers« geschrieben, der in der *Revue des deux mondes* erschien. In ihm legte er seine alternativen Ideale klar: »Die Armee auf neue Formen menschlicher Beziehungen hin auszurichten, eine neue Art von Offizier und Führungsstil festzulegen, die Armee durch zivile Missionen und durch häufigen Kontakt mit den unterschiedlichsten Standesgruppen und gesellschaftlichen Milieus in einem fremden Land harmonisch zu integrieren.« Als er 1894 in Tongking General Galliénis Stabschef wurde, war er von den Theorien des Generals sehr eingenommen, die seinen ähnelten und mit einem Charisma und einer Großzügigkeit in die Tat umgesetzt wurden, die dem Aristokraten und Künstler in Lyautey gefiel. Von dort hatte er Galliéni nach Madagaskar begleitet, wo er den Nordwesten der Insel »pazifizierte«, was ein Schlüsselwort in seinen Vorstellungen war. Doch 1903 war ihm bereits klar, daß selbst diese Politik nicht narrensicher war und daß die Wogen des Antikolonialismus, aufgepeitscht 1882 durch Urabi Paschas Revolte in Ägypten und 1881 durch antikolonialistische Aktionen in Tunis, nun hochschwappen würden. Dasselbe war in Gebieten der Fall, die er aus eigener Erfahrung kannte: auf Madagaskar seit 1898 — nach seiner »Pazifizierung« — und jetzt in Algerien und Marokko, wo die Revolten sich um den »Rebellen« Bu Amama in der Gegend von Tafilalet in Marokko, dicht an der heftig umstrittenen algerischen Grenze konzentrierten.

Bei Lyauteys Plan, von Aïn Sefra aus vorzugehen, handelte es sich nicht um fortgesetzte kleine Angriffe auf die einheimischen Stämme, die sich immer rascher zurückzuziehen vermochten, als die Armee sie verfolgen konnte, sondern um den Versuch, die unentschlossenen Stämme für seine Seite zu gewinnen und die hartnäckig feindseligen zur Aufgabe zu bewegen, indem man ihnen den Zugang zu den Oasen verwehrte, der für sie lebensnotwendig war. Man nannte sie »die Aïn-Sefra-Methode der psychologischen Eroberung und Kontakte mit ästhetischem Tenor«, oder auch Lyauteys »Herz-und-Verstand-Politik«. Für Lyautey selbst war es die Errichtung »eines anziehenden Zentrums statt eines abstoßenden Pols«, und sein endgültiges Ziel war das »pazifistische Vordringen« nach Marokko. Seine Absichten waren relativ menschenfreundlich, doch indem er das Vokabular des Kolonialismus neu auslegte, polierte er es lediglich auf, änderte jedoch nichts an seinem Wesen. Die Wirkung der sanften Kolonisierung war in vielerlei Hinsicht ebenso unerträglich wie die der harten Unterdrückung.

Victor Barrucand, der seine Zeitung *L'Akhbar* seit Januar 1903 in Algier herausgab, hatte ähnliche Ideen wie Lyautey für eine erfolgreiche Verschmelzung des Besten der islamischen mit dem Besten der französischen Kultur. Er und Lyautey hatten korrespondiert, und im Herbst 1903 hatte Barrucand die Idee, Isabelle in den Südwesten zu schicken, um über die Scharmützel der Armee mit den »rebellischen« Stämmen des Tafilalets und über den erwarteten Vorstoß nach Marokko zu berichten — den sie schon vor Jahren vorausgesehen hatte. Er schlug Isabelle vor, eine ausführliche Rundreise durch die Süd-Oran-Region zu machen, über Lyauteys Feldzug zu berichten, das unbekannte Gebiet zu beschreiben, das die Franzosen einnahmen, und schließlich ihre Berichte in einem Buch zusammenzufassen. Isabelle war begeistert. Randau sagte, daß sie wie verwandelt war. »Sie war nicht mehr jemand, den das Schicksal geschlagen hatte. Ihre Augen leuchteten, sie trug den Kopf stolz erhoben, und ihre Fröhlichkeit war ansteckend.« Es war die Erfüllung eines alten Traums: der Armee zu folgen. Es muß für sie auch, nach den Demütigungen von Batna und Ténès, zu verlockend gewesen sein, mit Billigung der Obrigkeit in der Person Lyauteys zu arbeiten, zu welchen Bedingungen auch immer.

Am 18. September hatte Slimène eine neue Stellung als khodja in Guergour, westlich von Sétif, bekommen. Seine berufliche Beschäftigung verschaffte ihr die Bewegungsfreiheit, die sie sich wahrscheinlich auch so genommen hätte, für ihre Reisen. Im September war es zur Belagerung von Taghit gekommen und zu Kämpfen bei El Moungar im Südwesten, bei der Hauptmann de Susbielle sich ausnahmsweise einmal rühmlich hervorgetan hatte. Diese Ereignisse, bei denen sowohl Araber wie französische Soldaten getötet und verwundet worden waren, beschleunigten Isabelles Abreise. Ende September fuhr sie mit dem Zug in den Süd-Oran.

Die Pariser Zeitung *Le Matin* hatte nach den jüngsten Scharmützeln ebenfalls beschlossen, einen Korrespondenten zu schicken. Er hieß Jean Rodes und hatte bereits auf Ersuchen von Randaus Freunden, den Brüdern Leblond, für die *Petit Bleu* in Paris einen kurzen Artikel über Isabelle geschrieben. Als ein »robuster Bursche, bartlos« in Moslemkleidung im Hotel nach ihm fragte, ahnte er sofort, wer das war. Isabelle dankte ihm für den Artikel, und sie verglichen Notizen über ihre Projekte. Sie wohnte auf »einheimische Art« in Aïn Sefra und schlief, wo immer sie eine Ecke oder ein Café oder einen Innenhof fand. Sie gab ihm ein paar Ratschläge über das Reisen in diesen Gebieten: »Schußwaffen und Munition sind hier das Kostbarste. Wenn Sie allein in das Hinterland (bled) reisen, dann behalten Sie die Hände in den Taschen, oder verstecken Sie Ihre Waffe zumindest sorgfältig; so haben Sie am wenigsten zu befürchten. Sieht man Sie jedoch mit einer Waffe, sind Sie verloren.«

Später besuchten Rodes und Isabelle gemeinsam Figuig, begleitet von einem kleinen Trupp mokhrazenis und einem Dolmetscher. Rodes bemerkte: »Isabelle war in dieser Situation einfach erstaunlich. Sie beherrscht die arabische Umgangssprache wie ein Einheimischer und die arabischen Sitten ebenfalls. Fließend tauschte sie mit ihnen die langen rituellen Begrüßungen und Freundlichkeiten aus.« Er erwähnte, daß die vornehmsten und gelehrtesten Moslems sichtlich erfreut über die rituelle Perfektion waren, mit der sie sprach, und besonderen Gefallen daran zu finden schienen, ihr zuzuhören. Über ihr Aussehen äußerte er sich allerdings weniger lobend. »Sie war häßlich, von einer Häßlichkeit, die durch nicht einen einzigen gefälligen Zug ihres Gesichts gemildert wurde: sie hatte eine sehr vorstehende Stirn, hohe Backenknochen, sehr kleine Augen, und ihre Stimme war entsetzlich näselnd. Im Gegensatz dazu paßten ihr Gang, die Art, wie sie ihre Schultern ganz gerade hielt, eher zu einem harten Kavalleristen, einem echten Spahi. Wer es nicht wußte, hätte sie nie für eine Frau gehalten.« Am nächsten Tag erreichten sie Figuig, und Isabelle schlief in einer Ecke von Rodes' Zimmer. Beide schrieben ihre Artikel auf Tischen im selben Zimmer. Der Maler Maxime Noiré, ebenfalls ein Freund von Randau, den Isabelle von Ténès her kannte, schloß sich ihnen an und schlief in einer anderen Ecke des Zimmers. Rodes erwähnte, daß Isabelle ausgesprochen gesprächig war und ohne die geringsten Hemmungen sagte, was ihr gerade in den Sinn kam, »hauptsächlich über ihr Leben im Süd-Oran. Sie sprach jedoch nie mit mir über die Schwierigkeiten, die sie in Ténès gehabt hatte«.

Irgendwann zu der Zeit stellte Leutnant Berriau, der Leiter der Béni-Ounif-Abteilung, sie General Lyautey vor. Seine Meinung über sie drückt ein Brief aus, den er Barrucand nach ihrem Tod schrieb: »Wir verstanden uns sehr gut, der arme Mahmoud und ich. Ich werde mich immer gern an unsere abendlichen Gespräche erinnern. Sie war das, was ich auf der Welt am meisten bewundere: ein Rebell. Welch eine Freude, jemanden zu finden, der wirklich er selbst ist, der außerhalb aller Vorurteile, aller Versklavung, aller Klischees existiert und frei wie ein Vogel durchs Leben zieht.« In seinen feinfühligen Worten steckte ein guter Teil Wahrheit, doch es war eine romantisierende Meinung, mehr eine Wunschvorstellung, denn eine wirkliche Deutung von Isabelles Wesen. Seine Formulierung »jemand, der wirklich er selbst ist«, traf unbewußt den Kern der Sache: Es war ein Widerspruch in sich selbst. Isabelle fand nie den richtigen Weg, sie selbst zu sein.

In Aïn Sefra fing Isabelle an, die Militärunterkünfte zu besuchen, und lernte Soldaten aller Nationalitäten kennen, die hier in der Fremdenlegion dienten. Sie nahm sich besonders der ausgemergelten, erschöpften, fiebergeplagten Legionäre an, die hierhergeschickt worden waren, um sich zwischen den Kämpfen in Tonking und Madagaskar »zu erholen«. Sie spielte Klavier für sie in einem der französischen Cafés auf dem Platz, das derb Le Môme Qui Pue (Die stinkende Göre) genannt wurde, oder unterhielt sich mit den Ausländern unter ihnen in ihrer Muttersprache. Ihr Deutsch war offenbar besser als ihr Russisch. Der deutsche Legionär Richard Kohn, der Robert Randau viele Jahre später kennenlernte, schrieb ihm, wie sehr die deutschen Soldaten sich gefreut hatten, jemanden kennenzulernen, der ihre Sprache so fließend und gewählt sprach:

»*Sie war an unserem Privatleben interessiert, berichtete uns, daß ihr Bruder in der Legion gewesen war, fragte uns, warum wir dazugegangen waren. Und ihrerseits erzählte sie uns faszinierende Geschichten, vor allem über ihre Ausflüge in das bled. Wir fühlten uns insgeheim geschmeichelt, daß sie die Gesellschaft von uns Soldaten der von Offizieren vorzog. Wir wußten, daß sie sich gut mit unserem Kommandeur, Lyautey, verstand. Ich sah sie einmal ihm gegenüber an seinem Schreibtisch sitzen. Sie lehnten sich einander zu und flüsterten miteinander. Aber ich muß klarstellen, daß keiner von uns je mit ihr geflirtet oder sich Freiheiten erlaubt hat. Obwohl wir uns manchmal zu zehnt oder mehr mit ihr unterhielten, hätte sich keiner in ihrer Gegenwart ein derbes Wort erlaubt. Außerdem hatte sie nichts Provozierendes an sich und war alles andere als hübsch. Mehrere Leute, die sie nicht kannten, haben behauptet, sie hätte sich schlecht benommen. Jeder Legionär, der sie aus Aïn Sefra kannte, hätte da widersprochen. Es gab sogar einige, die schworen, daß Lyautey, entweder als Oberst oder als General, ihr Liebhaber gewesen war. Das ist reine Verleumdung; ich kann es mit Sicherheit sagen, denn meine Kameraden und ich sind nachts, auf dem Heimweg in die Kaserne, häufig unserem Chef begegnet, der Mädchen aus dem café-concert in sein Quartier abschleppte.*«

Obgleich es verständlicherweise keine Unterlagen über dieses Arrangement gibt, besteht kein Zweifel, daß Lyautey Isabelle als Kundschafterin einsetzte. Sie war die ideale Agentin: Sie konnte sich überall unter den Moslems und den einheimischen Stämmen frei bewegen, ja selbst in den sawijas, die ein Europäer normalerweise nicht betreten durfte und von denen man annahm, daß sie Hochburgen des moslemischen Widerstands waren. In ihrer Eigenschaft als Journalistin konnte sie sich auch in den exponiertesten und potentiell gefährlichsten Gebieten frei bewegen. Von November 1903 an schickte sie zweierlei Arten von Aufzeichnungen zurück: zum einen langatmige und sich wiederholende Berichte über die Taktiken, welche die französische Armee in der Region anwandte; zum anderen kurze Skizzen von Einheimischen und Erlebnissen unterwegs.

Das deutlichste Anzeichen, daß sie als Agentin arbeitete, ist in ihren Reportagen an den *L'Akhbar* zu finden, die von Lyauteys eigenen Ideen geprägt waren. In zwei langen Artikeln vom November 1903 und Februar 1904, unter der Überschrift »Choses du Sud-Oranais«, macht sie ihre Ansichten deutlich. Die drei Methoden, nach denen man bis dahin vorging, hatten sich als teuer und wirkungslos erwiesen — Kriegszüge gegen Stämme, die man nicht zu fassen bekam, oder endlose Verteidigungsmaßnahmen gegen ihre Überfälle oder systematische Ausrottung der Nomaden. Keine der drei, schrieb sie, hätte funktioniert und konnte es auch nicht. Sie wies darauf hin, daß es zwei völlig verschiedene Bevölkerungsgruppen in diesen Atlasgebieten gab, mit, im großen und ganzen, verschiedenen Interessen: die seßhaften ksouriens, die an ihrer Heimat hingen und deshalb an Pazifizierung interessiert waren. Die Nomaden, die von Wesen und Tradition her immer geplündert hatten und in ständigen Fehden untereinander standen. Diese Nomaden — die Ouled-Djéri, Doui-Ménia, Béni-Ghil und Amours — führten keineswegs einen heiligen Krieg. Sie kämpften aus demselben Grund, aus dem sie ihr Nomadenleben führten — aus Gewohnheit und Tradition. Das Gebiet war immer schon bled-el-baroud, Pulverland, gewesen, und sie nannten die Franzosen el khian, Banditen, genau wie alle Stammesfeinde oder Rivalen. Sie verursachten die Unruhen in diesem Gebiet, doch sie zu verfolgen oder auszurotten war nicht zweckmäßig. Es gab eine andere, wirtschaftliche und menschliche Methode, die »der besonnene General Lyautey« propagierte: Die Markt-Oasen der Sahara zu isolieren und zu überwachen. Die Märkte waren absolut lebenswichtig für die Nomaden, deshalb mußten sie kontrolliert und damit den aufständischen Stämmen der Zutritt verboten werden. Auf diese Weise würden geringe Polizeimaßnahmen genügen, wo kostspielige Militärexpeditionen versagt hatten.

*»Um seine Präsenz im südwestlichen Oran zu rechtfertigen, hat Frankreich die unabdingbare Pflicht, auf gütliche Weise für Frieden in diesem Gebiet zu sorgen und die Situation des Landes durch wirtschaftliche Maßnahmen aller Art zu verbessern... Ohne das wäre die Eroberung dieses Gebiets, die ohnehin bereits so umstritten ist, ein völlig sinnloses Unternehmen, das jeder vernünftige Mensch ohne Zögern verdammen würde.«*

Sie war, wie sie sagte, gegen koloniale Eroberung — außer sie brachte den Einheimischen verbesserte Lebensbedingungen. Nachdem sie Armut am eigenen Leib erlebt hatte, kannte sie die Härte des täglichen Lebens dieser Menschen nur zu gut. Deshalb war sie, eine Moslime, eine Exanarchistin und Exstreiterin für die Unterdrückten, auf dieser Basis für Lyauteys Politik so stark motiviert, daß sie aktiv dafür arbeitete.

Sie war jedoch auch geblendet von Lyauteys kultivierten Ansichten und der Souveränität, mit der er eine Situation meisterte, die neu für ihn war. Deshalb stimmte sie unkritisch seinem Gesamtplan zu, diese Gebiete Marokko wegzumanipulieren. Nach Lyauteys Meinung war dies der erste Schritt zur allmählichen Übernahme französischer »Verantwortung« für ganz Marokko, das, wie er meinte, dem Sultan ohne Gewalt entrungen werden konnte. Und nach der Unterstützung von Lyauteys Plänen für das Tafilalet konnte Isabelle geschickt für den Einsatz in einem größeren Plan gewonnen werden: die Übernahme Marokkos. Zweifellos war es ein Echo auf Lyauteys Worte, als sie schrieb:

*»Es wäre nicht unmöglich, aus unserer Eroberung auch Gewinn zu ziehen und sie so durchzuführen, daß die Illusion Marokkos über den Besitz dieser Gebiete nicht getrübt wird... Wir könnten wahrhaftig nichts Besseres tun, als diese wichtige Aufgabe General Lyautey anzuvertrauen, der jung ist, über unvergleichliche Energien und Fähigkeiten verfügt und dem es in so wenigen Monaten gelungen ist, die Situation so gut in den Griff zu bekommen und einen Aktionsplan in die Wege zu leiten.«*

Diese politisch orientierten Reportagen machten in der ersten Hälfte von 1904 allmählich anschaulicheren Essays über das Leben in den südwestlichen Oasen Platz, vor allem über das in Béni-Ounif und Figuig, und über die mokhrazenis, die einheimischen Soldaten, die auf einer Art Taglöhnerbasis für die Franzosen arbeiteten, ohne die Bindungen und Verpflichtungen von Spahis oder Tirailleuren. Sie schliefen eingerollt in ihre blauen Burnusse, »mit der völligen Gelassenheit der südlichen Völker, die schon so lange daran gewöhnt sind, daß die Nacht voller Gefahren ist«, und die lachten und Späße machten, wenn sie kämpften. In mehreren Essays unter dem zusammenfassenden Titel »Sud-Oranais« schrieb sie von ihrem Leben unter den weißen Zelten der caïds und Offiziere; von dem lärmenden Trubel auf den Märkten; von der zunehmenden Kälte und Nässe des nahenden Winters, da die spärlichen Bäume kahl wurden, Schnee die Dünen und Berge um die Oasen bedeckte und damit eine völlig neue Landschaft schuf. Sie beschrieb die Gerüchte, die über den legendären alten »Agitator« Bu Amama die Runde machten, den Hauptdorn in Lyauteys Auge, »der immer noch verehrt wird, aber dessen Einfluß nach wie vor feindselig ist«. Daß sie das Wort »feindselig« benutzte, verrät, daß sie zu der Zeit völlig auf Lyauteys Seite war. Oder sie schrieb von den langen Gesprächen, die sie in deutscher Sprache mit einem heimwehkranken deutschen Fremdenlegionär führte; aber auch über die Verhaltensweise von Wüsteneidechsen; über die Entwürdigung einer alten Frau, die der Tod ihres Sohnes vor vielen Jahren halb in den Wahnsinn getrieben hatte; über die Tränen und letzten Zuckungen eines sterbenden Kamels; und über die besondere nomadische Schwermut: Abschied, vor allem unter einem kalten Winterhimmel mit seinen dichten, grünlichen Wolken »wie Streifen schwärenden Fleisches«. »Mein Kopf ist voll Erinnerungen an Familien und ihr Zuhause, an Lagerfeuer. Manchmal, wenn ich allein bin und meinen Wachträumen nachhänge, beschwöre ich das alles im Rauch einer Zigarette herauf, und es ist für mich eine größere Linderung als meine Erinnerungen an gewaltige Begeisterung, die doch nur Leere zurückläßt, oder an große Hoffnungen, die auf Erwartungen anderer beruhen und die immer oder fast immer in Enttäuschungen und Fehlschlägen enden.«

Zu dieser Zeit wußte sie, daß sie zwar ihre Führer bei diesen Ausflügen tatsächlich für Sidi Mahmoud, den jungen Gelehrten aus Constantine, hielten, aber daß sie die Araber und Berber bei längerem Kontakt nicht täuschen konnte.

*»Sidi Mahmoud, sagten sie, bleib bei uns. Wir haben uns an dich gewöhnt; wir sind jetzt deine Brüder, und du wirst uns fehlen, wenn du uns verläßt, denn du bist ein braver Bursche, du hast mit uns Salz und Brot gegessen und bist an unserer Seite geritten. Sie wußten sehr wohl durch allerlei Indiskretion von Europäern, daß Sidi Mahmoud eine Frau war, doch mit der wundervollen arabischen Zurückhaltung fanden sie, daß das allein meine Sache war und daß es ungehörig wäre, es nicht zu übersehen, und so behandelten sie mich weiterhin, wie sie es immer getan hatten, als gebildeten und ein bißchen ungewöhnlichen Freund.«*

Isabelles Worte bestätigten Randaus Feststellung.

Es war etwa zu dieser Zeit, als Isabelle über Besuche schrieb, die sie in ihrer Verkleidung als Sidi Mahmoud in zwei Freudenhäusern machte. Sie erregten den Voyeur in ihr, und sie genoß ihre zweideutige Position und die Aufmerksamkeiten der jungen halbblütigen und ganz schwarzen Prostituierten, die in ihr einen etwas zurückhaltenden Studenten sahen, der die Soldaten lediglich begleitet hatte. An der Tür versteckte ihr Begleiter, ein junger mokhrazeni namens Abd El Kader, rasch seinen blauen Burnus, da in diesen marokkanischen Gebieten Araber, die der französischen Armee angehörten, nicht gern gesehen wurden. Er war sehr ungeduldig, wie sie schrieb. »Ihn hatte keine akademische Neugier hierhergeführt.« Einen anderen solchen Besuch erwähnte sie in ihrem Essay »Joies noires«, in dem sie die Tänze von schwarzen Prostituierten aus dem Sudan beschrieb, die ihre festen, gelenkigen Körper geschmeidig mit »gespielter Ekstase« wiegten, mit klimpernden Armreifen und mit schmachtenden Blicken aus halbgeschlossenen kastanienbraunen Augen. Kef wurde herumgereicht. Isabelle beobachtete zwei gutaussehende Sudanesen und einen Spahi, die wiederum sie mit gerunzelter Stirn wie gebannt beobachteten. »Von diesem heruntergekommenen, schwarzen Etablissement geht eine heftige, primitive Sinnlichkeit aus, die zutiefst aufwühlend ist.«

Nach drei Monaten in den südlichen Gebieten kehrte Isabelle im Dezember 1903 nach Algier zurück, um Barrucand Bericht zu erstatten und um ihren vierten Ramadan mit Slimène zu verbringen. Mit dem Maultier nahm sie die lange Strecke über die Hochebene, durch Géryville und die Berge von Ouled Naïl, nach Berrouaghia hoch, das damals der südlichste Endbahnhof der Eisenbahnstrecke nach Algier war. Sie wurde lediglich von einem mokhrazeni begleitet und einem Neuerwerb, einem langhaarigen schwarzen Hund, den sie Loupiot nannte. Diese Reise blieb nicht ohne Auswirkungen auf ihre Gesundheit, denn die Nächte waren zu der Jahreszeit in dieser Gegend eisig, und sie hatte als Unterschlupf lediglich die Zelte von Nomaden. Die Geschichten, Eindrücke und Nomadenlieder, die sie bei dieser Reise sammelte, wurden im Juni 1904 im *L'Akhbar* veröffentlicht und später gesammelt in *Dans l'ombre chaude de l'Islam* und *Notes de route*.

Obwohl Isabelles Berichterstattung über den französischen Vorstoß nach Marokko, wenngleich auf zurückhaltende Weise, profranzösisch war, enthüllen ihre zahlreichen Geschichten über das Leben der Einheimischen ein völlig anderes Bild, das politisch ihrer Zeit weit voraus war. In ihrem Buch *Isabelle Eberhardt* bemerkt Simone Rezzoug, daß Isabelles »Texte von Anfang an auf eine grundlegende Überzeugung hinweisen: die fundamentale Fremdartigkeit, die das Kolonialsystem für die Algerier besaß. Die gesellschaftliche und wirtschaftliche Organisation leugnet ihre Existenz; sie jedoch, und zwar mit einer Kraft, die man in einem so entrechteten Volk nicht vermutet, lehnen diese Welt ab, die sie verachten, und entwinden sich diesem Griff.« Isabelle tut das nicht belehrend, sondern instinktiv, indem sie ein blutvolles, verständliches Bild des Lebens und der Gebräuche der eingeborenen Algerier malt und es dem der Zivilisation der Eroberer gegenüberstellt, und so allein durch ihre Beobachtungskraft und ihr Verständnis das koloniale Klischee von Zivilisation gegen Barbarei umstößt. Was sie statt dessen erschafft, ist ein Bild von zwei gegensätzlichen Zivilisationen, deren Aufeinanderprallen die Menschen häufig zu Leid und Tod verdammt. Die eroberte Zivilisation wird nicht als bemitleidenswert oder schwach angesehen. Im Gegenteil, sie hat »eine tragische Größe«, wie Simone Rezzoug schreibt, »die ihr die koloniale Unterdrückung ungewollt verleiht«. Isabelles Veröffentlichungen, die nun weitab von »orientalischer« Exotik waren oder von kolonialer Gönnerhaftigkeit gegenüber »leidenden« Völkern, waren auf dem besten Weg, zu einem Meilenstein in der algerischen Literatur zu werden.

Über die paar Wochen, die Isabelle nun in Algier verbrachte, ist nichts Schriftliches erhalten. Aber aus nachfolgenden Ereignissen geht deutlich hervor, daß eine Veränderung in ihrer Beziehung zu Slimène eintrat. Sie dürften in Algier oder Sétif zusammengewesen sein, und es kam wohl zu einer Auseinandersetzung. Offenbar hatten Isabelles lange Abwesenheiten Slimènes Geduld schließlich überfordert, vielleicht fand er auch eine neue Geliebte. Was immer im einzelnen geschah, Isabelles Stimmung wurde von da an merklich wehmütig.

Wahrscheinlich hatte sie ohnehin geplant, im neuen Jahr in den Süden zurückzukehren. Doch schließlich tat sie es abrupt und spontan. Barrucand und Isabelle saßen im Februar 1904 im Zug nach Oran. Barrucand trauerte immer noch um seine vor zwei Jahren verstorbene Frau. Sich in die Arbeit mit *L'Akhbar* zu stürzen hatte sich tatsächlich als Antidot gegen morbide Gedanken erwiesen — »die Verlockung des Grabes«, wie er es nannte. Der Zug hielt in Perrégaux (heute Mohammadia), am Knotenpunkt der Algier-Oran-Strecke und der neuen Strecke nach Aïn Sefra. In einem Brief an Isabelle, den sie nicht mehr erhielt, schrieb er: »Ich erinnere mich gut an den Augenblick in Perrégaux, als wir auf die Schienen blickten, die in den steinigen Süden führten, und Du mich bei der Hand genommen und auf die Plattform hinausgeführt hast. ›Sieh dir diese Schienen an‹, hast Du gesagt. ›Wenn wir ihnen folgten, könnten wir morgen in einem anderen Land sein, eine andere Luft atmen, alles vergessen, was vergessen sein sollte, und jede Stunde neu erleben.‹« Isabelles Wunsch, »alles zu vergessen, was vergessen sein sollte«, schloß zweifellos den emotionellen Bruch mit Slimène ein. An diesem Tag fuhren sie zwar nach Oran weiter, doch drei Tage später hatte Barrucand »Isabelle nachgegeben«. Auf ihrem Rückweg nach Algier stiegen sie in Perrégaux aus und nahmen den Zug in den Süden gemeinsam.

In Aïn Sefra konnten sie feststellen, daß Lyauteys Strategie Erfolg hatte. Eine Delegation aus fünf Scheichs und einem caïd der Béni-Ghil, alte Anhänger Bu Amamas, kamen zu einer Unterhandlung zu Lyautey, ebenso Angehörige ihres rivalisierenden Stammes der Hamyan aus dem Mécheria-Gebiet. Die Verhandlungen sollten im Haus des Agas Sidi Moulay von Tiout, dem Oberhaupt des Stammes der Amour, stattfinden, mit dem sich Isabelle besonders gut verstand. »Sidi Moulay«, schrieb sie, »ist es gelungen, die Würde seiner Haltung sowohl den französischen Offizieren gegenüber zu bewahren wie den Nomaden und ksouriens, die im Prinzip seine Untertanen sind . . . (Die Franzosen) hatten soviel Verstand, den Tiouts Marabuts ihre Autorität und ihren Einfluß zu lassen, die sich oft von großem Wert erwiesen.«

Als die Unterhandlungen Ende Februar begannen, waren Isabelle und Barrucand anwesend. In seinem Brief an Isabelle erinnert sich Barrucand auch an den Abend, an dem sie ankamen: »Der flackernde Schein des Ararholzfeuers in der Halle fiel auf einen großen blau-roten Wandteppich und über die Gesichter der Abordnung marokkanischer Nomaden, die wie Mumien dastanden und warteten.« In ihren Artikeln über diese Friedensverhandlungen beschrieb Isabelle die Béni-Ghil in ihren langen, feingewebten blauen Dschellabas und weißen Turbanen, mit ihren »gutaussehenden, bronzefarbenen Gesichtern, sehr verschlossen und sehr energisch, mit Feuer im Blick ihrer wilden Augen. Die Nüchternheit ihrer dunklen Maghrebkleidung gibt ihnen ein eigenes Gepräge, das sich sehr von den Hamyans in ihren langen scharlachroten Burnussen abhebt, die mit französischen Orden behangen sind.«

Die Béni-Ghil waren gekommen, um die französischen Vorschläge anzunehmen: In das aufgegebene Gebiet gemeinsam mit den Hamyan zurückzukehren und ihr möglichstes zu tun, die »Dissidenten« unter ihnen zu finden und auszuliefern und sich »ehrlich und ganz« von Bu Amama abzuwenden. Isabelle schrieb: »Die Béni-Ghil werden die Vorteile des Friedens bald erkennen, und ihr Beispiel könnte sich vorteilhaft auf andere dissidente Stämme auswirken. Diese Art von Friedenserklärung der Béni-Ghil ist, wie ich glaube, das unmittelbare Ergebnis der entschlossenen und aufrichtigen Politik General Lyauteys gegenüber den Nomaden.« Sie erkannte, wie wichtig es war, Versprechen in Taten umzusetzen und ihrerseits »niemals meine Würde aufs Spiel zu setzen, weder durch Schwäche noch durch Brutalität oder Provokation. Wir müssen unsere Versprechen unter allen Umständen halten, damit wir auch das Recht haben, als Gegenleistung den gleichen Respekt, ja sogar Treue fordern zu können.«

Während sie im Feuerschein unter den Nomaden standen, drehte sich Barrucand zu Isabelle um und fragte sie: »Was machen Sie, eine Fremde, unter all diesen Nomadenkriegern?« Sie antwortete »mit verschmitztem Blick«: »Ich folge meiner Bestimmung.«

# 15.

# FRIEDEN

Daß sie die Béni-Ghil auf ihre Seite ziehen konnten, lag nicht allein an Lyauteys »entschlossener und aufrichtiger Politik«. Schon vor seiner Ankunft in diesem Gebiet hatte er sich eine Blankovollmacht von Paris für die Besetzung der »Béchar-Region« besorgt, obwohl Béchar zu der Zeit wahrscheinlich in marokkanischem Territorium lag. Nur »wahrscheinlich« deshalb, weil die Grenzen zwischen Südwestalgerien und Marokko unklar definiert waren und deshalb Spielraum für beliebige Auslegungen blieb, was Lyautey und die Franzosen ausnutzten. Die Tatsache, daß »Béchar« sowohl der Name einer Region wie einer Stadt und eines Berges war, trug zu der willkommenen Verwirrung bei.

Am 13. November, knapp einen Monat nach seiner Ankunft, ergriff Lyautey die eigenmächtige Initiative, die Stadt Béchar als wichtigen strategischen Stützpunkt zu besetzen. Die Übernahme erfolgte »ohne Zwischenfall«, wie Lyautey am nächsten Tag seinem Freund und Mentor, General Galliéni schrieb, doch nicht ohne einen kleinen Kunstgriff. In Klammern fügte er hinzu: »Um diplomatischen Problemen vorzubeugen, heißt Béchar jetzt nicht mehr Béchar, sondern Colomb.« Die Meldungen gingen an den Quai d'Orsay: eine Stadt mit Namen Colomb sei eingenommen worden. Lyautey schrieb Galliéni, falls es irgendwelche »protokollarischen« Einwände gegen ihre Anwesenheit in Béchar geben sollte, würden sie darauf beharren, daß sie für die Sicherheit ihrer militärischen Stellungen und Staatsbürger in diesem Gebiet notwendig wäre. Genügte das nicht, könnten sie sie immer noch als »Militärstützpunkt für unsere Sicherheitskräfte« deklarieren, »um unseren marokkanischen Freunden in einer Situation zu helfen, die sie nicht allein bewältigen können«. Jedenfalls wurde Colomb-Béchar, wie die Stadt nun hieß, bald zum ersehnten »Mittelpunkt« für die südwestlichen Gebiete, die er mit »Takt, Geduld und Methode« und der raschen Schaffung von »Wohlstand« erobern wollte: also mit Charme und wirtschaftlichen Maßnahmen.

Bei Bu Amama im Norden ging Lyautey skrupellos vor, bei den Doui-Ménia und den Ouled-Djérir im Süden auf »sanfte Weise«, und dazwischen hatte ein ganz bestimmter Mann eine wichtige Rolle zu spielen: das Oberhaupt der Ziania-Bruderschaft in Kenadsa, Sidi Brahim ould Mohammed. Wenn Sidi Brahim für die französische Sache gewonnen werden konnte, würde der größte Teil des Gebiets von Figuig bis Tafilalet mit seinen wehrhaften, hauptsächlich berberischen Stämmen diesem einflußreichsten religiösen Führer der Gegend folgen.

Kenadsa lag knapp dreißig Kilometer südwestlich von Colomb-Béchar auf marokkanischem Gebiet und unterstand der Oberhoheit des Sultans. In seinem Brief vom 14. November an Galliéni unterstrich Lyautey zweimal, wie wesentlich es war, das Wohlwollen Sidi Brahims zu gewinnen. Zwei Monate später schrieb er in einem vertraulichen Bericht vom 13. Januar 1904 an den Generalgouverneur: »Unsere Beziehungen zu der sawija in Kenadsa sind gut. Sidi Brahim hat den Befehlshaber in Tagda aufgesucht und ihn seiner Freundschaft versichert. Aber die Vorstellung, zwischen uns und seinen Nachbarn in die Zange zu geraten, entmutigt ihn« — was wohl nicht verwunderlich ist. In der gleichen Akte ist ein seltenes Stück: ein von den Franzosen abgefangener Brief in arabischer Sprache von dem algerischen Führer Bu Amama an ein befreundetes Stammesoberhaupt. Daraus geht hervor, daß er den Konflikt völlig anders sieht als die Franzosen: »Die Franzosen haben mich viele, viele Male betrogen und bestohlen und meine Männer getötet, obwohl ich bloß Frieden und Ruhe wollte. Gegenwärtig bitten mich alle Stämme aus dem Westen (Ostmarokko), gegen die Franzosen zu marschieren; doch ich will nur Frieden und Ruhe.« Sein kurzer Brief ist eine Mahnung, sich nicht von den das Blaue vom Himmel herabbeschwörenden und trügerischen Worten täuschen zu lassen, mit der eine Besatzungsmacht ihre Anwesenheit rechtfertigen und sich lieb Kind machen möchte.

Isabelle zu bitten, sich in die sawija zu begeben und dort zu bleiben, was für sie als Angehörige der Qadrja und vor allem als Vertraute der mit dem Scheich von Kenadsa befreundeten Lella Zeyneb ohne weiteres möglich war, mußte als brillanter diplomatischer Schachzug Lyauteys erschienen sein. Nicht nur könnte Isabelle ihn genauest über die Einstellung und Absichten des Scheichs informieren, es wäre auch von persönlichem Vorteil für Isabelle, deren religiöse Ansichten und Bedürfnis nach innerem Frieden Lyautey gut verstand. Wie deutlich er Isabelle erklärte, was er sich von ihrer Reise nach Kenadsa erhoffte, oder inwieweit Isabelle nur ein Werkzeug war, ist schwer zu sagen. In der isolierten Position, in der sie sich befand, konnte ihre Rolle jedoch kaum mehr sein, als auf längere Sicht Informationen zu sammeln oder, bestenfalls, Sidi Brahim zu überreden, ein paar weitere Schritte in der Zusammenarbeit mit Frankreich zu tun.

Für Isabelle besaß, wie ihr eifriges Schreiben in Kenadsa erkennen läßt, die persönliche Seite der Herausforderung, die dieser Aufenthalt für sie war, die ganze Zeit über Vorrang. In einem ihrer ersten Essays dort, von denen keiner mehr vor ihrem Tod erschien, mit dem Titel »Neues Leben«, beschreibt sie ihre Gefühle bei ihrer Ankunft:

*»Ich bin Gast dieser Menschen. Ich werde in der Stille ihres Hauses leben. Bereits jetzt haben sie mir die Ruhe ihres Wesens geschenkt, und ein Hauch von Frieden hat seinen Weg in meine Seele gefunden ... Ist dies das Leben, das ich zu finden hoffte? Wird mein Sehnen endlich gestillt, und für wie lange? ... Ich träume von einem Schlaf, der ein Tod wäre, aus dem ich bewaffnet und stark auferstehen würde, mit einer durch Vergessen erneuerten Persönlichkeit.«*

Isabelle reiste mit einem Führer, Djilali, nach Colomb-Béchar und genoß nostalgisch die eindringlichen Gerüche von Früchten, Salpeter und feuchten Palmenhainen. Sie weckten lebhafte Erinnerungen an ihre Reisen in andere Oasen. Je weiter sie westwärts kam, desto schweigsamer und mißtrauischer wurden sogar die seßhaften Einheimischen, die in jedem aus dem Osten einen Kollaborateur argwöhnten. Von Béchar war es eine Tagesreise nach Kenadsa über Dünen und Steine, die vor der dominierenden Silhouette des Berges Béchar entlangführten. Das

Oberhaupt der Ziania sawija in Béchar hatte Isabelle für den letzten Teil ihrer Reise einen Neger, Embarek, als Führer mitgegeben. Kenadsa war eine Ortschaft, die dicht um das Kloster lag, das wie der Orden der Ziania von Sidi M'hammed Ben Bou-Ziane, einem Vorfahren von Sidi Brahim, gegründet worden war. Die hellen Lehmhäuser zogen sich malerisch über einen kleinen Hügel hin, dessen Hänge ein »anmutiges Chaos« fruchtbarer Gärten waren. Unmittelbar vor Kenadsa stand das leuchtendweiße Grabmal einer von Sidi Brahims Ahnen, der moslemischen Marabut Lella Aïcha, umgeben von zahllosen anderen Grabstätten, die dem vordringenden Sand überlassen worden waren. Sie waren, wie Isabelle schrieb: »Die gewohnte Grenze zu den Behausungen der Lebenden. Alle diese Städte in der Sahara beginnen mit einem Friedhof.«

Als sie an der sawija ankamen, stellte Embarek sie vor, wie er sie kannte, als Sidi Mahmoud ould Ali, einen tunesischen Studenten, der zur Unterweisung von Kloster zu Kloster reiste. Sidi Brahim, dem ihre Ankunft mitgeteilt worden war, kam nach einer Weile, um sie zu begrüßen. Sie tauschten die üblichen Höflichkeiten aus, und sie überreichte ihm ein Empfehlungsschreiben von einem Ziania khouan in Aïn Sefra. Als er gegangen war, sah sie sich in ihrer neuen Umgebung um. Man hatte sie in einem großen, quadratischen Zimmer mit vier Säulen untergebracht, das von oben schwach erhellt wurde und ein quadratisches Becken in der Mitte hatte, nebst einem Krug Wasser für die rituelle Waschung. Im Boden befand sich zur Zubereitung von Tee eine Feuergrube mit Eisenrost und darüber ein Rauchabzug. Die Holztüren waren mit naiven, verblichenen Blumenmotiven bemalt. »Die Teppiche sind ausgelegt; ich bin chez moi.« Trotzdem, denn sie dachte an Béhima und den politischen Aspekt ihres Hierseins, fragte sie sich, wie es um ihre Sicherheit bestellt war. Sidi Brahim — ein stattlicher Mann mit ergrauendem Backenbart und pockennarbigem Gesicht — kam, um sie noch einmal willkommen zu heißen und ihr diskrete Fragen zu stellen. Sein bedächtiges, würdevolles Benehmen und sanftes, freundliches Lächeln beruhigten sie, und als er sie in seinem blendendweißen, einfachen Gewand und dem großen Turban wieder verließ, hatte sie ein »Gefühl der Sicherheit«.

Bereits als sie das Kloster betrat, fiel ihr auf, wie viele Türen sich hinter ihr schlossen, und nach einer Woche machte ihr die strenge Isolation zu schaffen, die von einem Initianden wie ihr erwartet wurde. Das hätte es auch erschwert, irgendwelche Information zu bekommen und weiterzugeben. Nichts durfte ohne die ausdrückliche Erlaubnis von Sidi Brahim geschehen. »Warum gestattete man mir nicht auszugehen? Es begann mich zu bedrücken, mehr noch, zu beunruhigen. Meine ersehnte Abgeschiedenheit war nun nicht mehr freiwillig: mein Zimmer, bestens geeignet für innere Einkehr, war wie ein heimliches Gefängnis.« Sie ging zu Sidi Brahim, der über ihre Besorgnis lächelte. »Du brauchst dir keine Sorgen zu machen, mein Kind. Wenn du ausgehen möchtest, liegt das völlig bei dir. Aber in diesem Fall solltest du deine Kleidung wechseln. Du weißt, daß algerische hier nicht gern gesehen wird.«

In ihrer grauen, marokkanischen Dschellaba konnte Isabelle frei in dem winzigen Städtchen umherwandern, und das einfache Leben im Kloster gab ihr reichlich Zeit, ihre Eindrücke von ihrer Umgebung niederzuschreiben und in zunehmendem Maß auch ihre Gedanken über ihre seelische Verfassung, mit der sie nun selbstquälerisch konfrontiert war. Von den Negersklaven abgesehen, sah sie nur Sidi Brahim regelmäßig, der zweimal täglich zu ihr kam, um ihr die Neuigkeiten aus der Außenwelt zu erzählen. Doch sie fühlte, wie sie sich immer mehr davon entfernte. »In der Eintönigkeit des Lebens in Kenadsa verliere ich allmählich jegliches Gefühl für Erregung und Leidenschaftlichkeit. Mir ist, als stünde überall, wie hier, die Welt still.«

Einmal kam ein Sklave mit verschwörerischer Miene mit einer Einladung zum Tee von einer Gruppe Studenten aus der nahen Moschee. Sie hatte die jungen Männer beim Gebet kennengelernt. Isabelle hatte gehört, daß sich solche Studentengruppen privat allerlei Ausschweifungen erlaubten, um die Nüchternheit ihres Alltags und die Strenge ihres zukünftigen Lebens auszugleichen. Sie wollte sehen, was bei solchen geheimen Treffen vorging. Bei ihrem Eintreffen mußte sie auch sogleich Verschwiegenheit schwören, obwohl nur, wie sie ernüchtert feststellte, Gitarre gespielt wurde, man sich Geschichten erzählte und gestickt wurde — letzteres ist selbst in der Öffentlichkeit eine achtbare Beschäftigung für Männer. Die Studenten nahmen Isabelle offenbar als das, was sie zu sein vorgab: Sidi Mahmoud. Sie hatte jedoch das Gefühl, andere dagegen wüßten, daß sie eine Frau war: »Falls manche den Verdacht haben, würden sie sich hüten, es mich merken zu lassen, da das für einen Moslem eine unverzeihliche Taktlosigkeit wäre.«

Ein andermal lud Sidi Brahim, der wußte, daß sie Fieber gehabt hatte, sie zu einem Picknick ein — obwohl schwere Wolken so tief hingen, daß sie fast die Dünenkämme streiften. Ein Teppich und Kissen wurden in einem Terrassengarten ausgebreitet, und enge Freunde und Verwandte setzten sich zu ihnen. Sie unterhielten sich über benachbarte Stämme, über Marokko und Tafilalet und mißbilligend über Bu Amama. Isabelle hätte nun genug Information über ihre Einstellung für Lyautey gehabt. Auf den Ästen der Dattelpalmen ringsum flatterte und zwitscherte eine Schar Schwalben. Einer der talebs sagte: »Heute ist die große Versammlung der Vögel. Sie sind gekommen, um die Angelegenheiten ihrer Stämme zu besprechen und ernste Entscheidungen zu treffen. Diese winzigen Kreaturen, die kaum größer als Fliegen sind, machen soviel Lärm wie hundert Doui-Ménia, die alle durcheinanderreden.« Die gesetzten Marabut lachten über diese Anzüglichkeit über ihre hitzköpfigen Nachbarn.

Isabelle, die während ihres Aufenthalts in Algerien häufig Malariaanfälle hatte und deren Gesundheit, wie Randau bemerkte, »nicht robust« war, litt nun immer öfter unter hohem Fieber. Vielleicht war Malaria nicht allein daran schuld. Es ist wahrscheinlich, daß sie auch geschlechtskrank war. Vermutlich handelte es sich um Syphilis. Randau nimmt Bezug auf eine Behauptung ihres späteren Biographen René-Louis Doyon, der sie nicht persönlich gekannt hatte. Danach hätte sie nur ein einziges Mal mit einem Europäer geschlafen, nämlich mit Letord. Und er schreibt: »Es muß eingeräumt werden, daß Isabelle unter einer chronischen, intimen Krankheit der unangenehmsten Art litt.« Näher geht er darauf nicht ein, doch gab es noch weitere, allesamt nicht eindeutige, Hinweise darauf.

Seit sie Slimène kennengelernt hatte, war ihm Isabelle wahrscheinlich mehr oder weniger treu. Doch ihre häufigen langen Trennungen waren zuviel für ihre Sinnlichkeit. Manchmal überwältigte sie das pure Verlangen. Der Maler Maxime Noiré, der — bedauerlicherweise für uns — zu maßloser Übertreibung neigte, wenn es um die Ausschmückung einer Geschichte ging, erzählte, daß er 1903 in Zousfana im Süd-Oran mit ihr zusammengewesen war und sie plötzlich gebrüllt hatte: »Ich will einen Tirailleur! Ich will einen Tirailleur!«

»Aber meine Liebe«, hatte Noiré erwidert, »ich bin doch hier!« Doch Isabelle wollte keinen Ersatz und rief aufs neue: »Ich will einen Tirailleur!« Ob sie einen bekommen hat, erwähnt Noiré nicht.

In Kenadsa schränkten ihr Fieber und das abgeschiedene Leben ihre Handlungsfreiheit ein, nicht jedoch ihre Gedanken. Sie lauschte den Geräuschen, die am Abend aus dem Städtchen kamen: Schwere Tore schlossen sich krachend, Pferde und Ziegen waren zu hören und das Trommeln der Aïssaouas, die Vergessen und Ekstase im Gesang suchten. Und wenn all das verstummte, hörte Isabelle, oder bildete es sich zumindest ein, die Laute der Lust, Stöhnen und Zähneknirschen: »Unter den stummen Sternen das leidenschaftliche Feuer.« Es machte ihr zu schaffen. »Welche Qual! Am liebsten würde ich in die warme Erde beißen, doch die wahre Ekstase ist höher, im Schein der Sterne, in der Erinnerung an tiefe Blicke, an Stunden echten Lebens, an so wundervoll vergeudete Stunden.«

Es gab auch einen emotionalen Faktor, der zu ihrem zunehmenden Verzicht auf Sinnliches beitrug. Aus einigen unklaren Hinweisen in ihren Aufzeichnungen aus Kenadsa geht hervor, daß sie einen Brief von Slimène bekommen hatte, in dem er ihr mitteilte, daß er eine andere gefunden hatte. »Gestern erhielt ich einen Brief, ganz unter einem anderen Stern als meinem. Wie kannst du, nur weil du ein neues Glück gefunden hast, so egoistisch sein, von alten Freunden zu verlangen, daß sie sich mit dir darüber freuen?« Vielleicht hatte sich Slimène aus ihrer Beziehung zu Barrucand ausgeschlossen gefühlt. Ihre Gefühle für Slimène scheinen sich jedenfalls in Algier abgekühlt zu haben; vielleicht war das Schwinden der Gefühle auch gegenseitig. »Wenn ich nach Algier zurückkehre, wo mein Herz schwer wurde, wo mein Verlangen kein Ziel mehr hatte... worüber werden wir sprechen, wenn nicht über uns, und wie sollen wir es machen?« Der Brief brachte ihr:

*»einen frischen und grausamen Hauch von insouciance. Sofort*
*danach fühlte ich mich wieder als Verbannte und hatte das Be-*
*dürfnis, mich noch tiefer im feindseligen Süden zu vergra-*
*ben... In meiner Antwort schrieb ich nichts, was lesenswert*
*gewesen wäre... Warum sollte ich auch? Eines Tages trennen*
*sich die Pfade, jeder geht seinen eigenen Weg... Wir dürfen*
*nichts bedauern, denn unser Glück und ihres wird eines Tages*
*kommen, wenn wir uns von den mysteriösen Strömungen da-*
*hintragen lassen, die unsere Seele zu einem unvorstellbaren*
*Ufer bringen wird. Dann werden wir Schiffbrüchigkeit und*
*Zerfall kosten, wir werden in der unendlichen Nacht gestrandet*
*und verloren sein und spüren, wie unser Herz von den keimen-*
*den Samen des Leides gesprengt wird.«*

Dieser seltsame und prophetische Ton, voll versteckten
Schmerzes, bringt ihr Erinnerungen an »ferne Lippen, Lippen,
die anderen Atem als meinen trinken werden, weil meine Seele
sich nicht hingeben konnte, weil sie nicht in mir war, sondern
auf der Suche nach den ewigen Dingen. Doch nun besitze ich
sie endlich in tiefer, göttlicher Einsamkeit und biete meinen
Leib der südlichen Nacht als Opfergabe.« Später, in einer Beschreibung von Fieber, die sie »die Musik der Worte« nennt, berichtet sie ihrem »fernen Freund« von Liedern, die sie kannte:

*»Würdest Du sie Deiner kleinen Liebsten singen, lachte sie Dir*
*ins Gesicht, denn Deine kleine Liebste hatte nie Fieber. Sie ver-*
*steht nur, in ihren Taschenspiegel zu schauen, sanft zu zwin-*
*kern und die Lippen zu schürzen. Wenn ihre Augen sich vor Ek-*
*stase schließen und ein dunkler Schatten ihre Lider zeichnet,*
*glaube nicht, daß sie Dich liebt: es ist bloß ein oberflächliches,*
*egoistisches Erschauern. Warum sollte sie Dich auch lieben,*
*denn Deine Liebe, genau wie meine, ist nur ein heftiges Leiden,*
*während ihre leicht und beschwingt ist.«*

Es war eine bittere Erkenntnis, daß ihre Liebe immer nur ein
»heftiges Leiden« gewesen war. Der auslösende Faktor bleibt
im dunkeln: Vielleicht hatte sich Slimène ein Beispiel an ihr genommen und hatte die Kameradschaftlichkeit ihrer Beziehung
zu hoch eingeschätzt und geglaubt, er könne die Gefühle seiner

neuen Liebe mit ihr teilen. Wahrscheinlicher ist, daß ihre häufige, längere Abwesenheit, ihre »Unabhängigkeitsallüren«, vielleicht sogar ihre enge Verbindung mit Barrucand schließlich zuviel für ihn wurden. Was der Grund auch immer war, dieser Verlust bewirkte, zusammen mit ihrer »geistigen Reise« im Kloster, daß sie sich allmählich von weltlichen Dingen abwandte.

Diese Reise sollte ihr den inneren Frieden bringen, der ihr ebenso wie Trofimowski immer entglitten war. Sie schrieb von der »Kraft und Ruhe der Dinge, die ewig scheinen, weil sie sanft dem Nichts entgegentreiben, ohne Klagen, ohne Widerstand, ohne Erregung, ja sogar ohne vor dem unausweichlichen Tod zu schaudern«. Sie erreichte ein Maß an mystischer Ergebung, daß allein der Gedanke an einen Sonnenuntergang sie schon zu berauschen vermochte. Sie brauchte keinen Alkohol und keine Liebe mehr, um sich anzuregen. Der reine islamische Friede würde ihr aufgrund ihrer komplizierten Vergangenheit nie beschieden sein, aber sie war sich seiner Anziehungskraft bewußt:

*»Einen gesunden Körper zu haben, rein von allen Makeln, nach einem Bad in klarem Wasser, unkompliziert zu sein und glauben zu können, nie gezweifelt, nie gegen sich selbst gekämpft zu haben, auf den unausbleiblichen Augenblick der Ewigkeit zu warten, ohne Furcht und ohne Ungeduld — das ist Friede, das ist moslemisches Glück — und, wer weiß, vielleicht ist es auch Weisheit ... Allmählich spürte ich, wie Bedauern und Verlangen schwinden. Ich gestattete meinem Geist, sich zu erheben, und ließ meinen Willen sterben. Gefährliche und wundervolle Mattigkeit, die unmerklich, doch sicher zur Schwelle des Nichts führt.«*

Sie beobachtete Gruppen von Juden aus dem Süden, die an ihren Lagerfeuern im Sand kauerten, und beneidete sie. »Sie sind schuld an meiner Romantik und dieser unheilbaren Malaise, die ich ebenso aus dem Norden und dem mystischen Orient mitgebracht habe wie das Blut derer, die vor mir Nomaden in den Steppen waren.«

Eine Weile später — nichts, was Isabelle in Kenadsa schrieb, ist datiert — hatte sie einen besonders schlimmen Fieberanfall. Man legte sie auf eine Terrasse in der Nähe eines aufgehängten Ziegenfellsacks, aus dem Wasser in eine Kupferschüssel tropfte. Das eintönige Tropfen verursachte ihr »einen akuten Schmerz, als tropfe das Wasser unerbittlich auf meinen brennenden Kopf«. Doch ihr Mund war zu trocken, als daß sie hätte bitten können, den Sack wegzunehmen. Dieses Bild erinnert an ein anderes, das des glühenden Nagels in ihrem Kopf, als sie vom Tod ihrer Mutter gehört hatte, und vielleicht erinnerte sich Isabelle unterbewußt daran, da es ihr damals solche Qual bereitete. Danach hatte sie angenehmere Phantasien von Wasser — von Wasser, das in Bächen plätscherte, von Wasserfällen und Quellen. Aber wenn sie schwanden, blieb »brennender Durst« zurück, »ein grauenvoller Durst, den nichts zu stillen vermochte und der mich verzehrte«:

»Plötzlich durchflutete mich unendliche Traurigkeit. Kindisches Bedauern erfaßte mich. Ich war allein, allein in diesem vergessenen Winkel marokkanischen Landes, und allein überall, wo ich je gelebt hatte, allein überall, wohin ich je gehen würde, immer allein . . . Ich hatte kein Heimatland, kein Zuhause, keine Familie . . . Vielleicht hatte ich auch keine Freunde mehr. Ich war ein Durchreisender gewesen, ein Fremder und ein Eindringling und löste nur Verdammung und Entfremdung um mich aus. Und jetzt litt ich fern von aller Hilfe, unter Menschen, die gleichmütig zusahen, wie alles um sie zerfiel, die im Angesicht von Krankheit und Tod die Arme verschränkten und ›Mektoub!‹ riefen. Jene, die sich vielleicht anderswo auf der Welt an mich erinnerten, dachten zweifellos nur an ihr eigenes Glück. Sie litten nicht an meinem Leiden . . . Ah ja, wahrhaftig stand es geschrieben! Wenn ich bei klarerem Verstand und ruhig war, verachtete ich meine Schwäche und lächelte über meine Schwermut. Wenn ich allein war, lag es dann nicht daran, daß ich es in meinen Stunden der Erkenntnis wollte? Den Stunden, in denen meine Gedanken sich erhoben über die unbeschwerte Sentimentalität des Herzens und des Körpers, die beide gleichermaßen schwach sind? Allein sein ist frei sein, und Freiheit war das einzige Glück, das für mein Wesen erreichbar war.«

Der »Zerfall«, den die Menschen ringsum duldeten, war zweifellos der alter Werte, zu dem die Franzosen noch zusätzlich beitragen würden. Isabelles bisherige Begeisterung für Lyauteys Ideen war unter dem Einfluß von allem, was sie in Kenadsa sah und dachte, geschwunden. Schon zu Anfang ihres Aufenthalts dort war ihr aufgefallen:

*»Seit die Marabut eine gute nachbarliche Beziehung, ja sogar eine wachsende Freundschaft zu den Franzosen pflegen, hat sich dumpfe Unzufriedenheit unter den einfachen Leuten breitgemacht. Niemand wagt die Stimme zu erheben und Kritik an den Meistern zu üben. Sie beugen sich, geben Sidi Brahims Meinungen wider, sie singen sein Lob, doch im Herzen wären sie durchaus bereit, gäbe es seine große moralische Autorität nicht, ihn und seine Sippe M'zanat (Kollaborateure) zu schimpfen.«*

Gegen Ende ihres Aufenthalts war sie skeptisch geworden, was die Möglichkeit betraf, daß irgendein Ausländer in Afrika Wurzeln schlagen könnte.

*»Ich wollte Besitz von diesem Land ergreifen, dabei hat es Besitz von mir ergriffen. Manchmal frage ich mich, ob der Süden all die neuen Eroberer, die mit ihren Träumen von Stärke und Freiheit kommen, nicht ebenso vernichten wird wie all die alten ... Ich habe erkannt, daß es sinnlos ist, gegen tiefe und unveränderliche Einflüsse anzukämpfen, und daß eine dauerhafte Verpflanzung von Zivilisation nicht möglich ist. In den heißen Nächten atme ich die Ausstrahlung Afrikas wie Räucherwerk ein, das zu seltsamen und grausamen Göttern aufsteigt. Niemand kann diese Idole völlig vertreiben; in fiebrigen Nächten kehren sie zurück, monströs für alle, die den Kopf auf diesem Boden zur Ruhe betten und die Augen auf die kalten Sterne richten.«*

Bei solchen Gedanken und dem Fieber, das sie schüttelte, kann Isabelle nicht viel Lust gehabt haben, Propaganda für die französische Sache zu machen.

Sie hatte gehofft, den ganzen Sommer in Kenadsa zu bleiben

und dann zu noch entlegeneren Winkeln, tiefer in Marokko, nach Tafilalet aufzubrechen. Sie hatte nicht mehr die Absicht, zu Slimène zurückzukehren. Sie hätte mit einer Karawane von Berbern reisen können, die sie kannte und denen sie vertraute, doch dazu war sie gesundheitlich nicht in der Lage. Die einzige vernünftige Möglichkeit war, nach Aïn Sefra zurückzukehren und sich im dortigen Krankenhaus behandeln zu lassen. Aber sie schob diesen Schritt hinaus, beschwichtigt von quietistischen Gedanken:

*»Voll Genuß atme ich die Luft, die mich vergiftet. Ich verschließe meine Augen der Vergangenheit und der Zukunft, als hätte ich das Zauberwasser des Vergessens und der Weisheit getrunken. Tatsache ist, daß ich nichts mehr bedauere. In Augenblicken der Ruhe und Besinnung scheint mir, als hätte ich das Ziel meines gequälten Vagabundenlebens gefunden. Eine heitere Gelassenheit erfüllt mich, als wäre ich nach einem anstrengenden Aufstieg endlich durch die tiefhängenden grauen Wolken gestoßen, geradewegs in klaren blauen Himmel. Und doch bilde ich mir nicht ein, ich könnte diesen Geisteszustand leicht beschreiben. Ich versuche keine Selbstanalyse und will auch keine Rolle spielen. Ich habe kein Publikum. Mir scheint alles, was ich sage, sehr einfach. Der Unterschied zwischen der Weise, wie ich die Dinge sehe, und den vielfältigen Erwartungen der Gesellschaft, wie sie in modernen Büchern und Zeitschriften zu finden sind, rührt zweifellos von einer geographischen Illusion her: daß ich durch noch nicht entwickelte Länder in die Vergangenheit gerissen werde.«*

Diese letzten in Kenadsa niedergeschriebenen Überlegungen Isabelles enden: »Ich bin immer noch dankbar für meine Einsamkeit, die es mir erlaubt zu glauben und die mich zu einem simplen und ungewöhnlichen und schicksalsergebenen Geschöpf macht.«

Isabelle brach über Béchar und Béni-Ounif nach Aïn Sefra auf, um sich im Krankenhaus zu erholen. Sie wollte im Herbst die Oasen von Touat bereisen, um dort ebenfalls Aufzeichnungen zu machen, die zusammen mit denen über den Süd-Oran und Kenadsa zu einem Buch zusammengefaßt werden sollten.

Auf diese Art sollte ihr Leben weitergehen, und schließlich würden »nach einigen Jahren Lethargie und Desillusion mein Los sein«. So sah sie ihre Zukunft, als sie Kenadsa verließ.

Zunächst war sie in Begleitung El Hassanis, eines Berbers, und Mouley Sahels, eines Negers, die allerdings in eine andere Richtung, nach Bou-Dnib und Tafilalet, wollten. Sie versuchten sie zu überreden, es sich doch noch anders zu überlegen und mit ihnen zu kommen. Nicht nur ihr Gesundheitszustand hielt sie davon ab, sie wollte eine solche Reise auch nicht »ohne Genehmigung« machen: »Würde diese Reise zu Studienzwecken und aus Neugier nicht falsch ausgelegt werden?« Widerstrebend lehnte sie die Einladung ab. Die beiden Männer begleiteten sie bis zum Friedhofseingang, wo ihre Wege sich trennten. Es war ein schmerzlicher Augenblick für Isabelle: »Meine Kehle ist vor Rührung wie zugeschnürt, daß es mir schwerfällt, auf ihre Worte zu antworten. Und doch muß ich bis zur letzten Minute den Mut eines Mannes bewahren.«

Selbst in klösterlicher Abgeschiedenheit, tief in den Bergen Marokkos, gab es Kontroversen und offenbar widersprüchliche Fakten über Isabelle. Hatte sie Syphilis — rührte ihre neue Einstellung daher, daß sie es wußte? Und »liebte sie immer noch um der Liebe zur Liebe willen«? Ein Oberst Pariel, der Isabelle gut gekannt hatte, berichtete Claude-Maurice Robert:

*»Im Sommer 1904 war ich Kommandeur des Militärpostens in Colomb-Béchar. Eines Tages wurde ich ans Telefon gerufen, weil der Marabut von Kenadsa mich sprechen wollte. Er bat mich, ihm einen Arzt zu schicken. Nicht den jungen, sagte er ausdrücklich, sondern le kébir, der ihn besser kannte. Ich tat, worum er mich gebeten hatte. Als der Arzt zurückkam, fragte ich, weshalb der Marabut so ausdrücklich nach ihm verlangt habe. Er antwortete, daß Sidi Brahim ›an einer intimen Infektion‹ leide und er sich von Sidi Mahmoud angesteckt habe.«*

Aber 1906 reisten Barrucand und Dr. Mardrus — der, genau wie seine Frau, die Schriftstellerin Lucie Delarue-Mardrus, ein großer Bewunderer von Isabelle war — nach Kenadsa und unterhielten sich mit Sidi Brahim. Sie fragten ihn, ob er ihre Identität vermutet oder gewußt hatte, daß sie eine Frau war. Er antwortete: »Ich hörte, daß dieser gebildete und wohlerzogene junge Mann nur eine roumia in arabischer Kleidung sein sollte, aber das glaube ich nicht. Das sagte man uns, doch wir glaubten es nicht.«

Wenn Sidi Brahim wirklich intim mit Isabelle gewesen war, würde er eine Tatsache, die er selbst einem seiner Ärzte verschweigen hatte wollen, ganz sicher nicht Fremden wie Barrucand und Mardrus erzählt haben. Und genausowenig hätte er die Indiskretion begangen, von Isabelles wirklicher Identität zu sprechen, denn das war allein ihre Sache.

# 16

# EIN UNBESTIMMTER TOD

Im September 1904 erhielt Lyautey Berichte von seinen Untergebenen, die möglicherweise auf Isabelles Information beruhten, daß die sawija von Kenadsa nicht hielt, was man sich von ihr versprochen hatte. »Da wir nun einen besseren Einblick haben, wissen wir jetzt, daß der Marabut aufgrund seiner charakterlichen und körperlichen Schwäche kaum mehr als eine Null ist, ohne Kraft und Durchsetzungsvermögen ... Kenadsa will offenbar die traditionelle Zurückhaltung des Ordens uns gegenüber beibehalten und neutral bleiben ... Kurz gesagt, Kenadsa ist von keinem Nutzen mehr für uns.«

Isabelles Begeisterung, aktiv Propaganda für Lyautey zu machen, erlosch in Kenadsa. Ihre weiteren Reisen plante sie nicht aus politischen Motiven, sondern um darüber zu schreiben. Am 2. Oktober 1904 wurde sie im Lazarett von Aïn Sefra aufgenommen, und am 15. schrieb sie einer Bekannten in Paris — Mme. Berthe Clavel, die sonst nirgends erwähnt ist. »Ich arbeite fleißig und habe endlich ›Sud-Oranaise‹ fertig ins reine geschrieben. Sobald es mir bessergeht, beabsichtige ich zu den Saharaoasen Béni-Abbès, Timmimoun und In Salah zu reisen und einen zweiten Band mit zurückzubringen. Da ich den Winter wahrscheinlich in Timmimoun zubringe, werde ich an *Trimardeur* arbeiten, der dann im Frühjahr veröffentlicht werden kann. Vorher kehre ich nicht nach Algier zurück.« Sie erklärte, daß sie »eine lange Zeit« im Krankenhaus bleiben würde, da sie sich »unterwegs, in sumpfigem Gebiet, Fieber geholt« habe.

Das Militärkrankenhaus lag in der Berggarnison von Aïn Sefra und schaute hinunter auf das gegabelte, jetzt knochentrockene Flußbett des Sefra, durch das jedoch gewöhnlich gegen Jahresende gelbes Bergwasser mit halsbrecherischer Geschwindigkeit gischten würde. Die Stadt hatte seit 1884 eine geschlossene Befestigungsanlage, seit 1889 eine Schmalspureisenbahn, doch erst seit 1900 war sie dank ihrer grenznahen Lage und ihrem herrlichen Blick auf das ganze Figuigtal zum Hauptquartier der Armee für südwestalgerische Aktivitäten geworden. Einem anderen Bericht nach und aus einer anderen Zeit gab es dort auch ansehnliche Höhlenmalerei — Zeichnungen nicht identifizierbarer Tiere. Hunderte von Soldaten waren in der Garnison stationiert und Dutzende von Offizieren. Sie verfügte über eine Schmiede, einen Laden, Kantinen und hundertachtundvierzig Pferde — eines davon erhielt Isabelle als Anerkennung ihrer Dienste für die Armee.

Es war eine desolate, schlechtgebaute Militärstadt, schlimmer noch als Batna, wenn man von der Schönheit ihrer Umgebung absah. Um ihr einen Anstrich von Zuhause zu geben, hatten die Franzosen ein Hôtel de la Gare errichtet, einen kleinen Stadtplatz, umgeben von traurigen, umgepflanzten Platanen, die schlecht angewachsen waren, und zwei Cafés — Madame Julias und das Le Môme Qui Pue, in dem Isabelle zu Anfang des Jahres Klavier gespielt hatte.

Slimène Ehnni war den Soldaten in Aïn Sefra nicht bekannt. Soviel sie wußten, war er bei Isabelles früherem Aufenthalt nicht dabeigewesen, und er war auch nicht da, als Isabelle im Lazarett lag. Aber Isabelle schrieb ihm am 16. Oktober und bat ihn, hierherzukommen, wenn sie entlassen wurde. Sie mietete ein zerbröckelndes Lehmhaus an der Ecke einer Straße im unteren Teil von Aïn Sefra, unterhalb des Flußbetts, zwischen den Häusern der Eingeborenen. Offenbar kam Slimène um den 20. dort an. Sie waren acht Monate getrennt gewesen.

Der deutsche Fremdenlegionär Richard Kohn — ein penibler, trockener, pedantischer Mann — wie Randau ihn beschrieb, der sich später mit ihm unterhielt —, den Isabelle bei ihrem letzten Besuch kennengelernt hatte, war im Oktober in der Kaserne. Eines Abends erhielt er den Auftrag, etwas im Lazarett zu besorgen, dabei sah er, daß Isabelle dort behandelt wurde. »Wir tauschten ein paar Höflichkeiten aus. Sie war schlechter Laune, verwünschte die langwierige Behandlung, erklärte, daß sie es im Krankenhaus nicht aushielt, und verlangte ihre Entlassung, obwohl der Arzt ihr empfohlen hatte, noch ein paar Tage zu bleiben und das Bett zu hüten.« Kohn versicherte Randau, er wisse genau, daß sie das Lazarett an diesem

Abend nicht verlassen habe, auch wenn andere später das Gegenteil behauptet hatten. Nach seinen Worten verließ sie es am nächsten Morgen zwischen acht und neun Uhr.

Einer von Lyauteys Adjutanten, Leutnant Paris, begegnete Isabelle, als sie aus dem Lazarett trat. Er war so sehr an ihren Aufzeichnungen interessiert gewesen, daß er jedes Kapitel ihrer »Sud-Oranaise«-Geschichten las, kaum daß sie sie fertiggestellt hatte. Sie erzählte ihm, daß ihr Mann soeben angekommen war und daß sie ihre wenigen persönlichen Sachen vom Krankenhaus in ihr gemietetes Haus bringe. Sie unterhielten sich über ihr Buch und wie es voranging. Sie erwähnte, daß sie das Manuskript an einen Verleger in Paris geschickt hatte und auf das Honorar von fünfhundert Francs warte.

Richard Kohn, der inzwischen in der Schreibstube Dienst machte, erzählte die Geschichte von da an aus seiner Sicht:

*»Die Stadt ist von der Kaserne durch ein tiefes Flußbett getrennt, über das zu der Zeit eine Brücke führte. Dieses Wadi war gewöhnlich trocken, und daher benutzten die Soldaten meistens statt der Brücke die Ziegenpfade als Abkürzung. Etwa um neun Uhr sandte mich der Feldwebel mit einem Auftrag in die Stadt, von dem ich kurz nach dem Bimmeln der Suppenglocke zurückkam. Ich nahm mein Eßgeschirr und ging in die Kantine. Auf dem Rückweg rief mir der Quartiermeister, der an der offenen Tür stand, zu: ›Kohn, komm her, schau dir das an! Großer Gott, das ist was! Schnell! Beeil dich! Die ganze Stadt drunten ist überschwemmt! Und hör dir diesen Lärm an!‹ Verblüfft rannte ich zu ihm. Schäumendes gelbes Wildwasser toste das Flußbett zwischen Stadt und Kaserne hinunter und riß Bäume und Sträucher und alles mögliche mit sich. Ich sah, wie das Wasser den Ort verschluckte, wo ich gerade noch gewesen war. Zwischen Stadt und Kaserne brauste der immer stärker anschwellende Fluß in Strudeln und Wirbeln dahin. Jegliche Verbindung zur Stadt war abgeschnitten. Plötzlich krachte es ohrenbetäubend; ich sah, wie die Brücke zur Hälfte ins Wasser stürzte. Zu dieser Tageszeit befanden sich kaum Soldaten in der Stadt, die meisten saßen noch beim Mittagessen in der Kantine. Die Offiziere wohnten fast alle in der Kaserne und aßen in der Messe. Wir hatten uns*

*nun vor der Kaserne zusammengefunden und sahen hilflos*
*zu, wie die Flut die Stadt verschlang.«*

Sie überlegten verzweifelt, wie sie am besten helfen könnten. Ein Legionär aus der Lorraine sah, wie der Postbote, seine Frau und ihr kleines Kind sich ans Dach ihres Hauses klammerten und jeden Moment davongeschwemmt werden würden, und er sprang ins Wasser, um sie zu retten. Die reißende Strömung vereitelte es, und er wurde vor den Augen seiner Kameraden davongerissen. Das tobende Wildwasser mit seinen entwurzelten Bäumen und Treibgut zerschmetterte das Dach des Hauses, und die kleine Familie des Briefträgers war verschwunden. Bis zum Nachmittag war es den Soldaten gelungen, ein dickes Seil über das Wasser zu spannen, daran versuchten sie sich hinüberzuziehen. Doch das Wasser war eisig, und Lyautey befahl ihnen aufzuhören, da es »über die menschliche Kraft« ging. Gegen Abend waren sie mit der Konstruktion einer Behelfsbrücke fertig, die sie aus Kriegsmaschinenteilen und Karren zusammengebastelt hatten. Aber da ging das Wasser auch schon zurück.

Am frühen Morgen des nächsten Tages stellte Lyautey, der sich um Isabelles Sicherheit sorgte, einen Rettungstrupp unter der Leitung von Leutnant de Loustal zusammen, zu dem auch Kohn gehörte. Was Slimène de Loustal berichtete, ließ sie das Schlimmste befürchten:

*»Wir saßen auf dem Balkon meines Zimmers im ersten Stock. Plötzlich hörten wir ein Donnern wie von einer Wagenkolonne. Es kam näher. Leute rannten vorbei und brüllten: ›Das Wadi! Das Wadi!‹ Ich verstand es nicht. Es war ruhiges Wetter, kein Regen, kein Sturm. Eine Minute später rauschte das Wasser das Flußbett herunter, hoch, wie eine Mauer und mit der Schnelligkeit eines galoppierenden Pferdes, bestimmt zwei Meter hoch. Es schwemmte Bäume, Möbelstücke, Leichen und Kadaver mit sich. Ich erkannte sofort die Gefahr, und wir flohen. Die Wassermassen erfaßten uns. Wie ich freikam? Ich habe keine Ahnung. Meine Frau wurde davongerissen.«*

Auf diesen Bericht hin suchten de Loustal und seine Männer

das Flußbett nach Isabelle ab. Da sie sie nicht fanden, kehrten sie zu dem Haus zurück. Sie wateten durch die übelriechenden Trümmer und den Schlamm auf der Straße zu dem zweistöckigen gourbi. Keines der Häuser in dieser Gegend war eingestürzt, im Gegensatz zu anderen weiter flußab, darunter die Schule und mehrere Bordelle, in denen die meisten Bewohner ertrunken waren. Sie hatten große Schwierigkeiten, die Tür aufzukriegen, da sich im Haus Trümmer und Schlamm angehäuft hatten. Als sie endlich in der niedrigen Parterrestube waren, schauten sie über die Trümmer zu der primitiven Stiege vor ihnen. Aus der dunklen Höhlung darunter ragten zwei »Füße eines Menschen«. Nachdem die Balken und Steine, die sie eingeklemmt hatten, entfernt waren, fanden sie Isabelles Leiche in der Kleidung eines »arabischen Reiters«.

Kohn rekonstruierte »als einer, der es sah« den Hergang des Geschehens: Sie war in ihrem Zimmer im ersten Stock. Als sie die Fluten näher kommen hörte und sah, rannte sie die Stiege hinunter, um aus dem Haus und auf höhergelegenes Terrain zu laufen. Aber die Flut war bereits zu stark für sie, da sie noch von ihrer Krankheit geschwächt war. Sie mußte gegen die Wand geschmettert worden und, wahrscheinlich bewußtlos, ertrunken sein. De Loustal fügte hinzu, daß sie die Hände, offenbar schützend, an den Hinterkopf gehalten hatte.

Lyautey kümmerte sich sofort um die Formalitäten. Er arrangierte eine einfache moslemische Beerdigung auf dem nahen Friedhof von Sidi-bou-Djemâa. Isabelle hatte genau eine solche moslemische Beerdigung auf diesem selben Friedhof in der Geschichte »Der Tod eines Moslems« beschrieben. Ihre Leiche war, genau wie die in der Geschichte, in ein weißes Tuch gehüllt, auf einer Bahre zum Grab getragen und in ihre letzte Ruhestätte hinabgelassen worden, mit dem »Gesicht zur Sonne«, während Moslems in einem Halbkreis das letzte Gebet sprachen.

Slimène nahm nicht am Begräbnis teil. Offenbar hatte er die Stadt gleich nach dem Rückgang des Hochwassers verlassen. So war es Lyautey überlassen, sich um alles zu kümmern, was er mit Umsicht und Sorgfalt tat. Nicht, daß es viel gab, worum er sich annehmen mußte: Isabelle besaß nur wenig, und der einzige Verwandte, mit dem sie noch in loser Verbindung gestanden hatte, war Augustin.

Die Fluten schlugen sehr rasch über dem kleinen Raum zusammen, den sie eingenommen hatte. Doch da waren ihre Manuskripte. Lyautey machte sich gewissenhaft daran, auch die letzte Seite zu finden. Er schrieb sofort an Victor Barrucand, weil er, ebenso wie Barrucand selbst, annahm, daß er Isabelles literarischer Nachlaßverwalter sein würde. Er machte sich Gedanken um das Manuskript von »Sud-Oranaise«, das sie nach ihren eigenen Worten abgeschickt hatte. Auf der Post war es jedoch nicht registriert, und niemand erinnerte sich daran, gesehen zu haben, daß sie es tatsächlich abgeschickt hatte.

Am 9. November schrieb Lyautey Barrucand: »Wir werden weiter danach suchen, aber ich fürchte, bei ihrer üblichen insouciance könnte sie davon gesprochen haben, als wäre es bereits erledigt, obwohl sie es nur geplant hatte.« Ebenso schrieb er: »Sie können sich vorstellen, wie sehr mich der Verlust unserer armen Isabelle Eberhardt, für die ich Bewunderung und Sympathie empfand, betroffen hat. Doch unter uns kann ich ruhig zugeben, daß sie mir nicht leid tut, denn ich befürchtete, daß sie zu einem Leben voll Labilität und zunehmenden Enttäuschungen verdammt gewesen wäre.« Lyautey beauftragte Leutnant Paris, Isabelles Haus sorgfältigst nach Papieren jeder Art abzusuchen, was dieser gemeinsam mit Kohn und einem anderen Soldaten auch tat.

Am 19. November, fast einen Monat nach dem Unglück, fanden sie Isabelles Brief vom 16. Oktober an Slimène, in dem sie unmißverständlich schreibt, daß sie das Manuskript abgeschickt hatte. Im Widerspruch dazu fanden sie jedoch am 27. das vollständige Manuskript von »Sud-Oranaise« in einer großen Urne: naß, beschädigt, aber noch lesbar. Ebenfalls fanden sich darin einige Zeitungsausschnitte und Notizen über Bücher, die sie gelesen hatte. Ihr fünftes Tagebuch, mit dem sie im Januar 1903 begonnen haben dürfte, wurde nie gefunden. Lyautey packte alles zusammen und beauftragte einen jungen Offizier, Leutnant Bernard, das Ganze eigenhändig zu Barrucand nach Algier zu bringen. Lyautey war der Meinung, Isabelle habe verbreitet, daß ihr Manuskript bereits bei ihrem Verleger sei, um ihre Gläubiger besser vertrösten zu können. Wie auch immer, der größte Teil von Isabelles Unterlagen befand sich nun bei Barrucand. Sie hatte ihm bereits selbst, als sie Anfang des Jahres zum letztenmal gemeinsam in Aïn Sefra gewesen waren, ein Bündel andere Manuskripte in Verwahrung gegeben — einschließlich *Trimardeur* und ihrer Reiseberichte »Choses du Sahara« und »Heures de Tunis«. Sie hatte damals gesagt, sie wären für ihre »Grabrede«.

Am 10. November erhielt Lyautey einen Brief von Slimène, in dem er ersuchte, Isabelle zu exhumieren und nach Bône zu überführen, damit sie neben ihrer Mutter ruhen könne. Lyautey erschrak, denn er wußte, daß »diese Exhumierung und Überführung völlig den Sitten und der Religion der Moslems widersprachen, die auch die Isabelles gewesen waren. Außerdem würde es die Einheimischen vor den Kopf stoßen, die sie nach ihren Ritualen und mit tiefster Achtung beerdigten.« Er war der Meinung, daß sie nun friedlich im Süd-Oran schlummere, den sie geliebt hatte, und daß man sie in Ruhe dort weiterschlafen lassen sollte. Er ersuchte Barrucand, das Ehnni taktvoll beizubringen.

Tatsächlich hatte Isabelle selbst verschiedene Wünsche für ihre letzte Ruhestätte geäußert: El Oued (»der einzige Ort, wo ich begraben sein möchte«), Algier (»es wäre schön, in Algier zu sterben«) oder »an dem Ort, wo mein Schicksal mich ereilt«. Und im Mai 1900 hatte sie geschrieben: »Unter welchem Himmel und in welcher Erde werde ich liegen, wenn mein Ende gekommen ist? Ein Geheimnis... aber wie gern hätte ich, daß meine sterblichen Überreste in die rote Erde von Annaba gelegt werden, wo SIE schläft... oder vielleicht irgendwo in den glühenden Sand der Wüste, weit fort von den entwürdigenden Banalitäten des vordringenden Abendlands.« Beide, sowohl Lyautey wie Slimène, hatten recht.


Auf welche Weise fand Isabelle den Tod? In einer Sturzflut, ja, betäubt von einem herabstürzenden Balken, wahrscheinlich. Aber wie war ihr Tod? Wie war ihre seelische Verfassung angesichts des Todes, der ihr jahrelang nahe gewesen war? »Der Tod erschreckt mich nicht, ich möchte nur nicht unbeachtet sterben und vor allem nicht sinnlos. Welch höheres Ziel könnte eine Seele erstreben, als durch Fanatismus harmonisch, das heißt im Einklang mit dem Gewissen, zum Märtyrer zu werden? Bewußt zu sterben, ruhig, seinen Glauben bezeugend, welcher immer es war, und um ihn zu bezeugen, das ist die pure Herrlichkeit. Doch ich wiederhole, der Tod muß bewußt sein.« Ihr Tod war kein religiöses Märtyrertum: Die Katastrophe war natürlich oder gottgesandt, nicht von Menschen verursacht. Sie starb nicht für eine gute Sache. Aber war es trotzdem ein bewußter Tod? Wog sie in einem Sekundenbruchteil die Ironie ihres Schicksals und ihre mißliche Lage ab und beschloß, daß es genug war, daß dies ein passendes, schicksalhaftes und elementares Abtreten war?

Jahre später unterhielten sich Lyautey und René-Louis Doyon, der 1923 Isabelles Tagebücher veröffentlichte, darüber. Doyon nahm an, daß sie und Slimène vermutlich kef geraucht und sich geliebt hatten und ihre Sinne verwirrt gewesen waren. Lyautey war anderer Meinung. Er sah die interessante Vernichtung, die die Flut »einem Nihilisten wie Isabelle« bot, und dachte eher, daß sie »dieses Ereignis zu einer Art Freitod nutzte«. Aus ihren Aufzeichnungen von Kenadsa läßt sich schließen, daß sie bereit für den Tod war. Viele der Bande, die sie ans Leben gefesselt hatten, waren abgestreift — vor allem Slimène, ihre »einzige Bindung ans Leben«, wie sie ihm einmal geschrieben hatte. Sie hatten sich viele Monate nicht mehr gesehen; es sah so aus, als hätte er eine neue Liebe gefunden; vielleicht war er gar nicht einer glücklichen Wiedervereinigung wegen zu ihr gekommen, und sie hatten einander während der knappen zwei Stunden, die sie vor der Flut beisammen gewesen waren, schmerzliche Vorwürfe gemacht? Wieso war es Slimène geglückt, mit dem Leben davonzukommen, und Isabelle nicht? Selbst wenn man ihm Schock und Verwirrung zugute hält, ist Slimènes Darstellung der Geschehnisse vage und unsinnig, zweifellos, weil er vertuschen wollte, daß er sich nicht um Isabelle gekümmert hatte. Seine Behauptung, sie wären geflohen und die Flut hätte sie weggerissen, war eine Lüge, doch zu dem Zeitpunkt rechnete er nicht damit, daß ihre Leiche bei geschlossener Tür wie in einer Falle im Haus bleiben würde. Sobald man sie gefunden hatte, wirkten seine Ausflüchte feige und verdächtig. Das war vielleicht der Grund, weshalb er nicht an der

Beerdigung teilnahm und so schnell verschwand. Alles deutet darauf hin, daß seine Gefühle für Isabelle zu dieser Zeit zwiespältig waren, ebenso deutet alles darauf hin, daß Isabelle innerlich für den Tod bereit war.

Wenn man alles in Betracht zieht, erscheint es wahrscheinlich, daß sie beide diese Naturkatastrophe in unbewußtem Einverständnis akzeptierten, daß Isabelle in einem Sekundenbruchteil ihren Tod wählte und daß Slimène es zuließ.

Obwohl sie erst siebenundzwanzig war, als sie starb, hatte Isabelle in gewissem Sinn ein volles Leben gelebt, und ihre Reserven waren zum größten Teil verbraucht. Der Schatten des Todes war ihr so vertraut, daß sie sein Kommen, in welcher Form auch immer, als Heimkehr empfunden haben mußte. Ein Eintrag in ihren Aufzeichnungen mit der Überschrift »Reminiszenzen«, ohne Datum, aber möglicherweise im Krankenhaus geschrieben, dokumentiert wahrscheinlich am besten, welcher Art ihre seelische Verfassung zum Schluß gewesen sein muß:

*»Der Gedanke an den Tod ist mir schon lange, seit meiner frühen Jugend, vertraut ... Er hat nichts Schreckliches oder Erschreckendes für mich ... Oft war die Sehnsucht nach dem Tod so stark in mir, daß ich manchmal nahe daran war, ihn herbeizuführen, um im Nichtsein die höchste Sinnenfreude zu finden ... Mit einer Art verächtlichem Überdruß denke ich über die Zukunft nach, diese zweifelhafte Zukunft, die das Unbekannte ist, die vielleicht gar nichts ist! Und wieder einmal erscheint es mir, als nähere ich mich plötzlich dem Tod, und daß ich am Rand der einladenden Leere entlangwandle ... Wer weiß? Vielleicht lasse ich mich eines Tages in sehr naher Zukunft einfach hineingleiten, wollüstig, ohne das geringste Bedenken, ohne Sorge? Mit der Zeit habe ich gelernt, im Leben nach nichts anderem zu suchen als nach dem fast ekstatischen Gefühl des Verlöschens ... Und ich habe Ekstase in all ihren Formen gekostet, den raffiniertesten ebenso wie den primitivsten ... Keine dieser Formen konnte mich täuschen, und ich ließ sie alle hinter mir ... Ich habe nie geglaubt, daß es absolutes Glück geben könnte, und nie beugte ich mich, frei von allen*

*Fesseln, vor irgendeinem Götzen. So zieht mein Leben vorüber
und so wird es enden. Momentan fülle ich die Tage mit Erinnerungen, mit Gedanken an vergangene Freuden. Und wenn
das Morgen je kommt, fülle ich es mit süßem Bedauern und
warmen Erinnerungen an den heutigen Tag, der vergangen sein
wird, und mit anderen Gedanken und anderen Freuden...
Und so werde ich weitermachen, ohne Illusionen und ohne
Hoffnung, bis zu dem Tag, an dem ich in die Schwärze ent-
schwinde, aus der ich einst kam, als kurzlebiges und nichtiges
Geschöpf.«*

# 17

# POST MORTEM

Am 12. Februar, fast ein Jahr auf den Tag, als er die Reise mit
Isabelle gemacht hatte, nahm Victor Barrucand den Zug von
Perrégaux nach Aïn Sefra. Er kam spät am nächsten Tag an
und besuchte am folgenden Morgen Isabelles Grab in den mit
Pappeln bepflanzten Dünen des Friedhofs von Sidi-bou-Djemâa. Es war ein sehr emotionaler Augenblick für ihn, der auf
ein romantisches Gefühl in seiner Beziehung zu Isabelle schließen läßt. Er schrieb einen sentimentalen Brief an sie, als lebte
sie noch:

*»Hier ruht meine Gefährtin und Freundin. Im bitterkalten
Wind, der zu dieser Jahreszeit über den Sand bläst, bin ich Dir
immer noch nah. Die Menschen denken, Du bist tot, doch Deine
Gedanken leben in mir, und bald werden sie so verbreitet sein,
daß die Menschen nicht wissen werden, ob es die Stimme eines
Engels der Einsamkeit ist, die sie hören, oder eines arabischen
Hirten neben dem Dermel Wadi im dunklen, felsigen Sand, oder
das Rauschen des Wassers, das in der Abenddämmerung in die
grüne Schlucht der Nacht stürzt. Ich werde von allem erzählen,
was Du geliebt hast, ich werde Deine Seele hineinlegen, und jene,
die Ohren für das Lied des Windes in den Dünen haben, werden
verstehen, daß Du nicht sterben konntest, nachdem Du die Erde
erobert hattest. Es wird eine beispiellose Verbindung zwischen
einem Geschöpf und einem Land sein. Bleiche Isabelle mit Deinen unsicheren Augen, zu einer Zeit, da das Grab mich lockte,
wolltest Du mich in die gefährlichste Art von Leben zurückzie-
hen. Ich folgte Dir halbherzig, und doch bewirkte der Reiz des
afrikanischen Wunders eine solche Wandlung in mir, daß ich
heute weiß, daß es eine Wiedergeburt war. Und nun werde ich
Dir Leben und Sprache wiedergeben, um auszudrücken, was in*

*uns war. Es wird durch uns von jetzt an für die wenigen, die ver-*
*stehen, für immer leben. Ich möchte unserer Liebe einen Platz*
*im warmen Schatten des Islams geben. Das ist der Titel, den ich*
*Deinen Abenteuern in der Sahara gegeben habe. Ruhe hier und*
*durch mein Buch in den Herzen aller verwandten Seelen.«*

Das Buch war eine Idee, die Barrucand in den Sinn kam, als er
von Isabelles Tod erfuhr: Eine Sammlung ihrer Aufzeichnungen über den Süd-Oran und Kenadsa, so, wie sie es vorgehabt
hatte. Jetzt wollte er es als Erinnerung an sie herausgeben. Er
würde die Sache, die ihr am Herzen gelegen hatte und die sie
nicht mehr abschließen konnte, zu Ende bringen, sie rechtfertigen und damit auch die Zuneigung beweisen, die sie verbunden hatte. Das Buch, wie er geschrieben hatte, sollte den Titel
*Dans l'ombre chaude de l'Islam,* »Im warmen Schatten des Islam«, bekommen, ein blumiger Titel, der besser zu seinem par-
nassischen Geschmack paßte als zu Isabelles Andenken.

Kaum hatte Leutnant Bernard das Manuskript abgeliefert,
machte Barrucand sich ans Werk. Es war eine Tüftelarbeit, da
die Seiten wirr durcheinander, unnumeriert und manche so auf-
geweicht waren, daß sie zerfielen. Er beschloß das Bearbei-
tungsproblem zu lösen, indem er das Manuskript neu und als
Roman verfaßte. Auf einem Zettel notierte er sich, wie er aussehen sollte:

*»Ein Rückzug aus der alten Welt in die Wüste; Seelenfrieden*
*nach viel zuviel sinnloser Ruhelosigkeit; philosophische Be-*
*trachtungen — wie Mahmoud sie liebte — auf dem Weg über*
*die Liebe, die Zukunft Afrikas, den Fatalismus der Sonne.*
*Mahmoud hat nur beschrieben, wir werden sie sprechen lassen,*
*und ihr treuer Vertrauter in Algier (er selbst) wird ihr eine ge-*
*reiftere Seele als ihre eigene geben, doch voll der Kraft und*
*Schönheit einer cavalière.«*

Später, als ihm klar wurde, daß er seine Änderungen rechtfertigen mußte, schrieb er: »Isabelle Eberhardt war in unseren Augen die interessanteste ihrer literarischen Figuren, doch es wäre
unpassend gewesen, wenn sie selbst sich so dargestellt hätte.«
Er versicherte, daß das Buch ein Roman war, »ein Roman über

das Nomadenleben von Isabelle Eberhardt. Die Beschreibungen des Süd-Oran, so fragmentarisch sie auch waren, gaben uns den Rahmen für das Bild von Isabelle Eberhardt.«

Barrucands ursprüngliche Absicht war ehrlich, und seine Arbeit sorgfältig und schwierig. Sein Fehler bestand darin, daß er annahm, sie brauche eine »reifere Seele als ihre eigene«. Das war ein nicht vertretbarer Eingriff. Sosehr ihn Isabelles naive oder schwermütige Seite auch geärgert haben mochte, war seine Anmaßung ein kolonialer Übergriff auf individueller Ebene: Jemanden »zu seinem Besten« nach eigenen Vorstellungen zu verändern. Er strich, manchmal richtig verärgert, ein Zehntel von Isabelles ursprünglichem Text weg und fügte statt dessen seinen eigenen hinzu, selbst wo das Manuskript komplett und unbeschädigt war.

Isabelles Stil war bewußt schlicht: Ihre Entwürfe beweisen, wie sehr sie daran feilte. Barrucand aber fügte absurde Ausschmückungen hinzu. Sein eigener Stil, wie Barrucand später bemerkte, sollte »Haare spalten« und »die Blume stilisieren«. Wo Isabelle schrieb »Freiheit war das einzige meinem Wesen erreichbare Glück«, schrieb er: »Freiheit war das einzige Glück, das mein unruhiges, ungeduldiges und doch stolzes Wesen benötigte.« Wo Isabelle schrieb: »alle lachten«, machte er daraus: »Die Leute lachten über seine ungehobelte Art, eine Art, die zu einem Hirten paßte.« Solche Ausschmückungen brachten einen unpassenden, überladenen, ja belehrenden Ton in den Roman. Noch schlimmer war die Art, auf die er Isabelle, die Hauptfigur seines »Romans«, selbst darstellte: Er verlieh ihr exotische Züge und machte sie damit zu einer Gestalt seiner Vorstellung, statt sie zu belassen, wie sie gewesen war. Manchmal ging er jedoch auch weniger subtil vor. Er verfaßte ganze Passagen, die er Isabelle in den Mund legte, die jedoch durchdrungen von banalen, pornographischen Anklängen waren: »Wenn ich unter den Sternen schlafe, unter dem Firmament des Süd-Oran, das von religiöser Tiefe ist, spüre ich, wie die Kraft der Erde in mich hineinströmt, und eine Wildheit überwältigt mich, dann muß ich mich auf meine Stute setzen — und davonjagen.« Das war das Bild Isabelles, das er malen wollte: eine stimulierende, exotische Phantasiegestalt, wie sie seiner Meinung dem Zeitgeschmack gefallen würde. Womit er auch recht hatte. *Dans l'ombre chaude de l'Islam*, das im November 1905 erschien, erlebte drei Auflagen, und über dreizehntausend Exemplare wurden verkauft. Isabelle war zur Legende geworden — oder vielmehr Barrucands Isabelle.

Dieses Zwittergeschöpf der Wüste, die Amazone der Sahara, die Nomadin mit goldenem Herzen, entsprach ganz »Europas kollektiver Träumerei vom Orient«, wie man es nannte, auf dieselbe Weise wie E. T. Lawrence später der britischen Psyche, und aus ähnlichen Gründen. Beide erschienen sexuell und politisch doppelsinnig. Die Hinwendung zum exotischen Terrain suggerierte privatere, tiefere Sehnsüchte, was den industriellen Verstand faszinierte. Und daß beide »zu Eingeborenen wurden«, half aufkommendes Schuldgefühl unter den Kolonialmächten zu beschwichtigen. Außerdem waren beide perfekte Symbole des Eskapismus für »Polstersesselromantiker« und für Menschen, die in ihrem Leben zu viele Kompromisse eingegangen waren und es bedauerten.

Barrucand hatte seinen Namen als Mitautor des Buches angegeben, und da seine Mitverfasserin tot war, steckte er auch Honorar und Tantiemen ein. Sowohl in Algier wie in Paris wurde man rasch darauf aufmerksam, und man beschuldigte ihn, sich »ein Samtwams aus dem verschlissenen Burnus der guten Nomadin zurechtgeschneidert« zu haben. Als der *Nouveau Larousse Illustré* versehentlich das Werk nur unter seinem Namen nannte, geriet er unter stärkeren Beschuß. Ernest Mallebay, der Herausgeber des *Turco*, warf Barrucand vor, daß er nur unter Vorspiegelung falscher Tatsachen in den *Larousse* gekommen sei, was er mit seinen eigenen »dürftigen literarischen Fähigkeiten« nie erreicht hätte. Selbst Randau, der Barrucands praktische Hilfe für Isabelle, als sie noch lebte, durchaus anerkannt hatte, schrieb: »Man kollaboriert nicht mit Toten; sie können ihre Meinung nicht mehr sagen.« Barrucand war verärgert. Seine guten Absichten, die viele Arbeit, die er in den Roman gesteckt hatte, wurden in den Schmutz gezogen und er gar noch als Plagiator hingestellt — dabei war er, wie er glaubte, der bei weitem bessere Schriftsteller. Er behauptete mit einem sehr deutlichen Vergleich, Isabelle habe »wie ein Auktionator« geschrieben, und daß die besten Stellen im Buch von ihm stammten — während er sich gleichzeitig vor den Vorwürfen zu verteidigen versuchte, daß er zuviel geändert habe.

1912 kritzelte er gereizt auf Isabelles Manuskripte: »Alles, was M. Barrucand getan hat, geschah im Interesse von Isabelle Eberhardt, seiner Freundin und Mitarbeiterin, die ohne ihn unbekannt und unveröffentlicht geblieben wäre.« Er hatte immer noch als einziger das Copyright für den größten Teil von Isabelles Material und ließ niemanden Einblick in ihre Originale nehmen.

1908 gab er eine weitere Sammlung ihrer Geschichten und Essays unter dem Titel *Notes de route* heraus, diesmal nur unter ihrem Namen. Nach der Kritik, die er wegen des ersten Buches hatte einstecken müssen, nahm er diesmal keine Änderungen in Isabelles Text vor. Aber da ihm offenbar bewußt war, daß es gegenüber dem romantisierten ersten Text ein wenig nüchtern wirkte, konnte er nicht widerstehen, zumindest in der Einleitung ein reißerisches Bild von Isabelle zu zeichnen, indem er erzählte, wie sie mit auf den Rücken gebundenen Händen hinter einem Regiment eingeborener Reiterei hergezerrt wurde, und zwar auf Befehl eines jungen Leutnants, der sie einer Prüfung unterziehen und demütigen wollte. Barrucand betonte, wie sehr sie das genossen habe.

Während der nächsten zehn Jahre erschienen zwei Theaterstücke über Isabelle. Beide sind sehr phantasievoll und romantisch, eines davon angeblich nach einer neu entdeckten Erzählung von ihr unter dem Titel *Mektoub*. Es gab ein erneutes literarisches Scharmützel, als der wirkliche Autor, Paul Vigné d'Octo, entlarvt wurde. Und während dieser ganzen Zeit waren immer wieder widersprüchliche Artikel über Isabelles wahres Wesen in den Zeitungen zu finden.

1920 veröffentlichte Barrucand, der inzwischen wieder geheiratet hatte, seinen vorletzten Band unter Isabelles Namen, *Pages d'Islam*. Davon ist der gesamte Text unverfälscht von Isabelle, und das Buch hat eine objektivere und nüchterne Einleitung über den politischen Wert ihres Lebens und ihrer Werke. Genau wie Lyautey war sich Barrucand der Verantwortung der Kolonisatoren deutlich bewußt, und er war der Meinung, daß es Isabelles großer Beitrag in dieser Hinsicht gewesen war, den Weg zur einzig möglichen Lösung der kolonialen Probleme zu weisen. Obgleich sie wenig Zeit für politische Organisationen gehabt hatte, war das Zugehörigkeitsgefühl zu den Algeriern, wie er fand, die einzige Art von Gemeinsamkeit, wie sie für politische Stabilität und Integrität Voraussetzung war. Die »offene Akzeptierung des eingeborenen Moslems« hatte noch diesen zusätzlichen Vorteil:

*»Sie beschleunigt unsere Rückkehr zu einem gesunden kolonialen Verhältnis und Vertrauen, befreit uns von unseren ursprünglichen Vorurteilen und bringt ein wenig Ordnung und Ruhe in unser Gewissen zurück — wenn das moderne Gewissen überhaupt je von der Bedenklichkeit und Verantwortungslosigkeit der Eroberung berührt war . . . Es war in vieler Hinsicht unausbleiblich, daß wir den Eingeborenen, die uns nicht um unser Kommen gebeten hatten, unrecht taten . . . Wir wollen es durch intensivere Kultivierung wiedergutmachen, aber wir werden erst dann unseren inneren Frieden finden, wenn Sympathie an die Stelle der Antipathie tritt.«*

Isabelle, schrieb er, war ein Wegbereiter gewesen: »Aus einem Gesichtspunkt, der mit der Vorstellung von Zivilisation zu tun hat, haben wir selbst noch viel von den Moslems zu lernen, nur wissen wir das noch nicht. Isabelle Eberhardt geht weiter, zweifellos zu weit; sie dreht diese Vorstellung um, indem sie andeutet, daß eine Assimilation auch umgekehrt möglich ist.« Sosehr diese Worte stimmten, waren sie von einem Franzosen jener Zeit doch sehr mutig und gaben einen beeindruckenden Einblick in Isabelles Einstellung und die sich sammelnden Wolken über Algerien. Prophetisch fügte er hinzu: »Algerien entwickelt sich: Im Mittelpunkt unserer Politik gegenüber den Moslems — die sich, wenn sie Erfolg haben soll, nie gegen den Islam richten darf — fordern die Algerier, die zu lange als unwesentliche Größe behandelt wurden, respektvoll, aber beharrlich eine Verfassung, die unser würdig ist.«

In dieser Beziehung war er zu der Zeit der Rufer in der Wüste, was nicht zu seiner Beliebtheit beitrug. Tatsächlich wuchs die Kritik an ihm. Das verbale Kreuzfeuer eskalierte, als er und andere Bewunderer von Isabelle — Raoul Stéphane, René-Louis Doyon, Ernest Mallebay, Alfred Klepping und Edmond Gojon — in den Spalten der *Revue Africaine, L'Afrique du Nord Illustré, Annales Africaines, Mercure de France, Belles-Lettres, Ere Nouvelle* und den der *Revue de la Semaine* einen heftigen Kampf austrugen, als ginge es um die Ehre einer Jungfer. Vor allem Doyon versuchte es so darzustellen, als wären Isabelles Reisen und Werke hauptsächlich ihrem Bedürfnis zuzuschreiben gewesen, vor einem Komplex und quälenden familiären Verhältnissen die Flucht zu ergreifen, und als wäre sie ein viel verwundbarerer Mensch gewesen, als Barrucands Darstellung vermuten ließ. In einem Artikel von 1921 mit dem Titel, »Eine Russin in der Wüste: Das Märchen von Isabelle Eberhardt«, beschuldigt er Barrucand der vorsätzlichen Täuschung. Im Jahr darauf erregte Barrucand noch einmal die Gemüter, als er Isabelles unvollendeten Roman *Trimardeur* veröffentlichte. Doch das war das letzte publizierbare Material, das er von ihr gehabt hatte.

Es war bekannt, daß noch anderes Material von Isabelle existierte, vor allem ihre Tagebücher, die Slimène behalten hatte. Doch Slimène verschwand nach Isabelles Tod in der Versenkung und starb drei Jahre später an Tuberkulose. Nach Barrucands Aussage hatte Slimène ihn gerufen, als sein Ende nahte, doch Barrucand kam zu spät — einen Tag nach seinem Tod. Barrucand behauptete, daß Slimènes letzter Wunsch gewesen war, daß er Isabelles Aufzeichnungen bekäme. So jedoch gingen sie in den Besitz von Slimènes Bruder Mouloud über, der sich schließlich an Barrucand wandte und sie ihm zum Verkauf anbot. Barrucand wies dieses Ansinnen entrüstet ab, da sie von Rechts wegen ohnehin ihm gehörten, wie er sagte. Doch ihre Existenz wurde bekannt, und Mouloud hatte mehrere Besucher, unter ihnen Klepping und Mallebay, die sie sehen und erwerben wollten. Doch inzwischen war er mißtrauisch gegenüber Journalisten geworden, die nur sich selbst wichtig machen wollten, und lehnte alle Angebote ab. Er erfuhr jedoch, daß sich eine gewisse Mme. Chloë Bulliod, deren Gatte ein Pressezar in Bône war, für Isabelle interessierte. Und weil sie eine Frau war und keine Journalistin, hauptsächlich aber, weil ihr Großvater der General war, unter dem er gedient hatte, erklärte er sich einverstanden, ihr Isabelles Tagebücher und andere Aufzeichnungen zu verkaufen. Es war merkwürdig: Mme. Bulliod war vielleicht die Art von verwöhnter Dame, der Isabelle ihre Aufzeichnungen als letzte anvertraut hätte. In der *Dépêche de l'Est* erzählt sie Jahre später, wie ihr Mann sie bedrängt hatte, sich zum Geburtstag einen Pelzmantel oder Schmuck schenken zu lassen, und nicht verstehen konnte, daß sie statt dessen »staubige Mappen« mit Manuskripten haben wollte. Sie beabsichtigte, sie selbst zu einem Buch zusammenzufassen. Aber der Krieg kam dazwischen, dann starb ihr Mann, danach wurde sie krank, und es besteht kein Zweifel, daß sie dieser Aufgabe nicht gewachsen war. 1923 gab sie die Idee auf und verkaufte die Bündel an René-Louis Doyon, der versessen auf neue Munition für seinen langjährigen öffentlichen Streit mit Barrucand war. Er hatte bereits Nachforschungen über Isabelles Kindheit angestellt und veröffentlichte jetzt ihre Tagebücher, genau wie sie geschrieben waren, und zu denen er eine lange biographische Einleitung schrieb. Beides, behauptete er, zeige Isabelle, wie sie wirklich gewesen war.

Sicherlich, die Tagebücher waren auf gewisse Weise eine Offenbarung. Sie zeigten eine gequälte Isabelle, an sich selbst zweifelnd, von Todesgedanken verfolgt, auf unerbittlicher Suche nach moralischer Perfektion und ohne den Elan und die Großspurigkeit ihres Images.

Doch die Widersprüchlichkeiten und die erzählerischen Unklarheiten, ganz zu schweigen von der ungebrochenen Schwermut des Tons, gaben keine gute Lektüre ab und waren unbefriedigend für die Leserschaft, die lieber eine Bestätigung ihrer romantischen Vorstellungen gehabt hätte. Trotzdem veröffentlichte Doyon gewissenhaft zwei weitere authentische Manuskripte Isabelles: *Contes et paysages*, 1925, und *Au pays des sables*, 1944, Sammlungen einiger ihrer reizvollen und anregenden Kurzgeschichten. Er schloß damit, daß »das Thema noch so gut wie unerschöpflich ist«.


Isabelles kurzes Leben war von wesentlichen historischen Ereignissen geprägt: Rußlands Aufbruch aus zaristischer Autokratie; die geistige Strömung des Nihilismus; die Entstehung einer entfremdeten modernen Sensibilität; der Zusammenprall von primitiver Weisheit und dem »Fortschritt« des zwanzigsten Jahrhunderts, von Islam und Christentum, von Atheismus und Religion; der gierigen kolonialen Besitzergreifung Frankreichs in Afrika. Alle diese Punkte sind noch Jahre später aktuell, ja gewinnen sogar an Bedeutung in ihren Auswirkungen auf das späte zwanzigste Jahrhundert.

Aufgrund der Art und Weise, wie sie während dieser wichtigen Ereignisse lebte, hat Isabelle etwas von einem modernen Schamanen an sich, der sich den Krankheiten und Schicksalsschlägen des zwanzigsten Jahrhunderts stellt.

Von der malerischen Seite waren ihre Reisen für viele Menschen interessant. Sie fielen in eine Zeit, in der es Mode war, sich für Reisende zu interessieren. Doch ihre wirkliche Reise, im Gegensatz zu denen vieler ihrer Zeitgenossen und Zeitgenossinnen, war eine innerliche. Sie führte von der neuen Welt in die alte; von engem Gewirr, sowohl geistigem wie materiellem, zu freiem Raum; von Erbschuld zu Erlösung; von quälenden Komplikationen zu ein wenig Frieden; und vom fremden Mysterium zurück zu eigenem Mysterium.

Der Mensch stammt, wie es scheint, aus der afrikanischen Wüste, und für Isabelle, die an der Wurzellosigkeit und den Komplexitäten des zwanzigsten Jahrhunderts zu zerbrechen drohte, gab es nur die afrikanische Wüste, in der sie sich wiederfinden konnte. Lediglich dort hatte sie die Hoffnung, die sie brauchte, um das Gefühl zu überwinden, daß sie auf der Welt nicht willkommen und nicht bereit für sie war. Besonders mochte sie den Satz aus dem Matthäus-Evangelium (22.12): »Freund, wie bist du hereingekommen, und hast doch kein hochzeitlich Kleid an?«

# 18.

## NACHWORT

Als nach ihrem Tod Isabelles persönliche Sachen in Bône versteigert wurden, erstand Randau ihr Tintenfaß und den Säbel, mit dem sie fast getötet worden wäre — sie hatte ihn als Andenken aufgehoben.

Augustin de Moerder beging 1914 Selbstmord. Seine Tochter, Hélène Nathalie, folgte ihm 1954.

Eugène Letord erhielt 1904 die Auszeichnung Ritter der Ehrenlegion und heiratete 1905. In Berichten wurde er 1913 als »Offizier von bemerkenswertem Sang-froid« erwähnt. 1915 fiel er im Krieg: »Er starb einen Heldentod, als er mit größter Tapferkeit seine Kompanie gegen die deutschen Schützengräben führte.«

Dr. Léon Taste heiratete im Juni 1908. Im Jahr 1915 erhielt er eine Auszeichnung für seine Tapferkeit bei der Evakuierung und Behandlung Verwundeter unter Feindbeschuß. 1915 bekam er die Auszeichnung Ritter der Ehrenlegion und 1928 Offizier der Ehrenlegion.

Adolphe-Roger de Susbielle hatte bei den Angriffen auf Taghit und El Moungar Mut bewiesen, was ihm Lyauteys Lob einbrachte. 1907 jedoch, als er den Befehl über ein Regiment in der französischen Stadt Stenay erhielt, geriet er in Konflikt mit der Polizei. Er hatte lautstark seine royalistischen Ansichten verkündet, seine Männer mißhandelt und war mehrmals gesehen worden, als er sich sehr jungen Mädchen gegenüber entblößte und ihnen unsittliche Anträge machte. Der Kriegsminister verlangte seine Entlassung, doch seine einflußreiche Verwandtschaft verhinderte sie, und er blieb unrühmlich in der Armee. Alle Regimenter lehnten ihn ab.

Marius und Ary Leblond erhielten 1905 den Prix Goncourt.

Sidi El Hachemi hatte seinen eigenen Charme: Im Januar 1905 sandte er dem Präsidenten der französischen Republik

Neujahrsgrüße und im Januar 1906 ein Telegramm an den General in Constantine: »HALLO — GLÜCKLICHES NEUES JAHR — SCHEICH EL HACHEMI.«

General Lyautey verließ Algerien 1910, nachdem er die algerisch-marokkanische Grenze für die Franzosen »konsolidiert« hatte, und bereitete den Weg für die französische Übernahme Marokkos. Die marokkanischen Stämme kämpften ohne Unterstützung durch ihren wankelmütigen Sultan Abd El Asis sporadisch verbissen für die Unabhängigkeit ihres Landes. Von 1912 bis 1925 war Lyautey Generalgouverneur von Marokko. 1921 wurde er zum Marschall von Frankreich ernannt. Er verließ Marokko mit großer Bitterkeit, da er spürte, daß seine wohlwollende Einstellung nicht gewürdigt worden war. Wenn man ihn später nach Marokko fragte, antwortete er: »Marokko? Nie davon gehört.«

Lyautey und Barrucand korrespondierten weiterhin miteinander, bis zu Lyauteys Tod 1934. Sie beide hielten die zukünftige Rolle Frankreichs in Algerien und Marokko für schwierig und undankbar, und es schmerzte sie, daß sie die »fruchtlose, abgenutzte und verrufene Kassandrarolle« spielen mußten. Lyautey schrieb Barrucand 1915: »Wir haben das gleiche Ideal in Nordafrika; es gibt nicht viele, die es mit uns teilen, doch die Ereignisse beweisen, wie verteufelt recht wir haben, und die Zukunft wird es noch deutlicher zeigen.« 1922 schrieb er Barrucand: »Ich weiß, daß ich mich weiterhin auf Deine Freundschaft verlassen kann, so wie Du Dich auf meine — schon seit zweiundzwanzig Jahren.«

Barrucand ersuchte eine mit einem Araber verheiratete Russin, ihm Isabelles Aufzeichnungen zu übersetzen. Sie sandte ihm einen Begleitbrief mit der Übersetzung.

*»Es sind so viele Schreibfehler darin wie Jasminblüten auf dem Baum, weil meine Kinder um mich herum waren, und klebrige Flecken sind auch darauf, denn sie waren ungezogen, weil ihre Mutter sich mit intellektuellen Dingen beschäftigen mußte. Sie können sich nicht vorstellen, welche vergessenen Gefühle Isabelle Eberhardt in mir weckte — meine unverwirklichten Träume! Ich verstehe sehr gut, warum sie die Araber und den Islam so idealisiert, das ist die russische Seele, die sich von allem mit-*

*reißen läßt, was geheimnisvoll ist. Doch es gibt etwas, das mich
tief berührt hat, und das überging sie, als wäre es unwichtig —
das ist das Leben der arabischen Frau... sie, die russische
Frau... die Frau, die frei wie ein Vogel ist, ein Bohemien, sie
sieht nicht, daß ein ganzes Volk, Millionen von Frauen, Gefangene sind, ohne die elementarsten Rechte auf der Welt: das
Recht zu leben, zu denken, die Sonne zu sehen... kein Respekt
für die Persönlichkeit dieser Frauen. Wenn Sie wüßten, mein
Herr, wie ich sie beobachte und wie ich weinen möchte.«*

Die Straßennamen in Algerien, die die Franzosen geändert hatten, um ihre eigenen Bürger zu ehren, haben seit der algerischen Revolution Namen erhalten, die ideologisch zu dem unabhängigen Land passen. Johanna von Orléans, Flaubert, Delacroix, Mozart und alle französischen Militärnamen, einschließlich dem von Lyautey, sind verschwunden. In Algier
gibt es nur noch eine Handvoll europäische Namen: Shakespeare, Cervantes, Victor Barrucand — und Isabelle Eberhardt. Die Rue Isabelle Eberhardt ist eine kleine Straße, die
von der Hauptstraße Mohammed abzweigt und in einem Bogen zurückführt. Daß ihre Wahlheimat ihr Andenken ehrt, ist
eine Bestätigung ihres Lebens, die Isabelle sehr gefreut hätte:
Denn Algerien erging es wie ihr — es hat gelitten, wurde gedemütigt und verfremdet und hat schließlich sein Recht bekommen.

# Romane von Colette

(1522)

(1523)

(1524)

(1525)

**Weitere Romane von Colette bei Knaur:**

Duett (1343)
Eifersucht (1344)
Chérie (1345)
Die Freuden des Lebens (1346)

# Starke Seiten für Frauen

JON COHEN
Max Lakeman und die schöne Fremde
Roman

(3151)

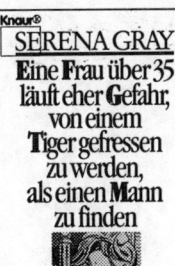

SERENA GRAY
Eine Frau über 35 läuft eher Gefahr, von einem Tiger gefressen zu werden, als einen Mann zu finden

(3277)

Jill Tweedie
Briefe einer unbeherzten Feministin

(3291)

Maryse Condé
Unter den Mangroven
Roman

(3123)

BENOÎTE UND FLORA GROULT
TAGEBUCH VIERHÄNDIG
ROMAN

(2997)

Buchi Emecheta
Gwendolen
Roman

(3143)

# John Steinbeck

# Logbuch
## des Lebens

John Steinbeck, der amerikanische Nobelpreisträger,
schildert in diesem Buch humorvoll und packend
zugleich ein abenteuerliches Unternehmen: Anfang
des Zweiten Weltkriegs startete er zusammen mit
seinem Freund Ed Ricketts eine meeresbiologische
Forschungsfahrt, die ihn bis an den Kalifornischen
Golf führte. Diese Reise wurde zu einem
großartigen Erlebnis, das Steinbeck in bewährter
Manier aufgezeichnet hat.

368 Seiten, gebunden
ISBN 3-905415-13-5
DM 29,80

## DIANA